NONBINARY
Memoirs of Gender and Identity
Edited by Micah Rajunov, Scott Duane

ノンバイナリー

30人が語るジェンダーとアイデンティティ

マイカ・ラジャノフ
スコット・ドウェイン―編
山本晶子―訳

明石書店

ノンバイナリー　30人が語るジェンダーとアイデンティティ　目次

第3部　コミュニティ——私たちの居場所を作ること

第4部　トランスとして十分であること——表現し、違いを明確化する

第5部　二元性を再定義する——ジェンダーの矛盾と可能性

＊本文中の〔　〕は訳注を示す。

序文　ジェンダークィアからノンバイナリー、そして……

リキ・ウィルチンズ

Foreword: From Genderqueer to Nonbinary to . . .　Riki Wilchins

さかのぼること１９９０年代、私は男女二元論（バイナリー）から除外された中間地点にいる人のために、ふたつの名詞を合わせた「ジェンダークィア」という言葉を使い始めた。トランスジェンダーにそなわる枠を超えた、社会が理解できないジェンダーの不用品（トラッシュ）のような、単にトランスであるだけでなくクィアでもある私たちを表現していると思えたのだ。即座に著名なゲイのコラムニストが攻撃してきた。「クィア」という申し分なく素晴らしい言葉を台無しにしているじゃないかと。

それから、ジョーン・ネスレとクレア・ハウエルと私は、その言葉を新進気鋭の作家たちのアンソロジーの題名に使った。そしてそのまま何も起きなかった。誰かがことさらに取りあげたとか使ったということは記憶にない。８年後のクリエイティング・チェンジ（ＬＧＢＴＱ運動のためのリーダーシップ会議）で、ドアに貼られたポスターに「ジェンダークィア、登場！」と書かれているのを見つけた。「おや、面白いね。実際にこの言葉が使われているなんて」と私は思った。そんなふうに始まったのだ。

10年ほど早送りする。私はマット・バーンスタインのアンソロジー『*Nobody Passes*』を読んでいた。本の中で、ロッコ・ブルダガーが、ジェンダークィアという言葉は存在しているどころじゃない、「もう聞き飽きてうんざりするくらいに」使われていると書いている。新しい考え方(アイデア)のたどる道はたいていそういうものだ。

私は同じことがノンバイナリーに起きようとしているのではないかと思っている。

公の場で初めてノンバイナリーという言葉が使われたのは、おそらくロンドンのタウンホールで、20歳の学生マリア・ムニールがオバマ元大統領に自分はノンバイナリーであるとカムアウトしたときだっただろう。「私はとても恐ろしいことをしようとしています。あなたに自分がノンバイナリーだと話すのですから……英国では平等法の下でノンバイナリーは認められていません。私たちには文字通り、市民としての権利がないのです」マリア・ムニールはそう話した。もっとも人気があり国際的視野を持つ大統領のひとりであるオバマ氏は、そのときはまだムニールが何を訴えようとしているのかがわからなかった。元大統領は困惑しながらも、誠意をもってＬＧＢＴＱに対する自分なりの考えを話した。ノンバイナリーに触れることはほとんどなかったが。

困惑するのは彼ひとりに限ったことではない。ノンバイナリーは前面に出てくるにつれて、今の私たちが身体、性的指向、ジェンダーについて考えているすべて、つまり暗黙のうちにも明白にも男女二元論(バイナリー)のうえに成り立つほぼすべてに異議をとなえるようになるだろう。それらのほとんどが生き残らないのを願うばかりである。ところで、もし私がノンバイナリーだとしたら、フェミニズム――女性たちの政治活動(ポリティクス)――はなおも私を象徴するものだと言えるだろうか？　女性専用の場所に入る、あるいは男性以外は締め出す会議に参加することはできるだろうか？　ゲイ、ストレート、バイセクシュアルでいることは可能だろうか？　ここで、どう考えようにも言葉は止まり、ゲイや性的指向についての論議は空中分解する。

同じことがトランスジェンダーについても起きようとしている。トランスセクシュアルという言葉の「トランス」とは、あるひとつの場所からもうひとつの場所へ移動する、ある人間が男性から女性へ、あるいは女性から男性へ移っていくということを意味していて、この考え方は、多かれ少なかれ、もっと新しい「トランスジェンダー」という用語に受け継がれている。

「トランスジェンダー」がジェンダー・ノンコンフォーミング〔ジェンダー表現やジェンダー・アイデンティティが社会から期待されるものと異なっている人。ジェンダーの慣習に従わない人〕であるすべての人のための幅広い「アンブレラターム」を目指しているというのは、たびたび耳にする話である。だが、そこにはいくつかの限界が存在する。つまりトランスジェンダーという言葉自体が、ある人たちからは、ジェンダーはふたつだという観点からトランスはそのふたつのあいだを旅していくものであると解釈されている。そうは考えない人たち（とりわけトランスセクシュアルたちだ）にとっては、トランスジェンダーであるとは、心で感じるジェンダー・アイデンティティと出生時に割り当てられた男か女かの性別のあいだに葛藤があることだとされている。いずれにしてもこうしてトランスジェンダーは、結局は自分たちトランスを社会ののけ者にしてしまう、性別とジェンダーはバイナリーだという考え方を意図しないうちに補強し、実現しているのである。

でも、どこにも旅していかない人はどうなるのだろう？　バイナリージェンダーの地図のどこにも描かれていない人はどうなるのだろうか？

よく知られたトランスジェンダーにまつわる懸念は、たちまち混乱に陥る。たとえば、現在、トランス女性は女性なのだから女性用化粧室を使ってよいと考えられている。でもノンバイナリーはどんな化粧室を使う権利があったらいいと思われているだろうか？　男性用と女性用の両方？　それともどちらもダメ？　ＩＤの性別欄のどんなボックスにチェックを入れたらいいと思われているだろうか？　どちらもいい？　どちらもダメ？　新しいボックス？

　このあとどこへ向かうかはおわかりだろう。私たちの言語も、政策もこうした状況に応えるようにはできていないから、何度も再考しなければならないということになるのだ。

　それらのすべてについてもっと早くから考えるべきだった。バイナリーに基づくジェンダー体制は、いくつかのルールを掲げてきた。すべての人はボックスに入らなければならない、ボックスは2個しかない、誰もそれらのボックスを変えてはならない、ボックスのあいだにいるのは許されない、といったように。だが実際は、完全な男らしさ女らしさにフィットする人間などどこにも存在しないのだから、それらのルールはほとんどすべての人をひどく抑圧し、ジェンダークィアの人たちにとってはさらに過酷な重圧を課すものになる。ノンバイナリームーブメントの出現が、それらを一掃する最初の一歩になるのを心から期待したい。

　実は、マリア・ムニールはすぐそこに見えてきている角を曲がった先にある進むべき道なのだ。問題は、ノンバイナリーたちが権利を持っていない（今は持っていなくても、絶対に持たなくてはならない）という点ではなく、ほとんどの人――オバマ氏のように――がノンバイナリーたちの存在も、かれらが誰なのかもまったく知らないという点なのである。

　何が次にやってきて重要な位置を占めるかには、大いに興味をひかれる。they/them/theirという代名詞が使われ、私たちの言葉や頭に入り込んでスタンダードになるという簡単なことでさえ何年かかかり、マリア・ムニールのような人たちが常に励まされていると感じ、カミングアウトし、二元論（バイナリー）から歩きだすのがごく当たり前になるまでにはさらに時間が要るだろう。

　そして、ノンバイナリーの人たちが権利や尊厳や、他者の理解を手にして思う存分に生きるための深くて尽きることのないスペースができるという、より大きな社会の変化には、さらにもっと長い時間がかかりそうだ。

幸せなことに、そうした変化を待っているあいだでも、私たちには私たちを導いてくれるこの素晴らしい新たなアンソロジーがある。

イントロダクション

マイカ・ラジャノフ、スコット・ドゥエイン
Introduction　Micah Rajunov and Scott Duane

ジェンダーはとらえどころのない幻想だ。その形は、平面に描いた正六面体のように、くぼんでいるようにも飛び出しているようにも見える。こちらにせまってくるようにも向こうに引っ込んでいくようにも見える。もし見る人の適応力がきわめて高ければ同時にその両方だと気づくだろう。あるいは、ほんの一瞬ですらどちらにもまったく見えないかもしれない。念入りに調べると、すべての中心にある真実にたどり着けるかもしれない。「正しい」ひとつの形などありはしない、それでいてすべてが現実なのだということに。

私たちの多くが、ジェンダーはダイコトミー〔ものごとが対立する二分構造になっていること〕、つまり男性と女性からなるものだと信じて成長してきた。だがこの基本的な「事実」のもとに、私たちがこれまでずっと解き明かそうとしてきた複雑さがひそんでいる。現在、トランスジェンダーの人たちや、もっと幅広くジェンダーについて論議するとき、すでにその二元性を超えるようになってきているのだ。だが、そもそもジェンダーとは何だろうか？　この初歩的な問いの答えを得る前に、「男とは何か、女とは何か」というさらなる疑問が浮かび上がる。そんな私たちに本書に収められたエッセイが問いかけてくる。「それがどうしたと

いうのですか？」と。

男や女である以外の経験を共有するコミュニティは活発になってきている。実のところ、ノンバイナリーだと自認する人が現れたことは、我らがLGBTQ先駆者たちの努力とめざましい進歩を土台とする新たな一歩なのだ。ジェンダーの多様性が認められていくにつれて、多くのノンバイナリーとその支援者が現れ、互いに存在を知るようになってきた。かれらは今、ジェンダーの複雑さだけでなく、ノンバイナリー一人ひとりの複雑さへの深い理解と容認を得ようと戦いの場を広げている。

本書は、ジェンダーについての基本的な疑問に正面から向き合うものである。30人のノンバイナリーたちが、これまでの人生での体験を通して、それぞれがふたつとない形でジェンダーと出会い、理解し、壊しては創り、ともに過ごしてきた過程を私たちにも少しだけ披露してくれる。今日、世界はようやくかれらの話を聴く準備が整った。

第1部　ジェンダーとは何だろうか？

「男の子ですか？　それとも女の子？」

「犬ですよ」

「ええ、でも男の子のワンちゃんかしら、女の子のワンちゃんかしら？」

人は躊躇することなく犬の性別（ジェンダー）を訊き、間違ったときも気軽に謝る。だが相手が人間となると話は別だ。直接ジェンダーを尋ねるのはとんでもなく無礼なことだと誰もがわかっているし、たとえばマダムと言うべきところを、つい、サーと呼んでしまったというような間違いもほとんどの人に侮辱だと受け取られる。そんなときは簡単に謝って済むというわけにはいかない。犯人は弁解しかけて口ごもり、自分の犯した罪の重さにすっかりうろたえてしまうのである。

私たちが知るかぎり、犬にはジェンダー・アイデンティティはない。ご褒美がもらえるなら、彼と呼ばれても彼女と呼ばれても気にしない。「男の子」か「女の子」か、という問いかけは、単にもっとも身近で基本的なジェンダーの図式である外性器を表現しているにすぎないのだ。その一方で、私たち人間にはジェンダーという「私たちの深い部分にひそむ自分は誰なのかという、身体のパーツを超越した感覚」がそなわっている。

数千年の時が流れるなか、多くの文化において、人々はジェンダーの境界を曖昧にしてきた。[*1] 異なる言葉、価値、倫理観で体現されていても、そのときどきに人は今と同じようにありのままのジェンダーを感じて生きていた。現代の西洋社会では、ここ数十年のあいだに、ジェンダーが単に男性と女性のダイコトミーではないという認識が表面化してきている。だが、古びた行動様式はしぶとく、文化の硬直は根深い。子どもはちゃんとした文章を話すようになる前に、ジェンダーは人間を定義づける主要な特徴のひとつ（唯一の、ではないにしても）だとわかっている。人であるとはどちらかの性別に分類されることを条件としているのだ。医師が生まれたばかりの子どもの外性器をちらりと見て周囲に男性か女性かを告げると、すぐさまその子には、これから先の人生のためのどちらかの印（マーク）がつけられる。

だが、この外性器を調べるという単純な行為でさえ私たちをグレーゾーンへと導く。ほとんどの赤ちゃんの性別はペニスと膣で見分けられるが、生まれた子どものうちの1・7パーセントはその例に当てはまらない。[*2] 多くの人が成人するまで自分がインターセックスであるとか、性の発達が異なっていると気づかないのだとすれば、医学的な論文もそれらの発生率を低く見積もっている可能性がある。これは相違を示すのが身体の内部の臓器や染色体であること、または、親が世間体を気にして黙っていることが原因である。もし、あなたが性別によって異なる二形態において、生物学的変異はあまりにもレアなケースでさほど重要でないと主張するなら、ざっと100人にひとりが、いわゆる「スタンダードな」男女とは異なる身体を持っている現状[*3]を考えてみてもらいたい。それは赤毛の人の割合と同じである[*4]。あなたにはまちがいなく赤毛の知り合いがいるだろう。

生物学的な多様性は、根拠のあやふやな男女二元論(バイナリー)に生じた最初の亀裂だ。歴史を振り返ると、時代によって多少の差異はあるとしても、社会がジェンダー表現に柔軟性を持たせてきたことがわかる。私たちが生きる現代の文化を例にとれば、1940年代までのピンクは、「活力のある」赤に近いという理由で男性の色だとされていた[*5]。だが、ジェンダー規範をもてはやす風潮と商業主義があいまって現在はきわめて女性らしい色とみなされている[*6]。最近きわだつジェンダー・クロスオーバーは、ズボンをはく女性たちがごく当たり前になったことだ。ジェンダー表現をとりまく境界線が抜け穴だらけなのはつい最近始まったものではない。ジェンダーは外見やふるまいや好みよりもっと深いところに存在するという認識が、ますます広く浸透してきている。

ジェンダーはしだいに、私たち人間全体の内面と外面の両方にかかわる体験だと理解されるようになってきた。ジェンダー・アイデンティティは、私たちの生物学的様相――外性器、生殖器、染色体、ホルモン、第二次性徴――とは別であり、ジェンダー表現――髪の長さ、化粧、服装、話し方や身振り――とも区別されるものだ[*7]。多くの人にとって、生物学的様相と、ジェンダー表現と、アイデンティティは連携しあっているけれど、約140万人の米国人には不一致がみられる[*8]。ジェンダー・アイデンティティは自分で決定するものであり、私たちの身体や、外見的なジェンダー提示からは独立している[*9]

ととらえると、もっとトランスジェンダーの人たちを理解し、容認しやすくなるだろう。

こうしたジェンダーを再認識しようという風潮には期待が持てるとしても、私たちのジェンダーに対する十分な理解は、それを表現するための言葉にかかっているといえる。残念ながら、私たちの話している言葉はいま現在も男女二元論の構造にどっぷりとつかってしまっていて、あなたのジェンダーを男性と女性、男らしさと女らしさ、女の子と男の子、女と男、それらのバリエーションなしに語ろうとすると、たちまち思考が停止してしまうだろう。誰かほかの人について話すときも男女の別にふれずにいるのはほとんど不可能で、多くの場合、あなた自身のジェンダーをはっきりさせないでいることも難しい。たとえば、スペイン語やフランス語といった名詞と形容詞に性別があるロマンス系諸言語の言葉では、自分について話す際にも女性形か男性形のいずれかを使うことになる。英語では、ふたつのジェンダーに限定された代名詞のせいで、ノンバイナリーたちを正しく呼べなくなっている。男性に対して she を使わないのと同じで、男性でも女性でもない人を呼ぶときに he や she を使うのは適切だとはいえない。

このような制約のあるなかでうまくいっているのは、すでに存在するものを別の目的で利用するやり方だ。英語では、単数形の they を何世紀にもわたって使ってきたという理由から、ジェンダーを特定しない人、公にしない人、男性と女性のバイナリーにない人を指すにはもっとも共有しやすい代名詞だととらえるようになっている。２０１７年の発表以来、ＡＰ通信の執筆要項でもノンバイナリーの人たちに対して単数形の they/them を使用するよう奨励している。[*10] トランスのコミュニティは、新しい代名詞の創造を盛んに勧めており、リストを作って、s/he、zie/hir、xe/xem、ey/em などの数えきれないほどの例を、使い方を説明する詳しいガイド[*11]、アプリ[*12]、ゲーム[*13]とともに掲載している。もっとも効果的な実践方法は、eメールの署名や名刺に代名詞もつけ加える、自己紹介の際に告げる、相手の代名詞もそのつど尋ねる、などだ。

言葉は私たちの世界を形づくり、正しいものを見つけ——あるいは新しいものを発明して——私たちがすでに持っている知識を広げてくれる。なにより大切なのは、他者と気持ちを伝えあう能力を与えてくれることだ。だが同時に、私たちを型にはめ、あらゆる人やものごとをラベルづけし、異質な要素を含むものを無理やり同質化してしまう。自分のジェンダーにぴったりな言葉を見つけると解放された気分になるけれど、逆に縛りつけられるように感じることもあるだろう。ラベルは、私たちが誰でないのかだけでなく、誰なのかの範囲をも決めてしまうものだ。

「ノンバイナリー」とは、バイナリー〔二元論〕ではないという意味で、ジェンダーに当てはめれば、男性と女性の枠に収まらないことを指している。ノンバイナリーはバイナリーではないと表明して、その立場を明らかにしているのである。「ジェンダークィア」[14]という言葉も、「クィア」という言葉に由来し、規範的ではないジェンダーのあらゆる形を包み込んでいる。[15]専門用語の問題点は、社会と距離があってうまく受け入れられておらず、哲学的だとさえ言われることだ。ジェンダーが社会に認識されにくい人たちのグループは、その存在を周囲の男女にどう伝えたらいいのだろうか？　多くの場合、ノンバイナリーのコミュニティで話される言語は、既存の言葉に抵抗を示す形で成立してきた。デミボーイ、トランスフェミニン、アンドロジナス、バイジェンダー、そして「ノンバイナリー」という言葉でさえある程度、現在のバイナリーのなかに組み込まれて存在している。

ジェンダー・ノンコンフォーミング、ジェンダー・ヴァリエント、ジェンダー・ダイバース、ジェンダー・エクスパンシブ、ジェンダー・クリエイティブなど、多くの言葉が世間の人にはほとんど馴染みがなく、辞書に載るほど定着していない。こうした新しい言葉がうまく表現できずにいるのは、未知の世界へ進もうとしているノンバイナリーたちのそれぞれ微妙に異なる人間性だ。かれらは、単に男と女の両方であるとか、どちらでもないとか、その中間だというものを超えた場所にいる。私たちも男性女性を越えて踏み出すことで、無限の可能性を持つジェンダーの世界へ行くことができるだろう。

本書のなかのノンバイナリーたちは、自分に欠けているものを探すという否定的な考え方をやめて、自分が誰なのかを明確にするチャンスを手に入れた。第1部の物語（ナラティブ）は、単に男性や女性では表せないジェンダーを持つ人たちが、自分が存在するための心地よいスペースをどのように創り出しているかを描いたものである。

第2部　可視性——立ち上がること、そして目立つこと

私たちはアイデンティティの共有によって、相手がどんな人かを素早く認識し、理解することが——たとえ完全でなくても——できる。私たちはジェンダーというアイデンティティだけでなく、人種、宗教、国籍、セクシュアリティ、職業、社会的地位、身体の障害等に由来する多くのカテゴリーに生まれ、それらを創り、選び、名乗る。たとえば、トラウマサバイバー、がんを治療中の人、カリフォルニア在住者、子どもを持つ親、退役軍人、ベジタリアン、アーティスト、アスリートなど。ジェンダーだけが独自性と個性の豊かさをはっきりと示しているのではなく、そのほかのアイデンティティが無作為に交わるときも同様の性質を見せる。

アイデンティティには見てわかるものと、見てわからないものがある。ジェンダーのように、私たち

の何人かのアイデンティティは他者にすぐ明らかになるが、何人かのアイデンティティは誤解されたり、間違われたり、内側に隠されたままでいるというものもある。誇り（プライド）を引きだすアイデンティティもあれば、羞恥を呼び起こすアイデンティティもある。アイデンティティのほとんどは、よく似た物語を持つ人々によって育まれてきたコミュニティに付随するもので、共通の特徴や経験を通して私たちを結びつけている。そこで生まれる連帯感は助け合いをもたらすが、他者と自分たちとの境界線を定めもする。相手が自分たちの仲間なのか、そうでないのかがよくわからないとき、人は思いもよらない反応を示すものである。[*16] 困惑、興味、欲望、嘲笑、怒りをあらわにして。そしてときには暴力まで持ちだして。

トランスジェンダーだと周囲に明らかにすることは今もなお危険を招く。トランスの人たちはシスジェンダー〔出生時に割り当てられた性別を自認している人〕の7倍近くも法執行機関からの身体的な暴力にあい、トランス女性はほかの被害者たちと比べて2倍も多く性的暴行を受けるとされている。憎悪から殺害される犠牲者の3分の2が有色人種のトランス女性だという状況が、おそらくもっとも憂慮されるものだ。[*17] ヘイトクライムやハラスメントだけでなく、トランスの人たちは、驚くほど高い率で貧困、失業、ホームレス化、ＨＩＶ感染の危機に直面しており、法制度のもとでの保護も十分ではない。[*18] そのため多くのトランスたち、とくに「パスする」、つまり常にシスジェンダーの男女として見てもらえる人たちは、つきあいの場や、職場ではほとんどの場合、トランスジェンダーだとは明かさない。[*19] 昔は秘密にしておくのは当然のことで、移行（トランジション）をしたら、そのあとは誰にも知られずひっそり生きていくものだとされていた。トランスセクシュアルだったという過去は、仲間はずれにされ、職を失い、捕まり、もっとひどい目にあうという恐怖のためにけっして公にされなかったのだ。[*20]

私たちのカミングアウトに対する解釈は、あらゆるものごとがそうであるように、多様性のあるスペクトラム全体とともに進んできている。カミングアウトの理由は人それぞれだ。トランスのアイデンティティを特定の少数の人に打ち明けることに安心感を持つ人もいれば、世間に向けて堂々と発表する人もいて、何をどう明らかにするかも個人や環境によって変わってくる。だが、カミングアウトの選択が安全性の確保だけではなく、男女のどちらかにいつでもすぐに見てもらえるという能力のあるなしにも関係しているというのなら、ノンバイナリーの人たちにとって、「パスする」とは何を意味するのだろうか？「２０１５年の米国のトランスジェンダー調査」では、いつでもノンバイナリーであると人に話すのはノンバイナリーの回答者のうちの３パーセントにとどまるという結果が出た。[*21] あなたの外見があなたの内面のジェンダーを正確に表せないとき——世間の人がジェンダーを表明しているあなたの心の様子を理解しそこなうとき——けっして本当のあなたの姿を見てもらうことはない。

トランスジェンダーたちの可視化については、この10年間できわだった牽引力の持ち主たちが登場してきた。２０１４年、『タイム』誌は表紙をラバーン・コックスで飾り、「トランスジェンダーの重要な転換期」だと宣言する。それ以来、ジャズ・ジェニングス、ジャネット・モック、チャズ・ボノ、ケイトリン・ジェンナーなどの著名人たちはＴＶのリアリティショーを次々と占拠し、数えきれない数の映画や本やテレビ番組やその他のメディアで、トランスジェンダーのキャラクターを体現してみせた。[*22] だが、これらの描写の圧倒的大多数は、典型的なトランスジェンダー物語を強調し、男女どちらかであるジェンダーからもう一方のジェンダーへ移行する、という重大な出来事（マイルストーン）を中心に据えていた。こうしたひな型は有益なガイドとなるだろうが、ジェンダーの歩みがそのひな型と一致しない人たちの可能性を著しく制限するものにもなるだろう。こうした勢いのさなかでも、いまだにノンバイナリーの経験は見えてこないままだ。

主流派メディアによるノンバイナリーについての記述はほとんどみあたらない。この10年間において、もっとも広く読まれた米国の新聞13紙の内容を分析してみると、トランスジェンダーの人々に関する記事のうちでノンバイナリーの人を取り上げているものはわずか1・2パーセントだった。[*23] 国内外のごく少数の著名人が、ほんの少し触れる程度に通例とは異なるジェンダーを自認していることをほのめかしているが、[*24] 発言が常に注目を集める、数少ないノンバイナリーのロールモデルになることでジェンダークィアのアンブレラ全体を語るという非現実的な期待を背負わされている。たとえもし、ノンバイナリーの人たちの逸話が活字になる日が来たとしても、大衆向けのメディアがジェンダーコミュニティにおける幅広い多様性を削除するだろう。そのとき陰に押しやられるものは、非白人、出生時に男性という性別を割り当てられた人、中年または高齢者、女性役（フェム）の人、障害を持つ人、医療的移行（メディカルトランジション）をした人、子どものいる人、信心深い人、田舎に住む人、そのほかの見捨てられてきた多くのグループの人たちだ。

人は、存在さえ知らない人々を理解することはできない。だが、もしも、ひとりのノンバイナリーがその人生をひとりの人に、あるいは数百人、数百万人の人に伝えたら、伝え聞いた人々が、シェアされた「ジェンダーを表明する心の様子」をさらに広める手伝いをしてくれるだろう。第2部の書き手たちは、かれらの話（ストーリー）を声に出して伝えることでジェンダーの新しい木を植える。そして木々が人々の頭のなかと、自分たち自身の心のなかで新芽を出して見事に生い茂るまで育てようとしている。

第3部　コミュニティ――私たちの居場所を作ること

現在、私たちは、ジェンダーに多様性を持つ人たちのニーズに応える、科学、法律、政治、教育、哲学、理論、そして語彙の急激な進歩を目の当たりにしている。[*25] トランスジェンダーに関する話題がメディアや政治で数多く取り上げられるにつれて、かれらの権利についても世の中の注目が集まるようになってきたのだ。[*26] 米国の夕食のテーブルでは、「バスルーム法案」[*27]〔出生時に割り当てられた性別に基づくトイレ使用を義務づける法案〕が、かつて熱狂的な興奮をもたらしたゲイの結婚と同じように語られている。思えば、あの画期的な出来事を通じて、ゲイとクィアの人たちは合法的な婚姻関係の権利よりもっと多くのことを手に入れたのだった。つまりそれは、セクシュアリティへの社会の理解が、単なる性的行為からロマンティックな愛や、大切な相手との絆や、家族を持つといった複雑な事柄を含むものへ、シフトしたということだ。

同じように、ジェンダーについての会話も、ペニスや膣や、心身の一致をめざす手術に関するものから、トランスジェンダーたちを人生や社会の正式メンバーとみなすといった、アイデンティティを理解しようとするものへと変わってきている。だがこうして広く世間に迎えられるなかで、当然の流れである既存の社会構造への融和は、トランスとクィアでできたコミュニティ内に葛藤をもたらすことになった。世の中の主流派への同化が、一部のクィアたちにかつて当たり前のようにそなわっていた反逆心を捨て去るよう強要し、アッパーミドル階級の白人の規範にうまく溶け込まないクィアには、生き残るための苦闘を続けさせている。[*28]

ＬＧＢＴＱＩＡ＋のコミュニティは、自分たち被支配グループに対する継続的な排除をかわそうと、アイデンティティをもとにした無数の党派に分裂する道を選んだ。だが個人のアイデンティティが変化すると、それらサブグループ内の構成も変化し、その曖昧さはかれらの討論自体に影響を及ぼすようになる。「ジェンダー多様性を持つコミュニティ内で、私たちが使っている言葉は実際にはどんな意味を持っているのか」、「与えられたアイデンティティを誰と共有するのか」について、意見が完全には一致しなかったり、相違を見せたりしているのだ。ノンバイナリーの人たちはトランスジェンダーのコミュニティに入る資格があるのかどうかという話し合いでも、意見がまっぷたつに分かれる。かれらは同意と反対のあいだの境界線を認めることと、その境界線の役割を見つけることのあいだを――そうした境界線自体が不自然だと言いながら――綱わたりするように歩いている。こうした論議で問われているのは、かれら自身の生きてきた経験なのだけれど。

男性と女性のダイコトミーには根拠がないかもしれないというのに、それは今もなお、きわめてはっきりとした分岐を創り出している。世界は大きくふたつ――ピンクとブルー、彼と彼女、テストステロンとエストロゲン、MとF――に分かれ、それ以外のものが存在する余地は残されていない。紅茶やビタミン剤までもが、男女を意識した販売戦略で店に並ぶこの世界において、ノンバイナリーたちは言葉、事務手続き、衣料品店、公共のトイレからはじき出される。ジェンダーによってきっちり区分された領域では、ノンバイナリーの特性のもたらす脆（もろ）さがきわだってしまうのだ。かれらはどちらの側にも完全には属していないという理由で、毎日の生活を形づくる活動（アクティビティ）に参加できないでいる。

そうしたなか、インターネットの世界は、社会から除外された姿の見えない各グループの人々が安心して自分たちを表現することのできる唯一の舞台になることがある。ジェンダーについて調べたいとき、真っ先に向かう場所もインターネット上に存在する。互いにつながることによって、生きる価値や、帰属意識や、充足感が生まれ、社会の異端者として生きるために必要なレジリエンス〔困難にあってもすぐに立ちなおる力〕が育っていく。オンラインで、トランスコミュニティは活気のある様子を見せている。なかでもジェンダークィアの人たちにとって、デジタル生活は、人生を切り開くための多すぎるくらいのアイデンティティや逸話を提供してくれるものだ。[*29] ブロガーやブイロガー〔動画ブログを配信する人〕たちが何百万人というフォロワーに向けてかれらの旅路を誇らしげに披露すると、スクリーンの向こう側にいる誰かが新しい用語を学び、可能性を発見し、おそらく生まれて初めて自分以外の人のなかに自分自身を見つけだす。ソーシャルメディアは、情報の供給源や医療知識やサポートネットワーク、政治改革運動や多様性の表明活動に自主的につながる手段を与えるだけでなく、かれら自身とかれらの愛する人のまわりにコミュニティを築くことを可能にさせてくれる。[*30]

第3部の書き手たちは、家族に始まり、趣味、文化、宗教、そして人生経験の分かち合いまで、さまざまなコミュニティに一生を通じて出たり入ったりする。そしてオンライン上で、自分のジェンダーを発見し、表現し、公表し、バーチャルな承認をやりとりする姿も見せる。私たち一人ひとりと同じように、多様なスペース、ありとあらゆるスペース、空きのないスペースの一員になろうと格闘しているのだ。

第4部　トランスとして十分であること——表現し、違いを明確化する

ノンバイナリーの人たちは米国のトランスジェンダー人口の3分の1を占めており、[*31] この割合は大規模な調査のたびに確実に増加しつつある。[*32] だが、かれらに対する社会的援助やヘルスケアの必要性には、残念ながらわずかな関心しか集まっていない。医学論文や科学的調査も、トランスジェンダーの健康に関してエビデンスがあるものが少ないなか、[*33] ノンバイナリーのニーズに応えるものとなるとほとんど存在しないといってよい。[*34] トランスの人たちのヘルスケアを支援する連邦政府医療機関が発行した新しい指導要綱も、厳格で段階的な移行のバイナリーモデルから離れることはない。[*35]

トランスジェンダーの健康に精力的にかかわる医療の専門家たちの最大の国際組織内でも、ノンバイ

ナリーたちは、これまでずっとないがしろにされてきた。「世界トランスジェンダー・ヘルス専門家協会」WPATHが発行しているケア基準（SOC: Standards of Care）は、トランスの人たちの治療にあたるすべての医療提供者への臨床ガイドラインだが、ノンバイナリーについてはっきりと言及しているのは、2012年に改訂されたSOC第7版のみだ。WPATHは、ジェンダーは本来スペクトラムであると承認しているけれど、それは、各個人に適した治療を重要視することと、「反対のジェンダー」という古い言い回しを「個人がめざすジェンダー」という新しい言葉に言い換えて、男女どちらかの目的地に向かわせるということで成立するものとしている。現在のケア基準を査定しなおした最新の記事でさえ、「おそらくジェンダークィアネスについての概念は、別の項目でより完全に表明されるだろう」[*36]と一歩引いた結論にとどめている。

こうした具体性の欠如により、当の医療提供者のあいだに根拠のない話や誤解が広まってしまった。間違った扱いや差別を恐れてトランスジェンダー成人の約4分の1、トランスのヤングアダルトの半数近く[*37]が、医療機関を受診するのを先送りしており[*38]、トランス男性女性の治療をした経験があるセラピストや医師が、ノンバイナリーの診察は躊躇するというケースも出ている[*39]。金銭的な問題や医療構造の壁に加えて、本来可能である選択に気づかないことも、トランスジェンダーやノンバイナリーの人たちがセルフ・アドボカシー〔立場や要求を表現するのが難しい人が自ら説明し理解を得ること〕を思いとどまる原因だ。

だが、幸い、記載されたルールも、暗黙のルールも曲げてきた医療関係者は存在する。カウンセラーたちはノンバイナリーが職場でthey/themの代名詞を伝えてカミングアウトができるよう手助けし、プライマリ・ケアに携わる内科医たちは低用量のホルモン剤の処方箋を書き、外科医たちはインフォームドコンセント・モデルにのっとって個人に適した手術を行っている。さらに明るい話としては、これから編纂されるWPATHのケア基準の第8版〔2022年に発表済〕は、まるまる1章をノンバイナリーとジェンダー・ノンコンフォーミングについて割くことが決まっていて、トランスジェンダーとジェンダーに多様性を持つ子どもたちのニーズを語る項目も存在するとしている。

近年、広がりつつあるジェンダー認識という舞台では、若者たちが主役を務めているようだ。GLAAD〔メディアでのLGBTQの肯定的な扱いを推奨する非政府組織〕の2017年度「受け入れ促進に関する」調査では、米国のヤングアダルト層（18歳から34歳の若者）の20パーセントがLGBTQであると自認しており、その割合はLGBTQだと認識している50代以上の人たちの2倍を超えるという。さらにヤングアダルトの12パーセントが出生時に割り当てられた性別を自認していないということや、LGBTQではない若者のなかにも、男女二元論（バイナリー）の外側にある専門用語を会話に使う人たちが増えていることも報告された。*40 全米の学校に目を向けると、ジェンダーニュートラルのトイレやLGBTQクラブを積極的にそなえるようになり、今では多くの大学で、自分の好む名前と代名詞で願書に記入するシステムが取り入れられている。たしかに、社会運動とはもっとも新しい世代が現状に対して疑問の声をあげることから始まるものだ。だが、かれらを過剰なほどもてはやしたせいで、ジェンダークィアは都会の白人の思春期の子たちや若者が本流だという幻想が、今度はあらゆるノンバイナリーたちにもっとひどい悪影響を及ぼすネガティブな固定観念に姿を変え始めた。*41

その結果、ノンバイナリージェンダーそのものがすべて無視されるというのは、ありがちな話だ。ノンバイナリージェンダーは冗談半分の気まぐれで、10代の子どもたちが注目を浴びるために、ジェンダーを飛び越えるのは意外とクールだねと言っているにすぎない、そして思春期の子たちは仲間からのプレッシャーに弱いから、ジェンダークィアキッズなどただ単に友人をまねているだけだということになる。そんな見方があまりにも増えて「トランスジェンダー」[*42]などという軽蔑的なラベルまで現れた。耳慣れない代名詞で呼んでほしいと特別扱いを望む雪片（スノーフレイクス）だと眉を顰められるだけで済めばよいが、これではシスジェンダーやトランスジェンダーの友人たちと比べて差別や暴力を受ける割合が大幅に増えるということになりかねない。[*43]

たとえノンバイナリージェンダーというものがあるとしても、それは単なる空言にすぎないのではないのか、と大人たちは思う。[*44]結局のところ混乱して、もう一人前なんだから今までとは違うラベルや仮面をつけてみようと考えるのはあの子たち10代によくあることじゃないか、と。そして自己表現に対する人々の忍耐がもうこれまでとなったときには、ジェンダーとセクシュアリティは世間のかっこうの標的になっているというわけだ。この状況になるとジャーナリストたちも自分たちの出番だと考える。そしてジェンダーの不一致を表明した子どもの80パーセントが第二次性徴期を迎えると考えを変えるという、お馴染みの、だが完全に誤りだと指摘されている統計資料を引っ張り出してくるのだ。[*45]そして関心の薄い人からは、ノンバイナリーというアイデンティティは一過性の気まぐれとみなされ、まじめに受け止めている人からも、男女二元論のもとで不可欠とされる性別移行（トランジション）を成功させるひとつのきっかけであり、心身の一致をめざして医療を受ける人への後押しだと受け取られる。善意に満ちた多くの両親や医療提供者は、子どもたちが気持ちを固めてどうするか決めるまで黙って待っている。かれらは子どもたちが規定のガイドラインや社会構造に沿った移行へ進んでいくか、あるいは結局何もしないと決めるのが、「永遠に続く宙ぶらりん状態」よりは良いと考えているようだ。[*46]大人のノンバイナリーについては、おそらくあの人たちもそのうちノンバイナリーをやめるだろう、くらいに思っている。

ノンバイナリーの人たちは、別の意味でもよく間違った分類をされる。それは極端にゲイらしさを表現しているクィアの人たちだというとらえ方だ。トランスジェンダームーブメントの始まりのころにも似たような議論があった。このゆがんだ解釈は、性的指向とジェンダー表現とアイデンティティの三つを一緒にしているだけでなく、出生時に割り当てられた性別を超える自由に格差をもたらす。つまり、女性と割り当てられた人が男性らしいふるまいをすることに対しては許容範囲が広く、男性と割り当てられた人が女性らしさを見せると――こんな現代社会でも――ひどい目にあう傾向があるということだ。トムボーイ〔おてんば娘〕とシシイ〔めめしい男の子〕という言葉だけ取り上げてみても、ジェンダーの不調和に対して一方は寛容、他方は軽蔑という異なるニュアンスを持っている。[*47] 社会にひそむ女性嫌悪（ミソジニー）のために女らしさの表現は厳しく制限され、それが多くの人――とくにトランスフェミニンやフェムスペクトラムの人たち――が本来のジェンダーを表現するのをさまたげている。そして結果的に、ある狭い領域の表現（男らしさを見せるアンドロジニー〔男女両性の特徴をそなえた人〕に限定されるもの）だけが、ジェンダークィアのスタンダードとして誤って受け取られるようになってしまったのだ。

総合的に考えると、これらの固定観念は、ノンバイナリーの人たちはケアを受けるに値しないという害のある結論を導く。ロサンゼルス小児病院の小児科医として、何千人ものトランスジェンダーの若者たちを診察してきたジョアンナ・オルソン＝ケネディ医師は、それらの間違った考えに強く反論している。[*48]

> ジェンダー二元論を解き明かそうという風潮が高まってきているのは間違いありません。今の若い子たちは、意味のある人生を送るにはこのままではいけないと気づいているのです。ジェンダーロールは多くの点でひどく古めかしいものです。だからかれらはジェンダーの規則を曲げようとしているのでしょう。でも苦悩のなかでそうしているわけではありません。時代遅れのジェ

ンダーの決まりごとをお払い箱にしようと、トランスジェンダーの友達やコミュニティと団結して主張し続けているのです。こうした若者たちにははっきりとした違いがあります。かれらは世の中でトランスジェンダーが注目されているからといって毎週、ホルモン治療の注射針をさす、などということはしそうにありません。トランスジェンダーでいてもご褒美はでません。医師の私も10日間の抗生物質を飲み終えるよう強制することはできないのです。若者たちが苦悩のなかにいることと、社会を変革しようと思っていることを区別して考えるのはとても重要です。

このように、ジェンダーに対する社会構造の変化に伴い、ノンバイナリーの若者たちの行動や経験も大きく変化してきている。かれらに対する偏見を取り除くためには、新しい考え方や表現を積極的に受け入れていく必要がある。

だが、それらの複雑さを解き明かす責任は、シスジェンダーだけに課せられているのではない。トランス男性とトランス女性が受け入れられていく一方、トランスジェンダーのコミュニティには、ノンバイナリーアイデンティティの出現を脅威に感じる人たちが出てきた。[*49] この小さな集まりは、ジェンダークィアの連中はジェンダーをもてあそんでいるとか、トランスみんなに対する社会の印象を悪くするとか、近年の驚くべき進展を後退させる危険をもたらすと考えるようになる。そして、ホルモン療法や手術を今後も継続して受けられるのか、ジェンダークリニックで診てもらうまでの待ち時間がさらに長くなるのではないか、人として受けるべき根本的な敬意をかけて争うことになるのではないか、と心配事が次から次へと止まらなくなっていく。これらの心配は、ノンバイナリーに対する見当はずれな悪口となり、結局、それがトランスジェンダーのコミュニティ全体にダメージを与えるのだ。問題の解決のためには、ノンバイナリーアイデンティティを抑圧するのをやめ、コミュニティ内のすべての人が、適切なプライマリ・ケアと移行の医療制度を受けられる仕組みを作っていかなければならないだろう。

残念ながら、それらの広く流布された思い込みは、自分のジェンダーに疑問を持つすべての人たちに「私はトランスジェンダーとして十分だろうか？」という疑いをいだかせる。かれらは自分たちのアイデンティティを、かれら自身と社会との関係において分析しようとするから、トランスジェンダーであるとはどう見えるべきだとされているのかについて、自分勝手に期待と思い込みをいだいてしまう。[50] 私はまだ移行（トランジション）が足りないだろうか？ 移行（トランジション）しすぎているだろうか？ 男らしく見えすぎているだろうか？ 女性だと見られすぎではないだろうか？ 身体のパーツに嫌悪感はないけどいいんだろうか？ they でなくて he と呼ばれたい自分は、それでもノンバイナリーなんだろうか？ 本当にジェンダー違和を感じているのだろうか？ ジェンダー違和はどんなふうに感じるべきものなんだろう？ どうやったら自分が本当のトランスジェンダーだとわかるんだろう？

こうした疑いや不安をさらにひどくするのは、トランスジェンダーのコミュニティのなかで強化された有害な物語（ナラティブ）の数々だ。[51] 物語はこれまでずっと、トランスジェンダーが医療や法的な支援を受けるときの制約や、社会規範の下での否定的な扱いのなかで作り上げられてきた。[52] そこに生まれた上下関係が、コミュニティに悪影響を与えながら、常に誰が正しく「本物の」トランスのアイデンティティを主張できているかに目を光らせてきたのである。正当性を表すマークのひとつは、身体違和というジェンダーと身体の不一致。そのほか本物のトランスらしさとされる表れは、幼いころから自分のジェンダーをしっかり認識していたこと。比較分類学は、自分の身の上話がそれらとかみあわないトランスジェンダーは存在しないかのようにみなすが、そのトランスジェンダーとは、ジェンダーがバイナリーではないほとんど全員が該当する。そしてこっそりとはるか後方まで押しやられるのは、人生の遅い時期にカミングアウトした人、子どもを産んだ人、再度移行した人など、人とは違った旅をする人々だ。

　ノンバイナリーたちは、多くのトランスジェンダーが直面するたくさんの典型的な問題、たとえばカミングアウト、名前や代名詞の変更、ホルモン治療や手術の選択などと格闘している。だが、答えは曖昧な形をした小包に入って届く。すでに確立した男性と女性のダイコトミーのなかで、ノンバイナリーがどのように生きていけばいいのかという範例が今もなお、ひとつも存在しないからだ。ノンバイナリーたちは、自分の内側にあるジェンダーが外側の世界から正しく表現されも、理解されもしないことを甘んじて受け入れている。実際、ほとんどいつも、かれらは本当のアイデンティティを完全に実現することができないでいるのだ。移行をしようとしたところで、妥協はついてまわる。つまりどの選択肢をとっても十分とはいえないから何もしないよりはましなのはどれだろうか?とか、どちらの道を行くのがまだ良いといえるのだろうか?といったように。

　かれらは、身体的な変更に対して、自分自身の代名詞からラベルづけまでをどうするべきか、ひどい苦難の道を歩くことになる。医療的移行が自分にとって正しいのかどうかだけでなく、身体違和がホルモン治療を受ける必要があるほど深刻なのか、あるいは手術(そこまでたどり着くかどうかは別として)を考慮するほどトランスとして十分なのかどうか、悩み続けているのだ。皮肉なことに、身体的な移行をする人もしない人も、ノンバイナリーとして十分なのか[*53]、バイナリーの外見が内面のジェンダーを誤って伝えているのかを、示すように要求される。そしてトランスジェンダーのきょうだいたちが作る、かれら自身のものでもあるコミュニティからの偏見に対して、心の内側をさらして見せるよう求められるのだ。

科学や生物学や医学を究極の真実[*54]だと信奉する社会は、人が心のなかで感じる生きた経験は、自己認識にふさわしい情報源にはならないと軽んじている。そのためにノンバイナリーたちは、かれらのノンバイナリーというジェンダーが確かに存在するのを「証明」しようとしながら、それは正真正銘、本物なのだろうかと自問自答することになる。ジェンダーは触れることができるものではない。説明するのが難しく、実体がなく、人の理解の及ばないものだ。だが、それはまた、私たちの人生にしっかりと刻み込まれている。多くのトランスの人たちがたびたび口にするのは、現在のジェンダーがどうであるかは別として、かれらの波乱に満ちた過去が、現在の自分は誰なのかということに大きく影響しているという話だ。そしてそのほかの宗教、言語、国籍、子ども時代の社会性なども、選択したのか環境によるものなのか、大人になるとみな放棄したり、放置したり、別物に変わったりしているけれど、それでもどこかに残って影響を及ぼしていると言う。人間はまた、習慣、イデオロギー、トラウマ、感情、健康状態など心のなかで大きな位置を占めるものも始終、抱えながら歩いていて、それらは、意識してやめる、追いはらう、治す、確信するのが難しく、存在することを証明するのはさらに難しいものだ。あなたは「本当に」がっかりしているの？　あなたは「本気で」恋をしているの？　あなたは「本物の」トランスなの？　そんなことがどうやったらわかるというのだろうか。

　それらが間違いのない真実だと明らかにする鍵は、第4部の書き手たちの逸話（ストーリー）のなかにある。かれらはさまざまな世代、ジェンダー、人生を代表して自分たちはトランスとして十分なのか、という問いと真剣に向き合っている。そして、それぞれの小さな道をたどりながら、将来を想像しなおし、自分自身を完成させる方法を見つけたのだ。

私たちの世界は、複雑さを覆い隠す二元論（バイナリー）でできている。それはちょうど、正六面体を二次元で表現しているようなものだ。大きな白い紙の上の黒い細い線は、模写するものを完璧に描くことはできないが、線で描く単純さが正六面体の特徴をそこなうことはない。特定の位置から特定の角度でひかれた、高さと幅を表す線が6本組み合わさって、紙の面を超えたもの、つまり奥行きという三次元を伝えようとしている。

私たちの文化的な意識は、男と女、ゲイとストレート、黒人と白人、シスジェンダーとトランスジェンダー、バイナリーとノンバイナリーといった二元論（バイナリー）に満ちている。そしてその最前部には新しい側面となる要素が次々と追加されてくる。私たちにとってある要素の受け入れはきわめて順調で、ある要素の受け入れは遅々として進まない。ひとつの例を挙げると、現在、米国では多くの場合、書類や申請書に記入する際には、自分のアイデンティティを5つの人種カテゴリーのどれかに当てはめなければならない。[*55] それでも人種と民族的背景をめぐる討論は、それらのカテゴリーを社会的に作られたものだとして、米国人か米国人でないかという二元論をあらためて考える方向に進んできている。身体障害があるかないかという例では、駐車場用の障害者カードを、ある時点で掲げるのをやめる人がいる一方、たとえ状態は身体的に精神的に情緒的に年々と、刻々と変わっていてもずっと掲げ続ける人がいる。それらの二元論を再考するなかで、私たちは、その定義づけ、社会的な暗示、コミュニティ、由来、そして自分にとっての意味を、壊したり作りなおしたりしているのである。

男性と女性は人間の基盤になるもののひとつだ。だが、男と女のダイコトミーは、私たちの行動の自由をさまたげる。しかし、「バイナリーとノンバイナリー」という新しいダイコトミーの創造もまた、結局のところは、同じように行動の自由をさまたげるものだ。それでもこの新しいダイコトミーのノンバイナリージェンダーは、どこにもない唯一無二の概念なのである。そしてノンバイナリーだけが体験している、つまりシスジェンダーも、バイナリーのアイデンティティだと広く理解されているトランスジェンダーもけっして出会うことのない、かれらの身をもって得た経験なのである。ノンバイナリーの人たちの存在は、私たちにジェンダーの扱いにくい複雑さを教えてくれる。おそらくこのややこしさを受け入れるなかで、私たちはノンバイナリーの人たちの喜びと奮闘は、シスジェンダーや、トランスジェンダーの人生における喜びや奮闘と同じではない、でも正反対でもないと、理解することができるだろう。

第5部の物語（ナラティブ）はジェンダーの矛盾に満ちた可能性を描いている。それぞれの書き手は、もし私たちの心と身体が純真な好奇心に出迎えられたら、そしてもし私たちが進化を続ける、複雑で、カテゴリーに収まらないユニークな人間として互いに知り合えるようになったらどんな世の中になるのだろう、と問いかけている。

◆ ◆ ◆

ジェンダーはあらゆる場所に存在し、その影響は私たちの行動、出会う人、訪ねる場所、交わすやりとり全体に行きわたっている。さまざまなカテゴリーにおいて自由を制限されているジェンダーを大きく外へとき放すことは、インターセックス、トランスジェンダー、ノンバイナリー、その他のジェンダー・ダイバースの人たちだけに恩恵を与えるものではない。[*56] ジェンダーの規範から離れると、男性はピンク色を取り返す自由を手にし、心が傷ついたらやさしく背中を撫でてほしいと友人に頼めるようになる。女性はガラスの天井を打ち破り、給料の格差をなくす奮闘を後押ししてもらい、嘲笑の対象になることなく着たいものを着られるようになる。ジェンダーを探索する自由があれば、女の子や男の子がこうすべきでそうすべきでないと叱責されない世界、好きなものをからかわれることのない世界、本当の自分らしさを押しつぶさないで済む世界で成長していける。ジェンダーは私たちを締めつけることもあるけれど、私たちを解放することもできるのだ。

アンケートのチェック欄が男と女のボックスふたつでは、とうていジェンダーの複雑なニュアンスはつかめない。それでも社会は人と人が理解し合い、つながりを持つために、是が非でもジェンダー表現の解釈を必要としている。おそらく私たちはジェンダーの幻想から抜け出ることができるだろう。そこでは二元論（バイナリー）は「これかそれか」ではなくて、「これもそれも」になる。矛盾をもった二元性の受け入れとは、バイナリーとスペクトラムのあいだにもはや争いはなく、バイナリーもスペクトラムも同じ場所に存在するということだ。ジェンダーは、いま現在ジェンダーを象徴している領域の敷地内か、すぐ隣か、外側に無限の可能性を持っている。ジェンダーは静止していて、そして流れているものだ。ジェンダーは、私たちは誰なのかという感覚の核心をなすものであり、私たちの持つ多くのアイデンティティのなかの単なるひとつでもあるのだ。

第1部　ジェンダーとは何だろうか？

PART ONE
What Is Gender?

第1章　煙のなかのカタルシス

アレックス・スティット
War Smoke Catharsis　Alex Stitt

２００６年、私はバーン・シリ・ラマホテルの窓に腰かけ、もくもくとあがる硝煙がバンコクの乱雑に絡みあった送電線を覆っていくのを見ていた。クーデターで首相は政権の座を追われ、国連総会が開かれていたはるか遠方のニューヨークの地で、国に帰れない身になった。リーダーを失った党員は保身のために散り散りになり、タクシン政権は崩壊したが、首相支持者たちはバイク爆弾で応戦している。私の後ろでは、大切な友人がベッドに横たわっていた。排出用の管（ドレーン）に落ちる血液の様子に変わりはないようだ。彼女は町に戦車が出ていることなど知らずに昏々と眠っている。彼女の手術はこの革命にはなんの関係もない。それが彼女自身にとっての革命だったとしても。

クィアの戦友として一緒にタイに行ってくれないかと頼まれ、私は同意した。これまで米国外に出たことがないのだから、空港の煩雑な手続きのなかをうまく通してやらなくてはなるまい。当然ながら彼女にはパスポート写真の性別に合わせたラフな格好をするつもりは――私でさえそうしたというのに――微塵もないようだった。トランス女性がタイへ飛ぶというのはそれほど不思議なことではなくなっている。だが、空港のセキュリティには、私のようなジェンダー不明でモップのようなもじゃもじゃ頭の人間が黒いマニキュアで爪を光らせている姿は少しばかり怪しく見えたようだ。

私は英国で育ち、アメリカ人の父が英国人の母と離婚したあとに米国に移った。父の希望で、思いがけない困難や人生の節目に出会えるという米国のハイスクールで学ぶことになったが、ふたつの国籍とふたつのジェンダーとともに過ごす思春期はほかの誰にも説明できない不安をもたらした。ブレザーの背中に長い髪を押し込むよう強いられた英国の制服の規則から解放されて、私はカウンターカルチャー〔反体制文化を主張する若者〕の伝統に則ろうと米国のファッションの流行に素早く飛び乗り続けた。そもそも何者でもないというように、アナーキスト風、ヒッピー、黒い服のゴス、パンクを次々とまとって、その下に身をひそめていた。新たなアイデンティティが出現するたびに、鏡に映る姿を見るときと同様、ひどく驚いたものだ。私はハイスクールを卒業するまでに、カミングアウトした。

友人とはオレゴン州のリベラルアーツカレッジで出会った。テキサス人特有の強情さを持ったテキサスボーイは、私と出会ってほどなく自分がサザンベル〔南部の若い魅力的な女性〕だと気がついたようだ。自分の手柄にするつもりはないけれど、パンジェンダーで、アンビジェンダー〔両性〕で、アジェンダー〔無性〕の人間の社会的役割はいつでもある種のきっかけになることなのだ。学生のあいだでは箱ワインよりおしゃれだとされている安いボトルワインを手に、遅くまでおしゃべりに興じたのを覚えている。私のくたびれたアパートメントが安全とプライバシーを守ってくれて、前の住人たちの煙草の焼け焦げがついた使い物にならないカーペットの上でお互いのことを打ち明けあった。手持ちの家具はベッドだけで、もしふたりがそこで人生を始めたならそこから先に行く場所はどこにもなかっただろう。私たちはしばらく、ゲイの男たちだと見せかけてつきあい続けた。どちらにとっても空虚な見せかけにすぎなかったけれど。私は友人に、自分の曲がり角だらけの人生のなにもかもを、記憶にあるかぎりはずっと少年から少女へ、それから男へまた女へと姿を変えながら生きてきたことを、そして学校の制服や社会の規定する制服の下に身をひそめていたことを話した。恋愛とセックスについては、そのときどきのパートナーから、あなたはこういう人間だと言われた言葉に左右されてきたと話した。私はジェンダーがもたらす自由と束縛についてはずいぶんと長く話した。どんな話をしても、友人は、自分のなかに隠れている少女は覚悟ができているよ、というように目を見開いて聞いていた。

私がすべてにおいて優柔不断だったせいで、ふたりの関係は終わってしまった。でも小さな言い争いをしながらも固い友情で結ばれ、自分を見失わないための存在として互いを認めあっていた。世の中にクィアだと公表している人がほんの少ししかいなくて、私たちの仲が最悪のときでも、あからさまな偏見をはねつけるためにお互いを必要としていたのだ。私たちは、学内の階段で、泣いているところを見つけたり、見つけられたりした。ピックアップトラックが駐車場にいる私たちを轢こうと向かってきたときも、かれらが戻ってくる場合に備えて、憤然と、石を握りしめ、家へ帰った。でもあのちらっと横目で見る視線は？　あの小さくても深い傷を負わせるまなざしは？　あの切りつけるようなひとことは？　些細なことが積み重なって私たちから生きる力を搾りとろうとしていた。ふたりの関係は止まったままだったけれど、私たちは互いに傷の手当てをし続けるのだった。

それでも私たちの世界は、ときには動物園の檻のなかの動物のように孤独だとしても、もともとは過酷な場所ではない。人々は好奇心にあふれ、名前をつけるのが難しいものを見つけるとうっとりと引き寄せられる。そして私がずいぶんと長いあいだ、批判だと決めてかかっていたものが、実はかれらにとってはモヤモヤしたものからの解放である精神の浄化、つまりカタルシスだったようなのだ。望もうが望むまいが、かつて授業中にテキサス育ちの視線が私に注がれたように、人々は私を探り当てようとする。私の化粧、網タイツ、つま先に鋼が入ったごついブーツに引き寄せられて、見知らぬ人たちがパーティ会場で、トイレで、バスの停留所で、図書館のなかでさえにじり寄ってくる。だいたいは、異装への密かな憧れをわかってくれそうな誰かに打ち明けるためだ。かれらはそっと、でも、はやる心を抑えきれない様子で、そんな服装をするなんてすごく勇気があるんですね、と話しかけてくる。私は微笑みながら、男がスカートを持って試着室に入っても何も言わない店員のいるちゃんとしたブティックに案内する。その時点で、かれらはあとずさりするか、もっと大きな賭けにでようとまくしたて始めるかするのだ。堂々と買えない下着を万引きしてしまったのだとか、ホルモン治療をするのが夢なのだとか、恋人にストラップオンを買ってやったのだとか。どうやら男女両性者であるアンドロジナスは無料で相談に乗ってくれる性科学者だと思われているらしい。

そうかと思えば、なんとしても意見を言いたいのだというように私に近寄ってくる人たちもいる。ジェンダー・ポリティクスについての見当違いな擬似事実を、私がまだ知らないとでもいうように、英国人に「英国では雨が降っているそうですね」といった調子で投げかけてくる。その点では、キャンパスの大学生たちは素晴らしい才能を持っている。かれらは新しく仕入れた知識を確認するために、それで間違いないよと言ってくれそうな誰かに話してみたいのだ。引用元のない情報からの拝借は、まぬけに聞こえるのを恐れる学生たちの意見を辛辣なものにする。しどろもどろでもなんとか話そうとする様子は、少なくとも会話になっているという理由で嬉しいものだ。善意に満ちたアライ志願者たちが、トランスジェンダーの経験について書かれたものを読んだと話しかけてくることもある。かれらのその記事に対する見解は、トランスジェンダーたちの自殺や暴力や自傷行為のパーセンテージは低いというものだ。それを聞いて私はもじゃもじゃ頭を横に振る。ボーイフレンドからガールフレンドになって今は親友である人の剃刀の入った小さな箱や、町でいちばん高いタワーの縁に、ただ景色を見るためにではなく腰かけていた自分を思い出しながら。

人は政治に関心を持つと、政治にかかわっていることに一生懸命で、あらゆる悲しいパーセンテージが現実世界のぞっとするような旋律に満ちたショーであるのを忘れてしまいがちだ。当時、私は人生になんのあてもなくぶらぶらと歩いていた。移行して向かう場所はなく、悲しいけれど私は私以外の何者でもないとしか言えなかった。だが、テキサス育ちの元気な友人は計画を立てていて、その秋、性別適合手術のためにお金を貯めることにしたと宣言したのだ。私は大声で笑って、たいへんな浪費家である彼女に、だったら高級ラインの化粧品を買うのはおよしよと言ったが、驚いたことに、たくさんの仕事をかけ持ちし、私が少々用立てた分を足して、1年もたたないうちに必要な資金を作ってしまった。こうして私たちはタイへ行くことになったのである。

子どものころの私は、間違って受け止められたり、決めつけられたり、世の中で正しいとされる部分からはじかれ、好ましくないとされている部分に取り込まれることをいつも恐れ、すべてのまなざしは残酷なものだと決めてかかっていた。でも大人になるにつれて、いぶかしげな視線は嫌悪というより好意的な関心なのだとわかってきた。バンコクの通りでもそれは本当だった。ここではほぼ間違いなく、トランスセクシュアルであることよりもアメリカ人であることのほうが斬新で目を引く。

私は旅するときはいつも身を守ろうとする気持ちが働き、どの地点でも間違いなく呼び止められる空港ではとりわけその意識が強い。それでも私はタイに行こうと決めた。自分なりに、何がすべてを変えるのかを知る必要があり、友人のたどる道が私自身にとってひとつのきっかけになるかどうかを知る必要もあった。全力で彼女を支えようと思っていたのは確かだけれど、彼女の移行に対して自分も何かを賭けるような気持ちでいたのだ。トランスセクシュアルの予行演習みたいなものだろうか。そしてこのホテルには私が自分のことのように感じる体験をする人はひとりではなく、20人もいたのである。

爆弾は交通を麻痺させ、それは看護師たちが、時間どおりに巡回に来られないことを意味していた。手術を受けた女性たちは3、4日を病院で過ごしたあとに滞在中のホテルに戻り、モニターをつけて、皮膚の壊死や膣の崩壊――遠方から苦労してやってきた者たちを震えあがらせる結果――が起きないように術後のケアを受けることになっている。私たちは担当の医師から、若い人は筋肉が張っていて収縮しやすいから術後の膣崩壊のリスクが高くなると説明を受けており、車椅子に乗せられて手術に向かう友人の顔は恐怖でこわばっていた。彼女は強い麻酔で意識が混濁したまま病院で過ごしたあと、救急車ではなくてタクシーでひどくつらい思いをしながらホテルに戻ってきた。しかしたった今、私はホテルのフロント係から看護師は昼間の巡回に来られるめどがまったく立っていないと聞かされたのだった。

宿泊客に食事の世話をするスタッフはたくさんいたが、私はホテルで唯一の包帯をしていないクィアだった。私は初日にロビーで会った女性たちの部屋へ行き、様子を見てこようと腰かけていた窓から降りた。そこでは、おしゃべりが途切れることなく続き、いくつもの恐怖が打ち明けられ、夢の数々が語られ、チョコレートが求められ、マイタイが内緒で持ち込まれ、包帯の下が点検されて……とあらゆるアイデンティティが披露された。女性であることに対して同じ考えを持つ人はひとりもいないというように。

ニューヨークからきたバーテンダーは豊胸手術をしている女性で、壁に身体を押しつけながら胸のマッサージをしていた。彼女はバッグに詰めたホルモン剤を保険代理店に無視されたトランスの女の子や男の子に安く売り歩くことで、顔を女性らしくする手術の費用をようやく貯めたのだと話した。女性はやりくり上手で、機転が利いて、思いやりがなくちゃね、と彼女は言った。

別の部屋で、フェイスリフトと金のジュエリーのためにタイに来たのだと話すパートタイムで売春をしているフランス人女性に会った。どちらもヨーロッパでの価格よりずっと安く手にできるらしい。シーメール〔豊胸手術をしたペニスのある男性〕だと自認しているといい、日中は男性として事務所で働き、5時から7時のあいだだけ、何人かの金持ちのクライアントのお楽しみに変身するのだそうだ。セックスワークで稼いだ金でアルル地方に別荘を買うこともできたし、性別を変えたいとは思っていない、世界はすでにもう女性であふれかえっているのだから私には価値があるでしょうと話した。

廊下を少し行ったところの部屋には最年少の患者がいて、廊下をへだてた向かいの部屋には最年長の患者が泊まっていた。そのふたりが私の心に強く残った――アメリカ中西部から来た18歳は高校生のころから抗男性ホルモン剤を始めていて、西海岸から来た65歳は50歳のときに自分は女性だと気づいたという。私の知るかぎり、ふたりはそれぞれのベッドに固定されていて言葉を交わすこともないようだ。だがふたりともこれまでずっと手術を受ける日が来るのを待ちわびていて、それぞれの希望に満ちた将来への期待はまったく同質のものだったのだ。

下の階では、心を引き裂かれて怒りに震えている若い女性がいた。私は慰めようと部屋に入っていった。ジェンダーへの違和感は、ときとして身体の醜形恐怖を伴う。彼女の強い願望は彼女の骨格の状態とは折り合いがつかず、どうやっても希望の形にはならなかった。両方の眉毛のない泣きはらした顔に、涙がとめどなく流れた。彼女は鏡を見られないのだと泣いた。いらだちと不安に苦しみながら、何年ものあいだ、自分を受け入れずに現実とはかけ離れた完璧な女性らしさを理想として追いかけてきたのだ。部屋から出ていって、と彼女は言った。

いちばん長く話したのはニュージーランドから来たレディだ。彼女よりもっと女っぽい女の子たちが、彼女の男の身体をしたトムボーイぶりに嫉妬して腹を立てそうな女性だった。軍隊で任務に当たったあと、警官として働いており、機能的なズボンよりかわいいスカートが好みなのだと話した。彼女は移行する前の写真を見た人には、亡くなった弟で、大好きだったけどお別れすることになったのだ、と小さな嘘をつくのだそうだ。

女性たちの何人かは、優雅で猫のような自分の偉大なヒロインに似た心やさしい人になりたいと思い、また何人かは本当の自分を実現させることだけを望んでいた。めざす場所はそれぞれまったく違っていたけれど、ひとつだけ共通点があった。彼女たちは女性になりたいと思っていたのではなく、もうとっくに女性だったのだ。ものの見事に、疑いのかけらもなく。

何年ものあいだ、私は移行に対して疑問を感じたり憧れをいだいたりして、コラーゲンや電気脱毛や抗男性ホルモンを試したらどんなだろうと想像していた。生物学的に男の子として生まれて男性になりたいと思うのと同じ情熱で、女性になることも熱望していた。なぜだろう？　結局、私はどちらでもなかったからだ。どちらかだと自認すれば、どちらかを否定することになる。だがバーン・シリ・ラマホテルの女性たち――自分たちの脚のあいだの創造作業にはもちろん、窓の外での破壊行為にも興味を持っていた――が真実の自分と固く結ばれていたのに対して、私は町を覆う煙のように自分に対してどこかはっきりしないものを感じていた。となると、私は何者だったのだろうか？

ある部屋ではトランスの姉だった。結局のところ、なぜ私はバーン・シリ・ラマホテルに泊まっているんだろう？　これまでの人生を、女の子をやったりやめたりして生きてきて、多くの点でここに来ることに共感できたのはわかっているけれど。廊下を少し行った先の2人の子どもの父親から母親になったカリフォルニアの住人を訪ねると、私はハンサムな男ということになった。彼女は離婚を経験していたから私を男として見て、異性から女として認めてもらいたがっていた。だから私は女性に言い寄る男の役を演じて、メスで切り裂かれたばかりの尊厳を癒そうと、階下のバーからこっそりと飲み物を持ち込んだ。薬を飲んでいるのにいいのかって？　ああ、わかっているさ。でもレディはブルー・ハワイをご所望だったんだ。

もう少し先の部屋では、フロリダから来た元ドラァグクイーンのために、女っぽい生意気なゲイ男性を演じた。彼女は何年もドラァグクイーンをやってきたあと、自分の化粧が単なる女装以上のものになっていることに気づいた。クーデターで外に出られない欲求不満をまぎらわすために、棘のあるウィットに対して上手にかわすウィットを言う必要があるのだといい、彼女はカード遊びをしたがった。政治的混乱にあるバンコクで、外性器を癒すために彼女の脚が閉じられている状態の今は、あれこれ言わずに相手をすべきだと思った。彼女はホテルにチェックインした多くの女性と同じように、たったひとりでここに来て、まったくのひとりぼっちで人生におけるもっとも困難な変化と向き合っているのだ。最初は嫌われているのかと思っていた私はすぐに気がついた。毒舌でやりあうことが彼女が泣かずにいるための唯一の方法なのだと。

私が部屋から部屋へ移動しながら異なる役割を演じたのは、ただその状況に合わせたふるまいであり、けっしてそれ以上のものではなかったとしても、女性たちは魔法にかかったようにカタルシスを得ていた。ベッドに固定された女性はみな、多様な側面を持つ私と過ごしているときに、私のなかに自分がいちばん見たいものを見ていたのだ。もちろん、私は心から嬉しかったが、ひどい欲求不満も感じた。でも、もしジェンダークィアでなければいったい誰が思いどおりに変身して、こんなドラマチックな社会的役割を務めることができる？　トランスジェンダー革命に身を置くすべての人が、代名詞を間違って呼ばれるときの気持ちを知っている。そして、私が何か解決策を見つけられたらいいのにと願うとき、ジェンダークィアであることが解決の中心にあるのだ。長いあいだ、社会に存在する、人と人を並べて比べるというこの厄介な並列が本当に終わることがあるだろうかと思いながら、いつかは終わればいいと願っていたから、意識的にこのジェンダークィアという肩書を避けてきたけれど。

エレベーターに乗って、自分たちの部屋にそっと戻ると、長年の友人はモルヒネでぐっすりと眠っていた。彼女はいちばん苦しい状況からなんとか抜け出ようとしていた。私の彼女を助けたいという願いは、彼女の助けられたいという願いがあってこそかなうもので、それがないときは事態を少しも良くはしない。彼女はひとりで歯を食いしばり、シーツを握りしめ、傷のかゆみや燃える痛みに耐えたのだろう。でも私に気づいたとき、その目に涙があふれだした。大丈夫よ――やけっぱちを隠そうとしてくたびれ果てた人間が使う言葉――と小さな声で言った。

私たちの部屋で私はまた誰かになった。おそらくもっと完全にその誰かになっていた。窓に戻ってバンコクの現代的な高層ビルの風変わりなスカイラインと、さびれた家々と、古い寺院を眺めた。私は自分の短くて風変わりな人生で、たくさんの人のためにたくさんの何かになってきた。そして私を愛してくれる人は私が変身しながら生きているのをよく知っていた。変身している途中で迷子になったこともあるし、男女二元論に激怒したこともある。でも今、この私たちの部屋で、自分がなったことのあるすべてが自分自身だったと認めることができる。あれはすべて私だったのだと。

疲れていたけれど良い旅をしたと感じていた。私は誰も持っていない特別なパスポートで、ほんのわずかな人しか行けないところへ行ってきた。そして私は単にほかの人のカタルシスのため――私はそれほどの愛他主義者ではない――だけではなく、自分自身のためにそこへ行ってきたのだ。なぜならある部屋で私は姉だったし、別の部屋ではハンサムな男性で、また別の部屋では元気なゲイのガールフレンドだったのだから。世の中が2種類以上のジェンダーや、多数のアイデンティティを黙って受け入れている様子を見るのはとても貴重で素晴らしいものだ。そのしなやかさのなかには、不安と同じくらいたくさんの安らぎが存在し、溜息をつくのと同じくらいたくさん微笑むことができるのだから。

汚職をけっして許すことなく、タイは新しい首相を選んだ。

友人と私はアメリカに戻った。彼女のパスポートの性別変更は法廷で許可された。私はといえば、いまだに空港のセキュリティで肩をたたかれる。もちろんそれはきっと私のジェンダーのせいではなく、鋼の入ったごついブーツのせいだろうけれど。

第2章　自分自身を脱構築(デコンストラクション)する

リーヴァイ・S・ゴヴォーニ
Deconstructing My Self　Levi S. Govoni

名前は、社会で正しいと信じられていることを思い出させるものだ。私の名前も例外ではない。私は1969年12月、アランナ・マリー・ゴヴォーニとしてイタリア系米国人家庭に生まれた。イタリア語では名前だけでなくすべての名詞に性別があり、一般的に、語尾にoがつく名詞は男性形で、aがつく名詞は女性形である。だから無数のaが美しく連なるアランナ（Alanna）という名前は、一対の卵巣を心地よい旋律で表現している。

私は自分の名前が大嫌いだった。子どもながらに、この強い憎しみは自分の名前がどこか変だと感じているせいだと思っていた。そして私――上半身をはだけて、不潔きわまりない姿で自転車にまたがり、男の子のように通りを駆け抜けていく小さな女の子――もどこかふつうではなかった。なぜ私はクリスと名づけてもらえなかったんだろう、学校で会うほかの男の子たちみたいに？　一日に何回も、近所の誰かが私の名前を叫んだ。「アアラーンナー（Aaaalaaaannaaaa）！」と。近隣に住む私のことをよく知らない大人たちは、私の日焼けした胸を見て7歳児の乳首が世間にさらけ出されているのに気づき、児童保護課に電話しなくてもいいのだろうかと話し合った。無責任にも、自尊心に満ちた両親はかれらの愛する娘をそんなふうに屋外で遊ばせておいたのだ。そして私がアランナという名前の小さな女の子だということになんの疑問も持たなかった。私にとって幸運だったのは、数年後に私の乳房がきちんと形を整えるまでは、母がいっさい気にかけなかったことだ。

偉大な吟遊詩人はこう宣言している。「名前に何があるというのですか？　バラと呼んでいるものはほかの名前で呼ばれても同じように甘い香りを放つでしょう」シェイクスピアの意味論に異議を唱えるつもりはないが、彼がウィルでなく女性名マーサと名づけられたのなら、言うことは違っていたのではないかと思う。シェイクスピアの言い分は、名前はほかの言葉と同じように単なるシンボルで、その価値はそれが表すもので決まるというものだ。でも名前はやはり重要なのだ。もしシェイクスピアがそれを伝えるつもりだったら、ジュリエットはロミオには名前などいらないとは言わずにいただろう。ロミオの名前はバラのように美しく香ったかもしれないが、最終的には若い恋人たちが命を失うことになってしまった。だから有名な悲劇が教えてくれるものがあるとしたら、名前は山のように荷物を積んでいるということだ。

正直に言うと、私はスタンリーという名前が嫌いだ。でももし自分がそう名づけられたならアランナよりもっと自分に合うはずだから、悪くないなと思うかもしれない。スタンリーは男らしさを暗示する名前で、それを聞いた誰もが目の前に男の人か、いつか男の人になる男の子がいるのを想像し、かれらの広い肩と平らな胸を思い描くだろう。ひとつの名前からひとつのイメージが、まるでキャンバスに描かれる絵のように完成していくのだ。良くも悪くも、言葉というものは固定観念をもたらす。そしてジョニー・キャッシュの「スーという名の少年」〔女性の名前とされるスーと名づけられて嫌がらせに苦しんだ少年を歌っている〕のように、私は自分もまた、名前の影から逃げているのを知っている。

私はこうした白か黒かという割り切った考え方を超越していると思いたい。でも悲しいかな、とくにジェンダーについてとなると言葉の持つ言外の意味に左右されてしまうのだ。子どものころは外でシャツを着ないで遊びたかったし、立っておしっこがしたかった。10代のときは、車を運転しながら野球や女の子のことを話したかったし、プロムではタキシードを着たかったし、使用済みのタンポンのような代物を見るなど絶対にお断りだった。スタンリーだったら、すべて自分の望みどおりに行動できただろうに。アランナはトムボーイの仮面をかぶって男の子とデートし、大きい胸や毎月の生理に屈しなければならなかった。私の身体は裏切り者で、私の名前はそいつのおべっか使いだった。

私は男性と結婚した。家族や友人の結婚式ではワンピースを着てブライズメイドを務めた。耳にはピアスをして、無理やり押しつけられた文化においてどう女らしく歩けばいいのか、どう女らしくふるまえばいいのかを自分に教え込もうとした。自分の外側に立ってなかをのぞいているように感じていたが、実際に何をのぞいているのかはよくわからなかった。私は完全に男女二元論（バイナリー）という敵の支配下にあり、自分自身を見失っていた。

結局、離婚してゲイだと公表したときでさえ、まだ二元論の策略にかかったままだった。自分の名前よりさらにレズビアンという言葉が嫌いだったのに、そうラベルづけされてしまったのだ。私はこれまでずっと女性たちの性的な魅力に引きつけられてきたが、その言葉は自分のアイデンティティを言い当てていない気がしていた。レズビアンの人は、定義によれば、ホモセクシュアルな女性だとされているが、もし私が女性だと認識していないのなら、私は何者なのだろう？　このままレズビアンでいられるのだろうか、いなくてはならないのだろうか、あるいは、もうほかに選択肢がないから男だということだろうか？　そうであれば、あごひげやのどぼとけでそれを証明する必要があるのだろうか？　女でなく、男でないのなら、私はいったい何者なのだろうか？

　1967年、私が生まれる2年前、哲学者のジャック・デリダが「脱構築（デコンストラクション）」の概念を世の中に紹介した。世界は黒と白の二項対立ではないと説くデリダのもとには、彼を追って数えきれないほどの濃淡のあるグレーが集まり始めた。クィア理論が生まれ、ゲイ・レズビアン研究が単なるセクシュアリティを超えて語られるようになり、ジェンダーの概念が生物学の束縛のないなかを少しずつ進み始めた。私はずっと自由になろうともがきながら生きてきたが、そもそも自分が本当はどこにも閉じ込められていないことに気づいたのはすっかり大人になってからだった。たとえめざすものがグリーンでないからといって、それが黄色ということにはならない。つまり、それはブルーか赤か紫色かグレーなのかもしれない。あるいはそのあいだにある無数の色の領域に存在するものかもしれない。私が閉じ込められていないのは、ジェンダーは円形のカラーチャートと同じで、ふたつではないからだ。そしてグリーンは黒でもなく、白でもなかったからだ。

　私はこれまでずっとワンピースよりネクタイが好きで、女性誌『レッドブック』より男性誌『エスクァイア』を好んで読んできた。だが40代半ばに差しかかったころ、自分の女性らしさとの戦いの大部分は、人体の美徳を無理やり押しつけられてきたせいだと気づく。もう少し年をとると、自分の男らしさを、女性らしさの放棄ではなく女性らしさを補完するものとして、よりしっかりと受け入れるようになる。たとえ私がペニスをつけて生まれてきたとしても、フットボールよりヨガを、ストリップクラブより小さなカフェを、スポーツ記事より有名な長編小説を好むだろう。これらはもちろん、ジェンダー・アイデンティティのうわべをなぞっただけの典型的な側面を言っているのだけれど、だいたいは理解してもらえるのではないだろうか。それでももしジェンダーが二極でなくてスペクトラムなら、私は疑いの余地なく男らしさのほうへ傾いているだろう。若いころ、私はこの気持ちを、「男の子」になりたい願望だと考えていた。そして成長するにつれて、「女の子」であることに順応し調和しようとしてきた。

子宮があるとしても私は絶対に女性ではなかった。そして男のような気がするからといって立っておしっこをする必要性については考えないようにしてきた。今の私は自分の男らしい部分には満足しているが、自分のキャラクターの女らしい面を消さなくてはならないとは感じていない。現在、私はヘブライ語で「調和する」という意味を持つリーヴァイという名前で暮らしている。もうどちらかひとつを選ぶ必要はない。そう考えるようになれたきっかけは精神的に成熟した目を通して自分のアイデンティティを見ることと、そこから目を離さない「多くの人がとても小さいときから持っている」毅然とした強さを持つこと以外には思いあたらない。ピカソの描いた抽象的なギターのように、かつて私が持っていたのは、自分のアイデンティティについて全体をとらえずに一部分だけを理解する能力だった。でもさまざまなパーツからの注文や配置指示があるとしても、ギターは変わらずギターなのだ。

現代のアンブレラターム「ジェンダークィア」は、名前を持たない私たちのような人たちに名前をつけることをめざして、ノンバイナリーの包括的なラベルになってきている。ペンチから誕生日カードまで何もかもが入っているキッチンの引き出しのように、ジェンダークィアはジェンダーにうまく順応しない人に我が家と呼べる場所を与えてくれるのだ。私は男性ではなく、女性でもない。だから私はゲイでもレズビアンでもなく、ホモセクシュアルでもヘテロセクシュアルでもない。

ギリシャの哲学者ヘラクレイトスは「誰も同じ川に、二度と入ることはできない。川は同じではないし、その人も同じではない」と言った。自分のアイデンティティは、これまでにさまざまな姿で現れたから、絶えず変化するものだと考えていた。だが、それは間違いだった。昨日の自分と今日の自分がずいぶんと違って見えるのは、川もまた変化しているせいだ。でも、私のアイデンティティは変わらない。暗闇に立つ灯台のかがり火のように、いつでも私を我が家へ呼び寄せてくれる灯りなのだ。

「アアラーンナー！」

そう、名前は変わっても、私を呼ぶその声はいつも同じだ。私はアランナ。私はリーヴァイ。私は私である。

第3章　コアトリクエ〔アステカ神話の女神〕

Coatlicue

フェイ・ヘルナンデス

féi hernandez

フェイとコアトリクエ

裸でママの前に立つと、ママは冷たいシャワーを浴びたぼくをタオルでふいてくれる。湿った朝焼けのすぐあとの、この時間だけは、ママがくたびれた目でにっこりするのが見られるんだ。ぼくはママと目と目を合わすためにベッドの上に立つ。そして身震いする。やさしい朝の言葉を聞く用意はできてるよ。「私のすべて、私の人生、私のかわいい子（mi vida, mi mundo, mi amor）」それはいつか来る日のためにとっておかなければならない言葉だけれど。太くて短い脚に制服のズボンをはかせてもらっていると、朝のあわただしさがぼくの皮膚からしたたり落ちる。それからぼくの丸い身体にはきつすぎる白いボタンが留められていく。時を刻む時計の音が聞こえていて、授業に遅れちゃいけないのはわかっているけど、ぼくはじっと立ったままごわごわした湿ったタオルが手わたされるのを待ってる。頭から垂らしたいと思っている長い三つ編みの髪を待ってる。

ママがシャワーのあとにやっているように、タオルをグアダルーペの聖母みたいに頭に巻きつけるのが大好きなんだ。神聖に、女性祭司みたいに。この茶色の長いタオルは、ムーランが戦いに向かう前にばっさりと切り落とした長い髪だ。従妹がしているような三つ編みやポニーテールを結うのに十分な長さと美しさを持ってる。それはポカホンタスの髪のように風の色でふわりと舞い上がる。それは魔法で、ぼくの心で、床に広がるひぃひぃおばあちゃんの髪の毛。

ぼくのマッシュルームのようなヘアスタイルは、ぼくたちが寝泊まりしている車庫の前を走り回るときに、ふわりと上に持ち上がる。ぼくはすごい周辺視野を持っていて横のものを見ることができるから、髪が、巣から飛び立つ赤ちゃん鳩みたいに飛び上がる様子に目を凝らす。大空へと飛んでいき、カアカア鳴いてまわりのみんなを驚かせるカラスのようになればいいな。でも今のところはおとなしい鳩でいいのだ。そいつが空を飛ぶかぎりは。

ママは言う。「おまえは私のすべてだよ」と。毎朝きまってぼくをじっと見つめるんだ。何かにびっくりしているの？　それとも愛があふれそうになっているの？　学校に行く前には、ぼくのおでこと、制服と、手に持ったリュックに、親指で十字架を切る。おまえは私のすべてだよ、ともう一度言って。たぶんそんなようなことを言って。

◆◆◆

ジェシーはいつも、ぼくは生まれてくることにはなっていなかったのだと言う。ぼくの手のひらを読むときや、亡くなった父方のおじいちゃんに話しかけるときはいつも。そして、まるで天上からの新たな情報を探すようにしてぼくを見る。ママはおばあちゃん直伝の「卵のお清め」がぼくにうまく効かないと、ぼくをジェシーに見てもらおうとする。ぼくが夜によく眠れないとか、幽霊たちが見えると言うのを心配しているのだ。この子に注がれる目が多すぎるんです、あの邪悪な目が、とママは話し、遠路はるばるよく来てくださったと何度もねぎらいの言葉を口にする。ママの涙は、ジェシーが家にいるときにはいつも止まってる。

たぶん、ジェシーの言うようにぼくは生まれてくる予定じゃなかったんだろうな。神様や女神様、精霊や聖人が急いで決めたから、ぼくに間違った身体をくれちゃったんじゃないのかな？　そうに決まっている。

ジェシーは、自分はもうすぐ死ぬけれど持っている知識をすべておまえに譲るつもりだと言う。でも今はぼくに感じなさいと命じ、声をひそめて「彼女を」と言う。天使たちにぼくを守らせているのだと話し、ぼくにはそれがどんな人たちかわからないけどすぐ近くで悪い奴らから守ってくれているのがわかる。奴らはここにもいるし、ぼくの光がほしくてたまらない様子であそこにもいる。ジェシーは、ぼくには重要なミッションがあって、彼がいつもしているように、手のひらで人々を癒すことも含まれているのだと言う。将来、ぼくは教師のような人になるんだろうか？　どうなんだろう。ジェシーはぼくが33歳までにはすべてを成し遂げているだろうとも話す。すべてをだって?!　ジェシーはぼくの目の奥に住んでいるご先祖様について話し、アパートメントの壁のなかで暮らしている人たちに名前をつける。

ジェシーはぼくの肌にくっついている悪いエネルギーを追いはらうためにここに来ている。すべての言葉が一緒になったように聞こえる言語で祈るんだよ！　ぼくがスペイン語と英語しか知らないからジェシーみたいには祈れないと言うと、おまえにはその手があるから十分だよ、こうしてごらんと、手をとってぼくの心臓の中心に当てる。気持ちが明るくなってきて、暗い色の雲がぼくの吐く息から滑り出ていく。そのあいだずっとジェシーは親指でぼくの頭を後ろに倒し、もう片方の手でぼくの細い首をしっかり支えておいてくれる。

ママが折りたたんだ50ドル札をジェシーに手わたす。ぼくの周辺視野はずっと遠くにいるときも、ぼくにぜんぶのことを見せる。ママは微笑み、ジェシーはハグを返し、立ち去り際にはぼくの頭を軽くたたいて「また会おう」と言う。これから数か月、彼には会えない。旅行鞄をガサガサいわせて、両手に悪霊を追いはらう準備をさせて、我が家の戸口に現れる日までは。

アステカ神話の女神であるコアトリクエは、生を与えて生を奪う、子どもの誕生と武力闘争をつかさどる地母神だ。恵みをもたらす大地の象徴として知られている。神話によると、女神は伝説の山、コアテペトル（蛇の山）の頂上にある神殿を掃除していて天の羽毛の塊を見つけた。たくさんの羽毛に有頂天になった女神は、持ち主不明の１００ドル札を見つけたおばあさんがするように、それらの羽を蛇でできたスカートのなかに引きいれた。するとたちまち戦争を身ごもったのだった。それが彼女の息子と呼ばれる軍神ウィツィロポチトリだ。ぼくは彼をカルマと呼んでいる。

ぼくのなかにいるあの女の人については、調べることができない。インターネットでも、古代歴史の専門辞典でも見つからない。彼女は、ぼくが世の中の人々の頑なな心に刻み込もうとしている物語だ。その女の人フェイはコアトリクエにとてもよく似ている。でも断固として違うのは、戦いの女神と、思いどおりに変身できるシェイプシフターと、動物の混成型だというところだ。アニマ〔男性の潜在意識のなかの女性的要素〕の化身でもある。戦争の開始者とされるマリンチェや、亡くなった子どもを探して泣き叫ぶラ・ヨローナと同じように話されるととても気分がよさそうだ。自分自身をコアトリクエだと思っているけど、羽のある蛇ともいわれる農耕神ケツァルコアトルの目を持ち、鳥獣に変身するナワルだとも感じ、ときにはカラスに変わり、ときにはぼくが生まれてきた身体になる。

初めてフェイを見たとき、その黒い翼から羽が一枚また一枚と落ちていた。くちばしは肉に食い込んだ爪のように長く伸びて、彼女ののどの柔らかな部分に突き刺さるナイフみたいだった。彼女は放置され、無視され、捨てられた女の人だった、自分が擦り切れていることに怯えていた。彼女は服を着せようとするぼくの前に、裸で、おなかをすかせて立った。ぼくは彼女の身体をアコーディオンのように伸ばして広げ、その聖なる身体を大きな音で満たした。ぼくが蛇を呼ぶ口笛を吹くと、蛇たちがするすると滑りながら彼女の太ももまで戻ってきてスカートになった。彼女の子どものいない子宮はおなか全体に広がり、鉤爪には銃が握りしめられている。ぼくは、聖母マリアが十字架から降ろされたあとのイエスにしたように、彼女を腕に抱く必要はなかった。彼女は雄々しく立っていたからだ。突然、壁から切り紙細工（パペル・ピカード）が次々と現れ、塵は清められ、金色の神殿がまぶしく輝いた。彼女が腕を激しく動かすと、勢いよく羽が現れ出た。美しい女神ハルピュイアが活力を取り戻してぼくの前に立っていた。飛び立ってしまう前にぼくは鉤爪をつかんで言った。「きみはぼくのすべてで、ぼくの人生だよ（Tu eres mi mundo, eres mi vida)」

「きみはもうひとりのぼくだ（Eres mi otro yo)」

タツノオトシゴが海の生き物でいちばん好きなんだよ。ママ、見て。ある日曜日の夜、ぼくは言う。おまえは父さんがメキシコにいるときに本物の馬を持っていたのを知ってる？　いろんな濃淡の茶色で、いろんな年齢の馬たちよ、とママが訊く。ママは顔をあげて南の壁の向こうに目をやり、彼女がいた砂漠の渓谷を見ようとする。それから手で顔をぬぐって砂を払い、視線をぼくのほうに戻す。うん、うん、そうだね、とぼくは当然知ってるさという顔をする。そして、カウボーイだって言ってたね。でもぼくの好きな馬は海に住んでるんだよ！と声を張りあげる。ママは笑い、ぼくが金曜日に図書館で借りてきたタツノオトシゴの本を手にとって拾い読みする。そして海の青さに引き込まれたように、ページをめくりながら、どうしておまえはタツノオトシゴが好きなの?と訊く。男の子のタツノオトシゴが赤ちゃんを産むんだ、ほら!　ぼくは栞をはさんでおいた本の真ん中あたりを開いて、「家族」という章を見せ、オスのタツノオトシゴが子宮から小さな子どもたちを勢いよく噴出している写真を指さす。「ほんとう?」とママは大声を出し、それからぼくの顔を見つめ、ぼくを創っている海の水を理解する。もう砂漠が、彼女を抱きかかえているようには、ぼくを抱きかかえていないことがわかったみたいだ。タツノオトシゴがママをちらっと見て、ぼくのほうに向かせようとその顔に水を吹きかける。ママは笑って言う。「なんてすごい魔法だろうね、まったく!」そしてぼくの腕にある翼のこぶをさすってくれる。「愛してるよ、私のすべて。愛しているよ(Te amo, mi vida. Te amo, te amo)」と言いながら。

その夜は、月が10インチも大きくなり、その光でぼくたちを圧倒した。

ぼくは、自分のなかで眠りながら歩き回る子どものキックやパンチで自分のおなかをふくらますためなら何だって差し出そう。そのキックやパンチが、取り乱したあの女神からのものだったら受け入れるのはもっとつらくなるけど。彼女は自分から力を奪った男の身体と仲が悪くて、怒りと不満でいっぱいなんだ。なんてママに話したらいいんだろう……フェイのこと。

そのころは、ぼくたちふたりとも、これを何と呼べばいいのか知らなかった。ぼくの男の子の身体はただのドア枠みたいなもので、ぼくのなかにいる女の人を出入りさせる入り口だってことをどう説明したらいいんだろう?　ぼくのおなかには新しい命を授かる子宮の強さはあるけれど、月のサイクルやその強い願望をかなえる腰部はないってどう説明したらいいんだろう?　ぼくのなかの女性は、ぼくが誰にもジェンダーを表現して見せなくていいと思っていて、今のままこの身体に住んでいれば満足だっていうのはどう説明したらいいんだろう？　これは彼女の聖なる身体だから、ナイフでぼくを変える必要はないと言うんだ。もし、子宮を作る科学が存在するなら、それこそが彼女の希望だよ。だけど本当をいうと、ぼくにやってほしいことはただひとつ、彼女の名前を口にすること。「フェイ」って。そうやってぼくの歯の先から飛ばしてやれば、存在が認められる。フェイは、ぼくの動きを女らしくさせる長いベルベットの手袋みたいに、ぼくが彼女を腕に素早く滑らせるのが大好きなんだ。

言葉を使って不思議なことをはっきりさせるのはフェアじゃない。

涙がママの目から激しい川の流れのようにあふれ出ている。おまえが話したことが原因で泣いているんじゃないのよ。彼女ははっきりさせようとする。おまえを心から自慢に思っているの、フェイ。おまえは私のベイビー、おまえはすごく、ものすごく勇敢だね、と。彼女は、これは正しいんだよ、とぼくの手を握って話し続ける。ぼくが知っているいつものママに戻って。

ぼくがママにカミングアウト（これは2回目の告白。最初はゲイだって話した）した1週間後、ある月の出ない夜に、年寄りだけどまだ死んではいないジェシーがママに電話してきた。「遅い時間に悪いね。でもあなたとフェイに会いたくてね」

ママの手から携帯電話が滑り落ちた。

ジェシーとぼくはふたりだけで、長い時間、何も話さずに居間に座っていた。ジェシーが結論は出たというように立ち上がり、ヴァンパイア除けの大きな十字架をわたしてくれた。おまえのネックレスだよと彼は言った。ぼくが気づかないうちに、フェイの存在を認める儀式が行われたのだ。手のひらと足がじんじんして、ご先祖様がみんなそろって、ぼくのところに来たような気がしていた。何か話そうとしたけど、その前にその必要がないってことに気づいた。ジェシーはずっと前から、ぼくのなかにいる女の人のことがわかっていて、ぼくに彼女に気づいてほしいと思っていたのだ。「準備はできたね」そう言って彼はぼくの鉤爪の上に手をおいた。「おまえのことをとても誇らしく思っているよ、フェイ」ジェシーはそう言うとドアを開けて出ていった。

フェイとエム・エックス・ヘルナンデス

H-e-r-n-a-n-d-e-z「アチェ・エ・エレ・エネ・ア・エネ・デ・エ・セタ」

ママが文字をひとつずつ、スペイン語で、ゆっくりと光る稲妻みたいに発音してくれる。それから宿題の見出しに、勢いよく宙返りしているような字を書く。するとたちまち野生の馬たちが現れる。ぼくはいつも何かをするときのように粘り強さと決意と自信をもって、自分の名前の野性的な文字に集中する。

「ママ、どうしてぼくの苗字は、9頭の野性の馬が平原を駆け抜けていくような感じがするの？」とぼくは尋ねる。どんなに頑張っても、鉛筆の先で、苗字を書き留めることができず、ぼくは溜息をつく。父さんの苗字を書くときはいつも馬を見失ってしまうのだ。そうでなければ、宿題帳の見出しに馬たちを書き記していると、仲間の馬を蹴散らす馬が出てきて、eが上下さかさまになったり、zが逆向きになったりする。ちっともじっとしていられない名前なんだね。草原の向こうの隅で、文字たちはかたまって遠い景色になり、めいめいが別の方向へ走っていく。ときどき、自分の苗字に見捨てられた気持ちになるよ。

ぼくの宿題はふたりとも英語がわからないから、いつも途中までしかできてないという結果になる。

「わたしたち、英語、話せないんです」とママは3年生のぼくの先生に伝えながら、工場労働者の手を握りしめる。便器掃除の手を。仕事を終えて涙をぬぐうナプキンのような手を。でもその手はどんなに疲れていても、父さんの代わりに、ぼくの野性の苗字をおとなしくさせることができるたった一本の投げ縄でもあるのだ。

真実は胸に痛い。

「いや、あの人が父親だってわかっているよ、母さん。でもなぜ、結婚している人と一緒に暮らしたのさ?」

「ああ、母さんは知らなかったってこと? オーケー。でも、なぜあの人の苗字でぼくを役所に届けるのを許したの?」私は2609マイル〔約4200キロ〕離れた場所から、電話口で叫んだ。

愛に罪はない。私はあとで学ぶことになる。

「あいつがぼくらではなく妻と子どもたちを選ぶだろうって、わかっていたんだよね、母さんは。ぼくは苗字という父親の死んだ馬を、持ち歩き続けているんだよ」私はいらいらしながら言った。「どこへ行こうとも、この血の跡が残っているんだ。いいかげんにしてくれ!」鉤爪は内側へもぐり込み始め、手のひらから血が滲みだす。もう電話をつかんでいることもできない。

「ぼくはなぜ母さんの苗字を持つことができなかったんだろう。ロレンザーナってすごい強さを秘めている名前なんだよ。名前のなかに、おじいちゃんの目が見えるんだ。コーヒー豆を摘んだり、読み書きを一生懸命に学んだり、会社の外で抗議活動をしている姿がね。その名前にはぼくのレガシーが見えるのさ。でも父さんはどうだ? 情けない男だよ」

母さんが私の言うことを理解できないだろうから、わざと英語で話す。彼女がすべてわかっている話を、彼女が理解できない言葉でもう一度。あいつが私をクィアにしたこと、いまだに私たちにギリギリの生活をさせていること、不法入国者にして毎日ひどい苦労をさせていることをなじる。彼がやった何もかもをなじる。私は興奮してきて怒りにまかせて早口でしゃべり続ける。ぜんぶ英語で。

母さんが何か言う前に、私は電話を切る。

父親の名前はあいつが私たちをここに置き去りにしたあとも、国境の向こうに留まるべきだったのだ。砂漠に残り、太陽の下で埋葬されないまま放っておかれるべきだったのだ。

私は寮から勢いよく飛び出す。自分の苗字から勢いよく飛び出す。

M-X-H-E-R-N-A-N-D-E-Zという言葉を舌の上で組みなおすけれど、気持ちが落ち着かないせいで、勝手気ままに砂漠をギャロップしている馬たちをおとなしくさせられない。

私はもっとも生徒数の多い6年生のクラスで、生徒たちを前にして、静かに立つ。かれらの大きな目は、制服のきつさのせいで目の奥から飛び出している。茶色や黒のきれいな目が私の肌の色、イヤリングや指輪、自由奔放な髪、赤い縁の眼鏡をじっと見ている。私は自分が中学生のとき、かれらと同じこの椅子に座って、もじもじしながら爪を噛んでいたことを思い出す。かれらの若い心は大人よりはるかに深い思いやりを持っているはずだ。私は大きく息を吸って練習したとおりに自己紹介を始める。

「誰か、ジェンダーニュートラルが何かを知っている人はいますか？　はい、ジョージ。そうです！いいですね。とても良い例です。ワンピースはいつでも女の子のもので、でもジーンズはみんなのものですね。先生に対してはMrかMs/Mrs/Missをつけて呼ぶのが正しいとされているのを知っていますね？」私はそれらの敬称を黒板に書き、rとsとrsとissの上に巨大なXを乗せる。そう、もう今は違うのだ。アメリカ各地で教師たちがこれを実践していると話す。もちろん、あのクィアという形容詞についてはふれない。私は特別な存在ではないし、「クールに聞こえる」ためにしているのでもありません、とはっきりさせる。先生というものはジェンダーがどうであれ、ただの勉強を教える道具なのだと説明し、ジェンダーをニュートラルにするXの力について話す。生徒たちはみな納得したようにうなずく。ひとりの生徒が、これを実践するいちばん良い方法はなんですか？と質問する。

「Mxが、先生を呼ぶジェンダーニュートラルな方法です」私はそう言って微笑む。今日のところは、野生の文字たちは協力的だ。

またひとりの生徒が手を挙げてどういうふうに言うのかと質問する。私はすぐに答える。「いろいろな発音があるけれど、私のお気に入りはその文字をそのままMとXと読むやり方です。マルコムXとか、プロフェッサーXのように。誰かこの偉大な人たちを知っていますか？　いない、オーケー」私は微笑む。「では次の授業でお話ししましょう。私の名前は、エム、エックス、ヘルナンデスと呼んでくださいね。わかりましたか？　はい、いいでしょう」

私は、卒業後に白い壁とはめ込み式窓のある広いスタジオで絵を描いている自分の姿を見ていた。ニューヨークの街を見わたすアパートメントの10階で、タイプライターに覆いかぶさるように書き物をしている自分の姿を見ていた。でも今の私は、ここイングルウッドに戻り、シェアしているアパートメントから45秒のチャータースクールで教師をしている。ここにはスタジオもタイプライターをのせた机もなく、ただ150人の生徒たちが私の教えを吸収しようと待ち構えている。ときには、与えられた使命が私たち自身の望みよりはるかに大きいことがあるのだ。

私は不明点をはっきりさせて、また黒板に戻り、指し示し、質問を投げかけ、理解できたかどうか尋ねる。私は話すときに口を動かしながら微笑む。私の動きに合わせて長いイヤリングが詩的に揺れるように、私の両手は第二の口として働く。私の服装はいつもはじけている。「サイコー」「超クール」「ね、元気？」は生徒たちの次のお気に入りの言葉になる。私は教室に向かって歩くとき、まるで大司教が司教座に向かって歩いているような気がする。なぜ、今、自分の王国の上を飛んでいるような気がするんだろう？

いくつもの手が挙がる。私は教室のあちらこちらに浮かんでいる10冊の本を開き、生徒たちと一緒にトビウオのように飛び込んだり飛び出たりする。私たちが教室でしていること、それは何かを魅力あるものに変える自由な魔術だ。人種、政治、アイデンティティ、アートについての疑問はいつでも冒険なのだ。神殿を支配する女神でさえ、ときには質問があってグーグルの助けを借りる。私たちはまるでダンスをしているようにキーボードにやさしく打ち込む。植民地化、警官の暴力、祝日「死者の日」、ダンスとシーアの新曲、「気分はいかが、超クール？」、代理権、そして最後にはアートと。完全な幸福状態（ニルヴァーナ）が、週に何度となく私たちの教室にやってきて、そこでじっとしている。すると生徒たちは安心した気持ちになって、学び、ノートをとり、発言する。私たちはお互いがお互いの鏡だ――教室に来ることは、家庭に帰るような気がする。

「あなたの授業があの子たちには荷が重すぎるって感じたことはないの？」と同僚の教師が訊いてくる。「みんな、まだ子どもなのよ。生徒に自分の信条を押しつけているとは思わない？」

教師であるとは、生徒に生き抜くための準備をさせることだ。アイデンティティ・ポリティクスを学ぶのは押しつけじゃないし、インターセクショナリティやポジショナリティについて考えるのも押しつけじゃない。瞑想だって同じ。年若い有色人種の生徒、とりわけクィアの有色人種の子たちにかれら自身について教えるのは、私たち教師が与えてやれる最大の身を守る手段なのだ。私たちはあの子たちの権利を奪いたくない。
私は同僚に対して、いいえ、とだけ答えて微笑む。あの子たちは私の授業が大好きなの！　知らなかった？と。

自分がときどき孤立しているのがわかっていたから、研修会の自己紹介の時間に、教師や事務の人、管理責任者に話すことにする。「私は打ち解けるのが苦手です。だから、今日からみなさんには私のことをフェイと呼んでほしいんです」教え始めて2年目になっていたが、いまだにトランスジェンダーで、クィアで、心の奥底にいつでも使える霊的な黄金を持っていると打ち明けるのが怖かった。自分自身を守るために、人とのあいだに巨大な壁を作っていたのだ。でもそれでは生きていることにならない。すでにかなり多くの身体的な部分を外にさらけ出しているというときに。愛する人々や愛する場所を批判するのは難しいものだが、愛はそういった批評により明らかになるのだ。それは成長期に教えてくれた教師たちや通った学校を思い出せばわかる。私の名前フェイは、私が懸け橋になるためや、偏狭な信念と戦うためや、誰かの心を変えるためのものではない。フェイという名前は、その独特な響きだけで十分にまわりを変化させている。私はただ、ありのまま存在していていいのだ。

学校でただひとりのクィアだと公言している教師のもとには、たくさんの質問に答える仕事がまわってくる。いくつかは経験を学ぶものとして質問するのにふさわしく、いくつかはそうでないけれど。ときどきみんなが黙ってしまうこともあり、そういう沈黙状態のときは、生徒やスタッフ、教師によって廊下じゅうにまき散らされた宗教、同性愛嫌悪、性差別主義の専門用語が私の耳に入ってくる。でも米国で、世界中で、無知のウイルスで苦しんでいない学校なんてあるのだろうか？　安心できる場所は少ないかもしれない。でも何かしら欠点があったとしても、私はこの学校と私の生徒たちと同僚が大好きだし、この学校以外のところで働く自分は想像できない。

それで、私はしばらくのあいだ、ときには厳しい状況があったとしてもここにい続けようと決めたのだ。もし私が単なるプラシーボやバンドエイドだとしても、それならそれでいい。しばらくここにいて、自分ができる改善をし、自分が救える命を救おう。何でもできるとか、すべての人を救えるとは思っていない。それは無理だろう。でもこの場所で自分が変えられるすべてのことを変えていこう。私は馬のように強くなった。何度も名前を失い、失うたびに新しい名前を見つけた不屈の人間だ。私は、蹄を蹴って、どんな砂漠でも疾走していく。過去へ向かうものを蹴散らし、常に日没の方向をめざしながら。私は私の苗字と、天が与えてくれた名前と、私の敬称が、許すということを教えてくれたからここに留まる。許すとは愛することだと教えてもらったから。

エム・エックス・ヘルナンデス、お話があるんですが。

6名のクィアの生徒がおずおずと教室に入ってくる。今では私のジェンダーニュートラルな敬称と、ろくでもない苗字と、フェイの聖霊が、超自然的な避難場所になっているのだ。痛みを信頼してよかった。私の目に涙があふれ、これまでの辛抱が沈黙を破って避難所を創り出したと実感する。

生徒たちはバックパックの肩紐を握りしめている。遠くを見たり、こちらに視線を戻したりしている。グループのリーダーは、勇気を奮い起こして前に出てくる。安全な場所としてＬＧＢＴＱクラブやヒーリングサークルを始める手助けを頼もうとして。それを聞く前に私はいいですよと言う。いいですよ、もちろんいいですよと。

フェイと最愛の人

ゲイのアンソニー。あいつを仲間に入れちゃだめだ。見ているとぞっとする。でもなぜ、あいつはいつもバラの花を持っているんだろ？　わたしは仲間を連れて彼を遠巻きにしながら、アスファルトの舗道を歩く。気に入った子たちをわたしから盗もうとしているのはわかっている。あるいは、わたしをゲイにしようとしているのが。うわっ、あいつ、めちゃくちゃゲイだな。一緒のところを見られるのはごめんだ。わたしは両手を黒いフードつきのパーカーのポケットに突っ込んで夏のいちばん強い日差しの下を歩く。

だけど、後ろを振り返ってみる。わたしの周辺視野はあいかわらず優れていて、アンソニーがベンチにひとりぽつんと腰かけ、バラの香りをかぎながら、フェンスを越えたはるか彼方のフランスだかフロリダだか――イングルウッドでないどこか――を眺めているのが見える。わたしはあいつが脚を組むのが嫌だ。やさしい声で話すのが嫌だ、一緒にベンチにいられないのが嫌だ。どうしてあいつのことを考えると胸がいっぱいになるんだろう？　あれは誰のためのバラなの？

心の奥底では、あの海のような青い目がわたしの目をのぞき込んでくれたらいいなと思っている。あの赤いバラも、わたしへの贈り物だといいな！って。中学校の暗がりで、手首をぐんにゃりさせて、あの話し方や女の子みたいなきれいな目で、恐怖を感じることなく存在する方法を教えてほしいと思う。教えてよ。

高校の最後の年、手紙を書いて、バラの花をテープで貼った封筒に入れて送った。

ほんとに悪かったよ。追伸、一緒にプロムに行かないか？

その夜、わたしはアンソニー以外のみんなと踊った。でも話そうとしてそばに行ったら、微笑んでくれたんだ。彼の尖った刃は、嵐のあとの砂漠のバラみたいに柔らかくなっていた。わたしの心からも硬く結晶化した鋭さが消えていた。彼が許してくれたから、もう一度自分を愛してみようと思えた。今度こそ、しくじらない。それをいちばん望んでいるのはわたしなのだから。

第4章　マイカル

マイカル〝ＭＪ〟ジョーンズ
Namesake michal "mj" jones

それは名前——私のマイカルという名前——から始まった。

マイカルが私を指すのなら、マイカルはトムボーイだ。マイカルは興味があるだろうと思われていることに興味がない。仲間はずれのにおいがして、数えきれないくらい何度も膝小僧をすりむいている。マイカルは変わりもの。クィアだ。

ママはこの名前が気に入っていたけれど、私はずっと嫌いだった。頭の片隅で、いつかクィアになるとか、人と違う人間になると知っていてそう名づけたんじゃないかなと思っている。ママはただその名前が好きだっただけだと言うけどね。名前は聖書からとってつけられた——教会に連れていってくれないから詳しくはわからない。でもヘブライ語読みにはせず、男の子の名前みたいにしたのだと言っていた。それでみんなが混乱するんだよ。私を含めて。

マイカル、マイ・ガル（私のカモメ）、とママは呼んだ。名前を誇りに思ってほしかったんだ。でも学校のあの子たちがあのクソみたいな運動会の日に言ったことを聞いたら、誇りに思うなんてどうやったらできるんだろ。

「マイカル？　それって男の子の名前だよね？」

「そう、あの子、どう見ても男の子だよ！」

「あいつ、何だろ？　きっとイット（それ）だ！」

実をいえば、かれらの目にそう見えるまで、自分がイットだとは気づいていなかった。

人はいったん気にくわない奴になったら最後、すぐさまイットになってしまう。両脚を大きく開いて、肩を丸めて、膝小僧をすりむいた姿。立派なのにあの子たちにはそう見えない。

かれらにとってイットは人間じゃない。人間じゃないから、ひどいことをしたり、ひどいことを言ったりがたやすくできてしまうのだ。かれら自身の心のなかの傷をのぞき込むより、イットの心を引き裂くほうが簡単になるのだ。私は6年生――マジで地獄みたいな時代だった――のある朝、自分がイットになったことを知った。廊下の向こうからひとりの男子生徒が猛スピードで走ってきて私を突き飛ばした。私は尻もちをついてひっくり返る。そいつは一瞬立ち止まり、私を値踏みするように見て、自分たちとまったく違うものだから気にすることなんかないと判断する。まわりのみんなはただ黙って見ている。私は身体を起こし、熱い涙がこぼれそうになるのをこらえる。

誰が彼をモンスターにしたのだろうか？　誰が私をイットにしたのだろうか？

人のなかのいちばん良いものを信じるように教えられていたから、かれらが私をクィアとかファゴット〔ゲイの男性に対する攻撃的な言葉〕とかおとこおんなと呼んでも、何を話しているのかよくわからなかった。（「ニガー」が何を意味するかはちゃんと知っていた。）でも話の内容がわからないことはそれほど重要ではなかった。その言葉がかれらの口から憎しみや軽蔑を伴って出てくると、メッセージはしっかりと伝わってきたからだ。そして私の心はいつも柔らかく傷つきやすかったために、あるときから攻撃に対して自分を守ることさえできなくなった。

いじめは激しくなる一方で、私は仮病を使って学校を休むようになった。ママは知っていたと思う。でも、私がしたのは深刻な方法で彼女を疲れさせることだった。ある日のママは、私の髪をつかんでベッドから引きずり出し、私がバス停に行く途中でへたり込むまで怒鳴り散らした。ある日は戦う気力も出ないかのように溜息をついて、学校に電話をかけた。

黒人で、貧しくて、そのうえ「イット」となった今は、誰かにいじめられない日はほとんどないという状況だった。

私は8歳で、心はくたびれていた。パパは家を出てふたつ向こうの州に行ったきりだったし、家にいたママもいないようなものだった。私の心はくたびれ果てていた。

どうやって心をくたびれさせるかって？　悪口を言ってごらん。何を着てどうふるまうべきか、どう歩きどう座り、どんなふうに本を持ち運ぶべきか指図してごらん。何を話すべきで、それをいつ話し、いつ話さずにいるべきか命令してごらん。私はそういうクソみたいなことは何も気にしていなかったけど、ここから生きて逃げるには気にしているふりだけでもしなくてはならなかった。それで、みんながサーカスの人気演目である「パフォーマンス」をしているとやっと気づいたのが、もうすぐ10歳になるというころだった。そうか、その手があったんだ。そして、私はさっそく練習を開始したのだった。

私は家の廊下を、腰を大きく振りながら飛び跳ねるように陽気に歩いた。（それを気取りウォークと名づけた。）顔を人形のように派手に塗りたくり、爪にマニキュアをぞんざいにつけた。最新流行のニーハイブーツがどうしてもほしいのだと言って、ママをひどく驚かせた。ママは絶対に似合わないと思っていたみたいだけど、お金はあるのかと訊いてくれた。

ブーツを買ったのは失敗だったが、それ以外の行動は悪くないと感じていた。でもなんのご褒美ももらえなかった。モンスターたちは厚化粧した私のたくらみを見抜き、完全に無視したのだ。私はこのまま、「みすぼらしく、けっして美しくなれず、醜いオレオ〔白人に迎合する黒人〕のまま一生を過ごすのだ」と思った。

疲れ果てた心は怒りと悲しみに打ち震え、なぜうまくいかないのか理解するまでいかなかった。私は心を「彼女」と呼んで封印し、それをリップグロスの下に隠そうとした。あざけりはやまず、なおも殴られ、突き飛ばされた。私は自分のなかのさらに奥深い場所に身を隠し、誰からも距離をとった。身分詐称者のように感じながら。希望は消えたのだと感じながら。

神様は醜い人間もお嫌いだけれど、ペテン師も同じようにお嫌いなのだと気づくまで、この悲しい秘密のパフォーマンスをやり続けた。

6年生から9年生になるまで、ぶざまな偽りの生活から抜け出せなかった。今ならそれが一度始めたらやめられないドラッグのようなものだったとはっきりわかる。

少しのあいだ男の子とつきあう真似ごとをしてみたが、彼は面と向かって、私が「結局はママのように」なるだろうと言った。大人になったらゲイになるだろうという意味で。その言葉にはかなりムカついた――あんたみたいなとブサイクとやりたくないからって、私がゲイだとは限らないじゃないの。

13歳になってふたりで未知の世界へ探検に出たとき、私は彼によって性的に目覚めさせられたと思った。でも今振り返ると、本当は彼自身が感じている身体の硬さを自分も感じたかったのだと思う。そして人はみんなそういう気持ちになるのだと思っていた。彼は私の身体に自分の身体を押しつけ、猛然とキスしてきた。私はどこか違う場所にいて違う誰かになっていた。

ある湿気のひどい夏、彼（そしてやっとできた数人の友達——今はみなクローゼットから出てきている）に、国を横断してカリフォルニアに移り住まないかと話してみた。

母とレズビアンの恋人がふたりで引っ越すことになっており、私もこれまで育った住み慣れた場所から出ていかなければならなかったのだ。ひどく寂しかったが、自分が不安を抱えていた何年ものあいだその女性につらく当たってきたから、幸せになってほしいと思っていた。

バークレーに移動してみると、そこには期待していたもの——太陽や穏やかな天候——は何ひとつなく、あるのは寒い夏だけだった。移住は13歳でまだ子どもの私には苦難の連続だった。だが、この移住こそが長いこと身体にぴったりと張りついていたイットを脱ぎ捨てるスタート地点になったのだ。

思えば、母は自分の皮膚を脱ぎ捨て、もともと持っていた黒ずくめの衣装にたくさんの色を加えていた。本物の人生を生きることは、間違いなく人に何かをもたらしてくれる。

フェミニズムの世界は、平和と人権を掲げる組織「コードピンク」とともに姿を現した。私は何日も続けてテレグラフアヴェニューで遊び、フリースピーチ運動について知った。興味はあっても、中西部の息の詰まるような環境で育った私には調べようがなかったものばかりだった。

新しく入った高校にはたくさんのバイセクシュアルやクィアやそのほかのイットたちがいるようだった。だからといってかれらが親しくしてくれるというわけではない。私は新入りで、不器用な転校生だったから、友達を作るのは難しかった。でも私に声をかけてくれるほんの一握りの生徒たちは、黙りこくって疲れきっている私の心とは違い、何ごとにもとらわれない伸びやかな心を持ち合わせているように見えた。

私の心はブー・ラドリー〔『アラバマ物語』の登場人物〕のように扉の後ろからそっと外の様子をうかがって、仲間に入れてくれる人を探していた。

私は、しだいに昔のようなだぶだぶの服を着ることが心地よくなってきた。「男の子とつきあうための練習」をしたがっている女の子の友人たちとおざなりなキスをするようになった。『Lの世界』〔レズビアンやバイセクシュアルの女性たちを描いた恋愛ドラマ〕を見るのがほっとできる時間になり、15歳でついに「ゲイ」という言葉が自分に合うかどうかを試してみようと思い始めた。私は次から次へとネットで知り合った白人のガールフレンドとつきあうようになった。彼女たちはあまりにやさしくて善良だったから、自分たちが人種差別主義者だとは気づかず、気にせずにいた。そして私はといえば、あまりに愛に飢え、ゲイだと承認してもらいたがっていたから、もののように扱われても、ちっとも愛されていなくても気づかなかった。

彼女たちの身体を探ったけれど、自分を探らせるのは嫌だった。それがいいのかどうかはわからないまま、そんな時期がしばらく続いた。

大学に入るころまでには、ゲイであることがずいぶんと心地よくなっていた。でも、多くのトランスの子たちやジェンダーフリークだと自認している子たちを知って心が呼吸し始めたのは、キャンパスに足を踏み入れてからだった。

白いミルクの入ったグラスのなかの黒いハエでいるのは必ずしも容易なことではない。だが大学の教室は、オードリー・ロードやバイヤード・ラスティンやアンジェラ・デイヴィス、そのほか大勢の人たちと初めて出会う場所になった。かれらが、私だけが自分のイットネスのなかでひとりぼっちでいるわけじゃないと教えてくれたのである。

私のイットネスはその皮膚を脱ぎ捨て続けていた。オードリーの著書のなかで私がもっとも影響を受けた『ザミ』〔1982年／「『ザミ 私の名の新しい綴り』より」として一部邦訳、有満麻美子訳、『世界文学のフロンティア5』岩波書店、1997年〕の冒頭を読んだときには、涙があふれてきた。「私はこれまでずっと男と女でありたいと、母と父のいちばん強くて豊かな部分とひとつになりたい、あるいは自分のなかに取り込みたいと思ってきた。地球が丘や頂を持っているように、自分の身体に渓谷や山脈を持ちたいのだと」

これほどまで正確に、私の心のなかで反響している思考や感情を表現していた人は――存命か否かにかかわらず――今までにひとりもいなかった。

◆◆◆

現在、私はこれまでの性とジェンダーの探求は、はっきりと決められた終着点を持たない旅なのだと受け入れ始めている。

現在、私は女性のスペースに居心地のよさを感じず、完全にはトランスともみなされないなかで、自分の真実のために忍耐と受容の気持ちを育てている。

現在、元気を取り戻した私の心は、プレッシャーのもとで呼吸することを学んでいる。

現在、私は男女二元論のどちらの側にも属していないけれど、二元論のすべてを含み、二元論のすべてを超える限界地域（リミナリティ）に住んでいる。「男であり女である」とは私のすべてを言い当てていて、私をまったく言い当てていない。これまでずっとこの場所で生きてきたから、同じように感じている人たちのための言葉が少しずつ注目されだしているのが嬉しい。

この場所を確保するには、絶えずカミングアウトしていくことが必要だ。それは自分のために新しい名前を思いつき、当惑した顔をしている見知らぬ人に説明してわかってもらう創造的な取り組みをいう。

かつて私は自分を表す状況について弁明したものだが（「私の代名詞はthey/themです。ごめんなさい、混乱するのはわかっているんです」）、今ここでごめんなさいを言いたいのは、幼いころの自分自身に対してだけである。

現在、私は数週間後に、親になるというまったく新しい世界へ足を踏み入れようとしている。

私たちが初めて家族を作るという旅に乗り出そうとしたとき、私は自分がその樹木の種を植える役ではないのを——この身体ではそれが不可能なのも——なかなか受け入れられないでいた。

でもラズベリーから種が育ってピーチになり、ナスになったとき、最初のころの心配は溶けて消えていった。赤ん坊は私のこの声を聞き、この手のひらを蹴りあげ、この歌に振り向いていた。不安や憤りが忍び寄ると、クィアでいて簡単なことは何ひとつないけれど、いつだって新しく生まれて、ふたたび生き方を変えていけるじゃないかと思いなおす。

今の私には、どんな新しい言葉がぴったりくるんだろうね。お母さんでもお父さんでもなくて——「ババはどうかな？」私はパートナーのふくらんだおなかに手を当てて、わくわくしながら尋ねる。

私たちは愛情あふれる温かい言葉を口にしながら、にっこりと微笑みあう。

現在、私の心は呼吸し、私が与えられたあの名前と、私が毎日創り出している新しい名前たちを抱きしめている。

第5章　私のジェンダークィアバックパック

メリッサ・L・ウェルター
My Genderqueer Backpack　Melissa L. Welter

私のジェンダーの旅は生まれる前から始まっていた。医師は私が男の子だと言ったけれど、父は間違いなく女の子だと言ったのだ。そののち、ふたりの言い分のどちらもが正しくなかったとわかる。私はカリフォルニア州北部の田舎町の町はずれに育ち、子ども時代はほとんどの人からトムボーイだと思われていた。午後はいつも、いとこたちや妹と屋外で過ごした。木登りをしたり、自分たちの背丈くらいの草のなかを歩いてお互いを脅かしあったり、登ってはいけないとされている建物や塀から飛び降りたものだ。そこでは丈夫な衣服と勇敢な態度が求められた。

ところが、私の学校時代はそれとはうってかわって、まわりに合わせることに終始した。クラスの女の子たちの興味の中心は洋服やセレブや男の子で、それは私を落ち着かない気持ちにさせた。中学校での女の子同士の友情とは、大好きなことを一緒に楽しむなかで成り立つものだ。好きな映画俳優やボーイズバンドについて自分なりの意見を言えるようにしなければならないと思った。私は親友に今どんな服が流行っているのか訊いて、脚の脱毛や化粧を始めた。そうしなさいとわざわざ教える人はいなかったが、誰にもその必要はなかった。変わり者だとみられないためのふるまいはちゃんとわかっていたのだ。

10代後半、そして成人したころ、美しさと魅力についての概念を大きく広げる女性たちに出会った。ダイク〔レズビアン〕、フェアリー〔男性同性愛者〕、ウィッチ〔魅力的な女性〕、ブッチ〔レズビアンの男性役〕、ヒッピーと呼ばれる人たちが私の見ている景色に入り込んできたとき、自分は絶対にあの人たちのうちのどれかになると心に決めた。私はジーンズ姿で流行りの髪型をして、ときにはスカートを翻して妖精の羽をつけて、自由な精神を持つクィアだと公表するようになった。ブラジャーや脱毛をやめ、女性のより過激な部類に落ち着くことにした。

21歳のとき、初めて「ジェンダークィア」という言葉を聞いた。それは湿地に育つセコイアの種のように私の心のなかに落ちてきた。まさしく私めがけて落ちてきたと感じた。最初、それは些細なことだと自分に言い聞かせた。たぶん私はちょっとジェンダークィアなだけだよね？　つまりこの言葉は自分の部屋にいる私に影響を与えるだけで、普段の生活にまでは及ばないはず。私はデートの相手の誰もかれもにそう話した。たしかにそのときはその程度だったのだ。だがしだいに、私のジェンダークィアネスは大きくなっていき、生活のなかでもっと広い場所を占めるようになった。結局それは、私のすべての行動とすべての人間関係に浸透していった。

私は自分のジェンダーを表現しているいくつかのふるまいを選び出して、残りを捨てることにした。私のジェンダーを形成したものをバックパックから取り出し、前に進むために持っていたいものだけを戻す。荷物のほとんどは女性だという理由で（あるいは女性でいるために）詰め込まれた。私は一日の大半を女性として過ごしていたから、このセクションは満杯になっている。次に男性らしさから選んだものを少々お見せしようと思う。私が慎重に吟味した品々だ。ときどき的はずれなことをやり、失敗もした。最後にはジェンダークィアであることで手に入れた特別なアイテムを披露する。それでは、私だけの特別なジェンダークィアバックパックに詰め込んだものをとくとご覧あれ。

女の子／女性として育つなかで社会性を身につけたことを思い出させる持ち物

「小さな子どもを受け入れる私の感情のスペース」

私の率直さは、励ましや、慰めや、幸せを伝えようとするときの私に愛情深いふるまいをさせる。やりすぎていると感じることなく、友人や小さな子どもをハグしたり、ギュッと抱きしめたりさせてくれる。友人にジェンダークィアだと打ち明けると、彼女は私をしげしげと見てからそばで遊んでいる自分の3歳の息子に視線を移して言った。「あなた、これからもおばちゃんと呼んでほしいの？　それとも別の何か？」私は今も変わらず、彼の髪に手を伸ばしてくしゃくしゃにしたり、すりむいた膝小僧を手当てしたり、ベッドに入る前の照れくさそうなハグをもらったりしている。ふたりが私を受け入れてくれる気持ちと、女性寄りになっている私の心が交わる場所は、かけがえのないものだ。どんなことがあっても守っていくつもり。

「腰の振り方を学んだすべての歌がまぜこぜになって入っているテープ」

初めてダンスを習ったとき、怖くて身体を動かせなかった。あまりにも大きくて、目立って、性的で——やりすぎじゃないか——と怖かったのだ。私の身体は女性的な丸みを得るまでには時間がかかった。私は手足をぎくしゃくと振り回し、顔を恥ずかしさで赤くしながら、中学校でのダンスクラスに出ていた。14歳のとき、異教徒の儀式に行き、女性たちがしっかりとアイコンタクトしあい、楽しげな笑い声をあげながら、飛び跳ね、足を踏み鳴らし、くるくる回り、身体を波のようにうねらせるのを見た。私は彼女たち、そしてそのパワーと性的魅力（セクシュアリティ）に一瞬で魅了された。その後、私はダンスを踊れるようになった。今では身体を動かすと電気が走り、曲のリズムが私の全身を打ち震わせているのを感じる。踊っているときの自分の腰の動きや揺れ方が大好きだ。自分の身体だという感覚がある。

「ハイヒールを履きだしたときから、袋の横にあいている小さな穴」

8年生終了のダンスパーティの日、3インチ〔約10センチ〕のハイヒールを必死の思いで履いていた。ダサい女子が、このときとばかりに仕掛けたエレガントで女性らしい演出だ。すぐに、長年恋焦がれた相手からこきおろされた。私はその夏、違うタイプの女の子や女性と知り合って、ハイヒールは自分には向いていないと悟った。それなら、近くにいる見事なまでに女らしい子たちに履いてもらおうではないか。私のすてきな、怨念のこもったハイヒールは、片づけようと思い立った数年前にすでにクローゼットの隅で朽ち果てていた。

「ほんの少し汚れた手鏡」

見た目が今よりもっと女らしかったころ、チークや口紅をつけるときにこの鏡を使っていた。自分の女性らしさを観察し、間違いなく女性に見えるかどうかを確かめる手段だった。鏡に映る自分を見て、実際の自分――あか抜けず、美しく、傷つきやすい――を見つけるには時間がかかった。今も毎日、練習中だ。というわけでこの手鏡は手放さずにいる。

「恐怖、怒り、護身用催涙スプレー」

夜遅く、家を出た瞬間に頭のどこかで鳴りだすアラート。私はそれを切ることができない。私の身長ではどうしても女であると読(リード)まれてしまうし、状況、時間帯、場所によってはどんな女性も安全に出かけることができなくなる。酔って大声をあげている男たちの脇を通り過ぎるとき、首の後ろに氷を当てられたようにヒヤリとする。誰かに口笛を吹かれるとのど元がギュッと締めつけられる。私は両手を丸めて固い握りこぶしを作っておく。慣れることも放っておくこともできないこの状況が、私の怒りをさらに爆発させる。ひょっとしたら、いつかは私のような人間がこんな思いをすることなく外出できる安全な世の中になるかもしれない。私の世代では無理だとしても、その次の世代ではきっと。

「丈のかなり短いスカート」

自分の性的魅力(セクシュアリティ)の価値がわかるまでに時間がかかった。セクシュアルであると同時にジェンダークィアでいる自分に自信が持てるようになるまでにはさらに時間がかかった。この短いスカートをはいている私に、安全策をとれと言える人がいるなら言ってみて。くたばれって感じ。私の身体は私のもので、自分がしたいようにする。オオカミが鳴らす口笛が聞こえたらオオカミの唸り声でこたえて、私も危険だよという脅しと警告を与えてやる。私が自分の色っぽさを表現するのはそれが楽しいからであって、それに対する評価はいっさい受けつけない。このスカートは私が何者なのかを決めてもらうためのものじゃない。着ている私は身持ちの悪い女でもただの女でもない。このスカートは私が女性だと伝えると同時に、火のように燃えていて近づいてくるヤツは誰でもぶちのめす用意があると伝えているのだ。

「肉体的快感」

人生の愉しみを味わうのは愚かで悪いことだと私に教えた人はいない。ポテトチップスは仲間づきあいや、女の子だけで長時間おしゃべりする集まりのような味がする。それはいつも、自分たちはどんな経験をしてきたかとか、ほしいものは何かとか、それをどうやって手に入れるかなんて話になっていくのだけど。チョコレートはキャンドルを灯してひとりで入る温かいお風呂みたいな味がする。サテンとベルベットは恋人の手でそうっと撫でられているように思える。ぜんぶ私のものだからずっとそばに置いておく。

「バックパックの底でしわくちゃになっていた染みだらけの古い雑誌」

特集記事は私の恋愛人生についての質問事項、化粧をするときや、秋にふさわしいセーターを選ぶときのヒント、剃刀脱毛派とワックス脱毛派のバトル。日付はやっとなんとか２００３年の９月だと読める。あの時期まではいろんなことに悩んでいたんだっけ。本当をいえば、この雑誌は捨てるべきなんだろうね。

男性としての社会性を身につけることができた品々

「一本のネクタイ」

しわにならないようにきちんと丸められて、小物専用ポケットにしまわれている一本のネクタイ。それは家で私を待っている美しいネクタイの虹を思い出させる。私の初めてのネクタイは高校最後の年に習った英語の先生、ミスター・ヴァンダービルトからいただいた。その日、先生は伯父さんの遺言によって譲り受けたという素晴らしいネクタイのセレクションを生徒たちの前に広げた。私はそのなかの一本を、女の子たちとはちょっと違うのだと誇らしく思いながら選んだ。その違いがあとで自分にとってどんなに重要になるかはあまりよくわからずに。ネクタイをつけると背筋が伸び、顔が上を向く。まわりにいる男性のしぐさや表情をまねていいし、それが私自身のものだと主張していいのだと気づかせてくれる。ネクタイは私が男らしさを表現するときに常に中心にある。そう思うときにはいつも、つけているネクタイを嬉しそうに撫でている自分がいる。

「脚を広げて立つ姿勢と相手をにらみつける目」
そうやって私は、バスに乗っている不愉快な奴に、どこかに座る席を探しなよと伝える。自分の身体を使って、私から離れるようにはっきりと伝える方法を学んできたのだ。そばにおいでとはっきりと伝えるのを学んできたように。

「頑丈なワークブーツ」
たしかに場所はとるけれど、仕事をやり遂げるのに大切なものだ。私のブーツは私をしっかり立たせてくれる。華奢で滑りやすい女性用だとされる靴は、雨の日は足元がおぼつかず、暗い夜道で走れるのかがわからず不安だ。ブーツを履いた私は、足をふんばり、大きなストライドで歩く。

「騎士のアクションフィギュア」
自分が女性だと思っていたころ、私の大胆不敵なふるまいは身を守るのに役立つけれど、世間が求める女性らしさとはかけ離れていると感じていた。男性らしさを前面に出すようになると、私のなかのもっと深い場所にあった感覚が浮かび上がってきた。つまりこれまでに出会った女性戦士たちは私の心を明るく照らしてくれたが、私は彼女たちのひとりではないということだ。代わりにお手本になるのは、10代のころから読んできた数えきれないほどのファンタジー小説のなかの騎士だった。私は礼を正して恩着せがましさなど微塵も感じさせることなく、求められている手と傾けてもらいたがっている耳を差し出す。いつでも助けを呼んでほしい。私のたくましい身体は、泥だらけになろうが、青あざを作ろうが、走り、跳び、とんぼ返りする。こうした私が掲げるすべての目標のためにそばに置いてあるのが、このアクションフィギュアだ。それは今も私が遊び、学び、探検し続けていること、そして私の自尊心と世界に対する見方は、これからも変化していく余地があることを思い出させてくれる。

とっておきのジェンダークィアのアイテムたち

「謎めいた微笑み」

子どもに男の子なのか女の子なのか聞かれたときの、言葉では表現しにくい私の微笑み。かれらの質問は、大人たちが私のジェンダーを断定できないときに発する警告音などない、ただの問いだ。子どもたちは私が慎重にまぜあわせたいくつかの信号を感じとって、明確な説明を求めてくる。いつでも大人たちより、もっとちゃんと私を見ているのだ。

「とても特別なファッションセンス」

実際、ミニスカートとネクタイはよく合う。それはもうほんとに。身体にぴったりしたワンピと男物のワークブーツもそう。いつだったかホットタブで、友人が水泳パンツにビキニトップをつけた私をいぶかしげに見てから、嬉しそうに聞いたことがある。「メリッサ、あなた、ドラァグ〔異性の服装をすること〕でもやってるのお？」私はにやりと笑って視線を返した。「着るものはみんなドラァグだよ」と。あのときの彼女の笑い声を私はしっかりと抱きしめる。誰かの遠慮のない視線を、ひるむことなく見返すときに。

「ソフトパッカー。特別なときのための」

私の両脚のあいだにしっかりと押しつけられた私の付属品であり一部分でもある親密な丸みはとても大切なもの。それは私が持っていて安心した気持ちでいられるギフトだ。秘密を洩らされる心配はなく、何かの拍子に公表されることもなく、あざける笑いも、変な沈黙も、暴力を受ける恐れもない。恋人が私に手をあてがう――魅了されたような、保護するような、やさしく思いやりにあふれた――しぐさは私らしくいることを許可してくれる。彼女の賞賛は必要ないけれど、私はそれがほしい。

「ハードパッカー。さらに特別なときのための」

そこに存在するけれどそこに存在しないものの、完全なレプリカであるそそり立ったペニスは、私がまったく新しいやり方で恋人たちにふれるのを可能にする。

「私の旅の軌跡が記されているノート」

10歳のとき私は女の子だった。20歳のときは女性だった。25歳になるまでにはほかにもっと何かがあるとわかっていた。ジェンダークィアという言葉に出会い、確信のないまま自分のことだと思うようになっていたのだ。今では自分の後ろにも前にも長く伸びた小道があるのを知っている。16歳のとき、フォーマルな場ではスカートをはかなければならないと聞いてヒステリックに泣きじゃくっていたのを覚えている。それが私のジェンダー違和の表明だとは10年近くも気づかずにいたのだが。今現在わかっていることを記録する必要があるのは、私のジェンダーが複雑なクモの巣になってしまうときにその原因をつきとめる助けになるから。

「遊び心」

重たくて、私を怒りや悲しみで満たすジェンダーのように、私のジェンダークィアネスも、ゲリラ演劇〔活動家のグループが公開の場で行う風刺劇〕を行うためのステージだ。そのステージではふつうにはない組み合わせを試したり、笑いで可能性への扉を開けさせたり、大胆さとセクシュアリティと自分自身を丸めて大きなボールにして、何が起きるかを見るのだ。

「たくさんのポケット」

チャックと、マジックテープと、結ぶひもがついているポケットがたくさんほしいのは、私がいつも新しいものを手に入れているから。私は自分がそうなりたいと望むすべてのものを、常にポケットに入れておきたいと思っている。

第6章 スクリムショー〔捕鯨船員がクジラの骨を彫って作る彫刻細工〕

レイ・セオドア
Scrimshaw　Rae Theodore

きみが口をあんぐりと開け、酸っぱいミルクを飲み込んだように顔をゆがめながら私を見ているのがわかる。

数年前までは、きみがそんな蔑(さげす)みの目で見ているのが何かを知ろうとあたりを見まわしたものだ。カラスのような顔の老婦人か、ストライプにタータンチェック――互いに負けまいと争っている柄たち――を合わせて着ている中年男性か。

今の私は、きみが見つめ、にらみ、じっと点検し、鋭く非難している相手が自分だと知っている。コーテックスやクリネックスやクラフトのマカロニチーズを山のように詰め込んだカートを押して大型小売店を出ようとする私を見ているのを知っている。短い髪、大きすぎる眼鏡、胸に盛り上がったふくらみ、南北戦争の将軍のようにもっと長くて黒くて濃ければよかったのにと思っている真四角なもみあげを食い入るように見つめているのを知っている。

私は振り返ろうとして、1インチでも頭を動かすことはない。今日までもう何十年ものあいだ、振り向いてあたりを見まわし、後ろを気にしてばかりいたのだ。近ごろは、前だけをまっすぐ見るようにしている。

きみとほんの1秒、あるいはほんの2秒、目が合う。きみは顔を戻すけれど、やっぱりもう一度こっちを見る。そしてもう一度。さらにもう一度。わかっている。心に浮かんだすべてについて尋ねようなんてつもりじゃないことは。カタツムリと子犬のしっぽが出てくるマザーグースの歌や、つややかな赤い表紙に堂々たる黒い大文字で「人間の性」と書かれた高校の教科書について訊こうなんて思ってないことは。

きみは、まだほんの子どもだ。たとえ見かけは、長いブロンドの髪やピンクに塗った爪や空中に浮かんでいるような尖った鼻を持つ立派な大人だとしても。いつかそのうち、何を見ているか誰にもわからないように足元に目を落としたり、はるか遠くを見やったりするのだろう。視線だけでなく、考えや感情を隠すことも学ぶのだろう。

きみのお母さんは、じろじろ見たら失礼ですよとか、そんな礼儀知らずに育てた覚えはありませんよと言うかもしれないけれど、私はまったく気にしていない。きみは今、自分が見ているものが何なのか、私が何なのかを理解しようと一生懸命なのだから。私が矛盾した――柔らかくて硬い、粗くてなめらかな――存在だから、アイスキャンディの棒に書かれたなぞなぞのように私の背骨に描かれている謎を、解こうと一生懸命なのだから。

私は鏡に映った自分の姿を見るとき、きみの立場になろうとしてきた。だから、そちら側からどんなふうに見えるのかはわかっている。でも実際のところ、私たちはものごとをあるがままに見ることはなく、自分がそう望んでいるように見ているものなのだ。私の心の目では、私の身体はもっと筋骨たくましく、胸はもっと平らだ。背筋を伸ばした長身の私は、ロックスターのように街を闊歩する。それは自分を勇気づけるための嘘ではない。でも、どうやったら、肌の下で緊張しながら青く脈打っているこの身体のパーツに命をふき込むことができるのだろう。

　私は自分が青空を舞う真っ赤な凧のように目立つのを知っている。男性に見られても女性に見られても、少年に見られても少女に見られても、そこには常に人々にとってどこか奇妙で、でもそれをはっきりとは指摘できない何かがある。もし私がいっしんに耳をすませば、人々の頭のなかにある思考の車輪が、白目の後ろにつけられた小さなファンみたいにものすごい勢いで回っているのが聴こえるだろう。もし私が真剣に考えすぎたら、男／女（男あるいは女）、少年／少女（少年あるいは少女）のあいだのスペースで迷子になってしまうだろう。もし私が注意深くなければ、これらの男／女や、少年／少女を絶対的に区分している／（スラッシュ）をはるか下まで滑り落ち、すべてが始まりすべてが終わる狭いスペースに閉じ込められてしまうだろう。

　きみは私に何を見ているのだろうか。たぶんきみの一部分を見ているんだろうね。顔が使い古した紙袋みたいにしわくちゃになっているもの。心の奥底にある場所にメッセージを送っているのかもしれない。大きくなったらどんな人になるかを記した筒状に丸められた計画書や説明図を保管している胸のなかのあの場所に。

　もし、きみが立ち止まって耳を傾けるとわかっていたら、私が学んできたことを教えてあげるのだけれど。だが、もうきみは、しっかりした足取りで店の自動ドアを通り抜け、夏の日の自由に向かって歩いていってしまった。

　もうすでに決まっているものを書きなおすことはできないと、教えてあげたのだけれど。それは、白く輝く骨に彫られた精巧な彫刻、スクリムショーのように、きみの骨にずっと前から刻まれているのだ。

きみはその優美な曲線や凝ったデザインに驚嘆し、クジラの歯のひとつの面に人魚たち――弧を描く背中と、そり返った尾と、柔らかい緑色のリボンのように風になびく髪――を彫りあげた老水夫の匠の手に敬意を払うだろう。

きみに、洗練された美と、野性の荒々しさがひとつのものを創り上げることを教えてあげたのだけれど。でももうきみの目は、危険を知らせる真っ赤なストップサインのように私を見ている。

第2部　可視性——立ち上がること、そして目立つこと

PART TWO
Visibility: Standing Up and Standing Out

第7章　それより前からジェンダークィアでいること

Being Genderqueer Before It Was a Thing

ジェニー・ビーミン　Genny Beemyn

私はジェンダークィアという言葉が1990年代半ばに初めてインターネット上に登場して以来そう自認しているのだと話すとき、今は50代だから、世の中に身をさらしている、出生時に男という性を割り当てられた（AMAB〔エイマブ〕の）ジェンダークィアの人間としては最高齢にあたるのだとつけ加える。ジョークまじりの話だけれど、真実とかけ離れているわけでもない。これまでの実生活や、トランスの生き方を研究する者として過ごしてきたなかで、ジェンダークィアを自認するAMABにはほとんど出会っておらず、20代半ばを過ぎているとなるとその数はさらに少なくなるのだ。そして男性として生まれ、しかも40歳を超えるジェンダークィアとなると、もうこれは絶滅危惧種と同じくらいめずらしいのである。実際、個人的には自分と同じような人間をひとりも知らない。

男性という性を割り当てられて、のちにノンバイナリーだと宣言する人が少ない理由ははっきりしている。どんなしぐさや表現も、正しい「男の」ふるまいとされているものからの逸脱は危険で、肉体的な暴力を受け、殺害されることさえあり、そこまでいかなくても嫌がらせや差別にあい、仲間うち、とくに男の友人や同僚からのけ者にされてしまうからだ。ジェンダーを知られずに生きることができない、あるいはそれを選ばないトランス女性も同じような経験をしている。我々ＡＭＡＢのノンバイナリーが異なる点は、その多くが、ほかの人たちから女性として（あるいは男性として）見られたいとは思っていないために、常に目立ってしまい、標的にされがちだということだ。男性という性を割り当てられても自分が男だとは感じていない多くの人間にとって、自分を明らかにする代償はあまりに大きい。とりわけ男性優位の場所、ときには白人至上主義の場所で。

ノンバイナリーのトランスたちはメディアで取り上げられることが少なく、ＬＧＢＴのコミュニティ内でさえ、ノンバイナリーの人たちについての知識がほとんどない。そのため、私も仲間たちに自分はノンバイナリーだと告白するまでには長い時間がかかり、コミュニティの外で公にするのにはさらに時間がかかった。大人になっていく時期に、男性と女性以外に選択肢があると考えたことは一度もなかったので、まわりにいる出生時に男性という性を割り当てられた人間たちとうまくつきあえないのは、自分がかれらと違う種類の男だからだと思っていた。大学で「トランス」について知ったときでさえ、それは「間違った身体に閉じ込められた」と表現される「トランスセクシュアル」といわれる人間についての知識を得たにすぎなかった。自分は男ではないという思いが大きくなっていっても女だと感じることはなく、身体が嫌でたまらないとか切り離したいと思うほど拒絶することもなかった。１９９３年のワシントンで、「レズビアン、ゲイ、バイセクシュアルの平等な権利と解放の大行進（マーチ）」の準備をしているときに、初めてトランスの人たちに出会った。そのときもピンヒールを履き、ふくらました髪と大きな胸を強調した、過激に女性らしいトランス女性たちを見て、私とは違うという感覚が強まっただけだった。彼女たちの行進のテーマである、トランスジェンダーの社会参加の重要性をアピールする姿（残念ながらこの訴えは議会で否決された）には政治活動として大いに賛同したが、個人的には彼女たちに共感することはなかったのだ。

天からのお告げともいえる瞬間は、1993年、レスリー・ファインバーグの『ストーン・ブッチ・ブルース（*Stone Butch Blues*）』〔1993年、未邦訳〕が出版され、それを読んでいるさなかに訪れた。ジェンダー・ノンコンフォーミングである語り手は、女性にも男性にも見えないために嫌がらせや暴力を受ける。それでもテストステロンを使いながらまわりに悟られないように暮らし、最終的には1970年代のバッファローで経済不況を乗り越えて、身体的にも経済的にもたくましく生き抜いていくという物語だった。私も同じようにバッファローで育ったが、語り手より20年あとに生まれ、バッファロー郊外の労働者階級つまりロウアーミドルクラスの家の出身で、まわりの人たちからは性別がわかりにくいとされることはほとんどなかった。でも語り手の感じる女でも男でもないという居心地の悪さには共感でき、ジェンダー二元論の外側にいる自分を認めることが可能なのだという小説のメッセージには勇気づけられた。それでも私は孤独なままだった。『ストーン・ブッチ・ブルース』がファインバーグの経験に基づいたものだとはいえ、物語の主人公は作られたキャラクターだったからだ。私はまだ知り合いには誰ひとり、ノンバイナリーだという人を見つけられないでいたのだ。

私の経験はいくつかの点で、現在の多くのノンバイナリーの若者たちと重なるものだ。自分のジェンダー・アイデンティティを理解して20年以上たつが、ノンバイナリーのトランスたちの可視化は今もそう多くない。私は大学で話をするとき、授業を聴いている学生たちに、映画やテレビで活躍する人のなかでノンバイナリーだと自認している人の名を挙げてくださいと質問を投げかけることがある。反応はいつも同じ。かれらは誰ひとり思いつかない。

だが、著名人のノンバイナリーのトランスジェンダーが少ない状況のなかでも、ソーシャルメディア、とくに「Tumblr（タンブラー）」〔米国のブログサービス〕には多くのノンバイナリーたちが登場してきている。その結果、2010年代後半に成長し、自分のジェンダーを理解しようとしている年若いノンバイナリーたちは、1990年代や2000年代の初めには存在しなかったオンライン上の情報を手にすることができるようになった。かれらは用語の意味をすぐに見つけだし、誰かの体験談を読んで自分の生き方と照らし合わせ、ほかの若いノンバイナリーたちと直に交流することができる。私にはどれも手に入れようがなかったものだ。パソコン上でジェンダークィアという言葉を見つけたけれど、それは1990年代半ばの限られた情報で、自分のアイデンティティを知る機会も、それを誰かとシェアし合うという機会もなかった。独力で理解しなければならず、本来なら不必要な躓き（つまず）きも数多く経験することになってしまった。

　ジェンダークィアだと公表する最初のステップとして、新しい女性的な名前――ジェニーという、祖母の名前ジュヌビエーブからもらったもの――を名乗ることにした。私のファーストネームは子どものころはどこかジェンダーを感じさせない雰囲気を持っていたのだが、いつのまにか完全に男性の名前になってしまっていた。でもトランス女性として見てもらいたいのではなく、ノンバイナリーとして見てもらいたいのだ。私は、ファーストネームにジェニーを合わせることにした。だがよく考えてみると、こうした一部は男であり一部は女でもある名前ではうまくいかないように思えてきた。人はジェニーを飾りだと受け取れば、元の名前のまま呼び続けるだろうし、ジェニーを苗字と思うかもしれない。結局、ただジェニーと呼んでもらうことにして、男性的な外見との「不協和音」で自分のノンバイナリーのアイデンティティを知らせようと考えた。ノンバイナリーであると表す代名詞も使うことにした（当初はze/hir（ズィ／ヒア）を選んだが、現在はthey/themとしている）。

　自分をどんなふうにノンバイナリーとして表現したいのかという結論にたどり着くまでも長い時間が

かかった。私は１９８０年代半ば、カレッジに入った当初から、髪をかなり長くし、シャツとジーンズできわめて中性的な格好をしていた。１９９０年代半ばに「ジェンダークィア」という言葉が生まれると、自分を表すものとして名乗るようになった。最初のうちは、外見をノンバイナリーに見せるための特別なことは考えていなかったが、しだいに無精ひげが気になりだし、何度かレーザー治療や電気分解治療に通うことになる。伝統的な女性の身体に見せるつもりはまったくなく、エストロゲンのような女性ホルモンを使いたいとは思わなかった。それでも身体が男性化していくのを避けるためにテストステロンブロッカーを使ったらどうか、ということはずっと考えていた。結果として顔の毛の脱毛もしなくて済むようになるだろう。だが私の内分泌専門医は親身になって相談に乗ってくれず、骨粗鬆症を起こすことがあると言うだけだった。ブロッカーを使っている人をネット上で見つけることもできず、私はそのうちその考えを諦めてしまった。

私は最終的には、自分らしくいるためや、自分のアイデンティティを正しく受け止めてもらうために極端にアンドロジナス〔男女両性の特徴をそなえたという意味〕のように見せる必要はないと考えるようになった。たとえほかの人が私をノンバイナリーだと認めて尊重してくれなくても、それはかれらの問題であって私の問題ではない。もちろんジェンダーを間違えられて自分に価値がないと感じたり、ひどく傷ついたりすることはある。でも、かれらの態度は、ジェンダー多様性に対する無知によるものなのだとか、ときには、礼儀正しくあろうとしての間違ったふるまい（たとえば接客係の人が私に対してサーを使うときのように）なのだと思うようにしているのだ。

私は自分がノンバイナリーだと考えるようになる前も、トランスの権利を主張する活動をしていた。１９９５年、アイオワ大学の大学院生だったとき、地元企業でトランスの人が受けた差別に対して立ち上がり、仲間とともにアイオワ市の差別禁止条例に「ジェンダー・アイデンティティ」という言葉を追加するように運動した。その活動が成功したのち、私とアイオワ大学の事務局メンバーであるミッキー・イライアソンは「ジェンダー・アイデンティティ」を大学の差別禁止声明にも入れるべきだと主張することにした。その結果、1996年、アイオワ大学は全米で初めてトランス・インクルーシブな差別禁止方針を持つ大学になり、おそらく世界初のトランス・インクルーシブを掲げるカレッジになった。

そのころ、私は同大学でアフリカ系米国人研究での博士号を取る最終の段階にあり、人種とジェンダーとセクシュアリティの交差性について研究していた。学部生のときに白人として人種問題や人種差別に関する自分の無知に本気で取り組もうと、アフリカ系米国人研究を始めたのだ。そして、私たちがかかわってきた差別的な行動について明らかにするのは有色人種の人たちではなくて、白人である自分の責務だろうと信じていたから、自分がほかの白人たちを教育するのだという目的を持ってこの分野で研究を続けてきた。だが、ノンバイナリーのトランスだとカミングアウトしてからは、当事者である私こそがトランスの学生たちの人生にもっと大きな変革をもたらすことができるのだと考えるようになった。トランスの学生たちが自分たちと同じような若い学生と知り合えば、ひとりぼっちだった私より、もっとずっと楽に自分のジェンダー・アイデンティティを理解し、受け入れることができるのではないか。私は博士号を取得してほんの3年後、今以上にトランスやLGBTQIA＋の学生の力になって働けるようになりたいと考え、ロチェスター大学で高等教育機関運営の修士号をとるために学生に戻った。

2001年、ふたたび大学を卒業した私は、オハイオ州立大学でLGBT事務局コーディネーターとして職を得た。ちょうどトランスの学生たちが学内や各地の大学でカミングアウトし始めた時期で、全米の多くの大学がかれらの要望に本気で取り組む機関の設立を必要としていた。だが、どの大学も、事務局スタッフや教師陣やシスジェンダー〔出生時に割り当てられた性別を自認している人〕の学生たちはほとんど知識も関心もないという状況だった。そういったなか、私がトランスであると公表しているということが、職につく際の強みになったのである――これはアフリカ系米国人研究において白人として職を求めるときに常に出会う状況とは正反対のものだった。多くのトランスの人たちがジェンダー・アイデンティティのせいで雇用差別にあったり、仕事を失ったりするなか、専門職として私のノンバイナリーのジェンダー・アイデンティティが肯定的にみなされ、少なくともお荷物とは受け取られていない。これは奇妙な感覚だった。

トランスだと公にしてこの仕事についていることは私に数えきれないほどの恩恵をもたらしている。誰もがLGBTQIA+センターの所長はクィアであってほしいと望んでいるのに加えて、高等教育における別の分野なら当然ある職場差別を心配しなくていいからだ。2000年代初め、カミングアウトした数少ないトランスの学者のひとりとして、個人でまたは同僚と共同で、トランスの大学生の体験とニーズについての初めての論文を何本か書いたが、自分の立場は大いに役立った。さらに「トランスジェンダー法とポリシー協会（TLPI）」の幹部会に大学との連絡窓口として加わり、トランス・インクルージョンの導入について協議したり、トランス・インクルーシブ方針の状況を調べたりした（TLPIが活動を終えると、2012年のキャンパスプライドで同じ役目を引き受けた）。嬉しいことに15年前と比べると現在は、トランスだと公にしている学者たちは数多く存在する。だが今もなおいくつもの大学が、トランスの学生、とりわけノンバイナリーのトランス学生たちの存在をほとんど無視し、隅に追いやったままだ。だから私はトランス・インクルージョンの大切さを教え、提唱しようと、LGBTQIA+学生への支援活動と同じように執筆活動と公の場でのスピーチに力を注ぎ続けている。

現在の私はノンバイナリーのトランスとしてあからさまな差別にあうことはほとんどない職場で働い

ているが、それでもジェンダーを間違う形でのマイクロアグレッションは毎日のように経験する。オハイオ州立大学で働き始めてすぐに、私は自分の名前にジェニーを加えて、同僚や友人、地元のＬＧＢＴＱコミュニティのメンバーに代名詞はze/hirを使うよう頼んだ。だがある程度の時間がたっても、私の代名詞をすぐに思い出してくれる人はほとんどいなかった。私は訂正したり、使い方やどう綴るかを説明したりしなければならないことにすぐさまうんざりしてきた。

　当初、もっとも頻繁にジェンダーを間違えていた——それはもっとも悲しかった——のは皮肉にもトランスの人たちだ。そのころ近くにいたのは私より10歳か20歳年上のトランス女性たちで、彼女たちが自分探しを始めた時期は、トランスジェンダーはトランスセクシュアルかクロスドレッサーのどちらかを指したから、男性より女性だとは感じるけれど、さりとて女性らしくふるまおうとも、手術をしようとも考えない私のような人間を理解するためのレンズは持ち合わせていなかった。それで私をシスジェンダーの支援者（アライ）とみなして、会議ではheとhimで呼ぶのだった。私のジェンダー・アイデンティティが、トランスの抱える問題をよくわかってないけれど私に協力的でありたいと思ってくれるシスジェンダーの同僚たちより、もっとよく理解しているはずのトランスの人たちに軽く扱われるシュールな状況にはとてつもなく複雑な気持ちになった。結局、私が法的に名前を変更し、電気分解治療（脱毛の痛みをわかちあってこその連帯とでもいうべきか）を始めてからは、彼女たちの多くが私を仲間だとみてくれるようになった。だが、いちばん支持してくれるだろうと期待していた人たちがいちばんそうではなかったのには心の底からがっかりさせられた。

　２００６年、現在の職場であるマサチューセッツ大学アマースト校のＬＧＢＴＱＩＡ＋センターの所長になり、それを機会に代名詞をthey/themに変更することにした。新しい言葉として学ぶ必要がないから、より簡単に覚えて使ってもらえるだろうと期待してのことだ。今ではジェンダーを間違えられることはそれほど多くなっている。米国のなかでは比較的意識の高い地域に住んでいるとか、近ごろはみんなが代名詞についてよく知るようになってきているといった理由によるものだろう。名前を法的にジェニーと変更し、学内や全米のキャンパスで、トランス学生たちの前に頻繁に姿を見せ、支援を表明していることもあると思う。それがあってこそ、人々が常に私のノンバイナリーのアイデンティティを心に留め置いてくれているというわけだ。もし私がトランス政策オタクとしてこれほどまでに人前に姿を現さなかったら、もっと頻繁にジェンダーを間違われているに違いない。

私にとってノンバイナリーのトランスの人間として見られることは、自分のアイデンティティとじっくり向き合うためにも、支配的なジェンダー制度に対して異議を唱えるためにもきわめて重要だ。だがトランスジェンダーであることが、性別適合手術を済ませたか、あるいはその過程にあるバイナリーのトランスの人たちを指しているとき、自分がトランスとして見られ、認められるにはどうすればいいのかと思い悩むのだ。そのうえ、ノンバイナリーのトランスたちが社会の主流派にどの程度まで理解されているのかを考えるともっと悩んでしまう。というのは、私たちのジェンダーが「目立って」いる、つまりジェンダー二元論のもとでまだ居場所がまだ持てておらず、私たちの外見が「男にも女にも見えるというジェンダーシグナル」を発信しているからである。こうして、見た目が中性的であるとか、ジェンダー表現が社会規範を甚だしく逸脱している人だけがノンバイナリーとして認知されるという結果になる。これは私にしてみれば、自分のジェンダー・アイデンティティは、いつも見えていないということを意味する。年をとって、長年のテストステロンの影響で男寄りの外見になっている今ではとくに。私は、ジェンダーを決めていないために目に見えるサインが存在しないという状況、この社会に年長者のノンバイナリーのイメージがまだないという状況のなかで、自分のジェンダーをどう演じるべきかを委ねられている気がする。私が社会から理解されること、それは生きているあいだには難しいかもしれない。ならば、私は私として生きるまでである。

このエッセイの初めに、20代半ば過ぎの、出生時に男性と割り当てられたノンバイナリーの人を個人的には知らないと書いた。だが出生時に女性という性を割り当てられたノンバイナリーと、同じく女性と割り当てられたバイナリーのトランスたちもまた、高等教育の場では数が少ないままだ。私の働く組織には数千人もの職員、教員がいるが、学生を除けば、私はトランスだとオープンにしている数少ない人間のひとりだ。キャンパス委員会議に出ると毎回きまったようにこの現実を思い出す。会議の多くは（私の要望を受けて）、出席者が名前と所属とともに、代名詞を披露することから始まるが、he/him と she/her 以外の代名詞を使うのはいつもきまって私ひとりだ。委員会の議長たちが代名詞を求めてくれるのには心から感謝している。それで私は自分の代名詞をはっきりさせることができ、ほかのグループの人たちからジェンダーを間違われないで済む。それでもいつも自分だけがそういう立場にあり、自分だけがオープンなノンバイナリーのトランスとしてわざわざ注目を浴びなければならないことには気落ちさせられるのだ。

この状況は、今日もキャンパスを歩いている多くのノンバイナリーのトランス学生が巣立ち、高等教育の場やありとあらゆる職場で働くようになれば変わっていくだろう。ジェンダーをオープンにするノンバイナリー学生の増加により、私が個人的に恩恵を受けることはないかもしれない。でも私の存在がかれらの助けになってくれたらと願っている。この大学と世界中のキャンパスにおいて、私自身を可視化することと、ほかの人にわかってもらおうとする努力を通じて、次世代を生きるノンバイナリーのトランスたちにとって、もっと居心地のいい環境を創る手助けができればと、そう願っている。

第8章　トークンの一日

サンド・C・チャン
Token Act　Sand C. Chang

トークンとは?

「1　さまざまな場所でお金として使用されるコインの形をしたもの・代用硬貨」

ノンバイナリーであるとは、貨幣のように利用されることだ。ノンバイナリーで、有色人種のクィアで、医療従事者の私の価値と実用性はきわめて高い——あるいはそう信じるようにしている。

「2　外部への標識（サイン）、または表明」

ノンバイナリーとは、実質的には何も示していないジェンダーのラベルで、唯一、伝えているのは、男女ふたつのジェンダーのうちのどちらでもないということだ。私は気乗りしないまま、この言葉を自分を説明するものとして使っている（最初はジェンダークィアと名乗っていた。それで確実に年齢がばれるね）。その理由は、世の中のシステムが、私のような（または私のようでない）人間にいろんな面倒や難問をつきつけていることを、簡潔に伝えるからだ。

ノンバイナリーだと自認している私たちは、「男女のどちらでもないんです」と言うのに時間をかけすぎているせいで、自分自身のことを真剣に考えたり、男女どちらでもない自分をほめたり、誇らしく思うための時間がとれないでいる。ノンバイナリーという言葉は、植民地開拓者や、白人中心文化や、人は男と女のどちらかであるという西洋的見解が力を持つことを単に示すものだ。世の中では今も、それら主流派に共通する体験が、正しく典型的で本物のジェンダーのあり方だとされている。

「3　シンボル、エンブレム」

私がノンバイナリーだということは、シンボルとして便利に使われている。ダ、イ、バ、ー、シ、テ、ィ、をいかに歓迎しているかを内外に示したい雇い主や組織にはとくに！　私はこの「ダイバーシティ」という言葉が「多文化の」よりもとは言わないまでも大嫌いだ。

ときどき自動返信eメールを送るときに、時間と面倒な気づかいを節約できると思うことはある。「ご連絡ありがとうございます。御社のダイバーシティ委員会とリクルート調査部とトランス入門講座の一員として働き、それ以外の単調な組織にも彩（いろどり）を添える私の能力について、また、その私の時間とエネルギーと努力と知識の無料使用についてご質問がおありでしたら、どうか御社のこれまでの権力や特権の乱用について内省する経緯をお示しくださいますようお願い申し上げます」

「4　全体を代表している小さな部品」

トークンという役目には、自分とまったく異なる人たちから成るグループを代表する責任がついてまわる。

ノンバイナリーの個人として、私は「アメリカじゅうのすべてのトランスジェンダーとジェンダー・ノンコンフォーミングの人たちの代弁者」であることを期待されているのだ!!! それは私が望んでいる責任ではなく、私が与えられるべきポジションでもない。私は医療的介入を求めている人の思いも、心身ともに楽になりたいと願う道のりの一歩一歩で困難に出会う人の思いも代弁することはできない。誰よりも暴力や差別の危険にあっている有色人種のトランス女性を代弁することはできないし、するべきではないと思っている。すべてのノンバイナリーたちについてでさえ、その人のジェンダー（とジェンダーの欠如）の表現や経験が自分自身と異なる場合には声をあげることはできない。

同時に、中国系アメリカ人として、私はすべての中国系アメリカ人、すべてのアジア系の人たち、すべての有色人種の人たちを代弁することを期待されている。それって馬鹿げている。そんなふうにトークンとして利用されると、アジア系アメリカ人の私としてはたいへん困ったことになる。ほかの有色人種、とくにアフリカ系やラテン系の人たちとどちらが優れているかを競わされてしまうのだから。反黒人主義を掲げて不安や怒りを煽る白人至上主義のもとで、アジア系アメリカ人は少数派トークンの模範生として、権力のシステムから優遇されているあいだは、他の有色人種たちを静かにさせておく役目を担わされている。

ノンバイナリーのセラピストの人生における一日

午前6時45分

15年ものあいだ、通りで出会う見知らぬ人から、私のパグのセオ・チャンは男の子か女の子か、と訊かれてきた。その質問は面白いけどいらつくなと思う。小さいほうのパグ、ゼルダ・セサミはほとんど毎日蝶ネクタイをつけているから、ハンサムですね、とよくほめられる。でもほめた人たちはセサミがメスだと知るとあわてて謝ってくる。まるでセサミが気にしているかのように！　私はいつもこう答えているのだ。「そう彼女、とってもハンサムでしょ」

男の子なの、女の子なの?
それって重要?

♥ セオは考える

男の子かな、女の子かな?

♥ セオは考える

ほら、見せてごらんよ
それっておかしいでしょ

♥ セオは考える

♥ セオは考える

午前7時30分

朝、服選びをしているとどれも正しいと思えなくなる。

「ビジネスカジュアル」というドレスコードはジェンダーにひどく縛られていて、私は仕事に行くのにどの「女装、あるいは男装」にするか決めないとならない。とくにキリッとしたいときは、男らしさの方角に舵を切る。ズボン、ボタンアップのシャツ、ときどき蝶ネクタイ。女らしい服装で出勤したくないわけじゃない。でもそうしたら最後、私のノンバイナリーのアイデンティティは完全に無視されるとわかっているのだ。「トランスとして十分」だとはみなされない――女性服が私を女性として扱ってもいい、間違っている代名詞で呼んでもいいと思わせてしまう——のである。ノンバイナリーというジェンダーを受け止めていると主張する人たちでさえ、いまだに私たちノンバイナリーの外見は出生時に割り当てられた性別の規範からはずれていなきゃダメだと思っている。

私が唯一、身体もジェンダーも完全に心地よいと思った仕事環境は、NYの「ジェンダー・アイデンティティ・プロジェクト」に存在した。責任者はこう言った。「ここではあなたの好きな服装でいてください。スパンコールつきのワンピース、半ズボン、ええ、もちろんけっこうですよ。あなたが着ていて心地よくいられるものならなんでも。私たちはクライアントにそうであっていただきたいのです。だからその前に自分たちがわかっていませんとね」私は、プロフェッショナルは異性愛者（と階級主義者と人種差別主義者）であって当然であるという思い込みから解放されてほっとしたのだった。

私は職場で、トランスたちの健康維持のために働く心理学セラピスト、および教育者として、自分自身のジェンダーを心地よく受け止めています、と言えたらいいのになあと思う。トランスのクライアントたちは、この男女二元論の社会で理解され尊重されるためのかれらの頑張りに、私がどんなに共感しているかを知らない。

トランスのアライを自称する人たちのなかには、ジェンダー二元論から逸脱することにはとうてい我慢できないという人もいるようだ。かれらは新しい名前と代名詞を使うことや、相手を男か女かだとして接することはできる。その相手が男か女かのどちらかであるかぎりは。ジェンダーの流動性はかれらを混乱させ、明らかに居心地悪くさせ、ときには激怒させる。「どっちか、ひとつ選びなよ！」って。かれらは自分のジェンダーの概念に真っ向から挑むなんて面倒にはかかわりたくないのだ。この私だって、心の奥深くにあるジェンダー二元論を捨てるように努力しないとならない。少なくともそれが私の行動に影響を及ぼさないようにしなければならない。

午前8時25分

自分の職場がある高層ビルのロビーを歩いていると、守衛さんが「おはようございます、マダム！」と挨拶してくれる。誰かに、とくによく知らない人に訂正を求めるのはエネルギーの無駄だとよくわかっている。それでもマダムという言葉の響きが私の全身を硬直させるのを抑えることはできない。「ミス」や、「お嬢さん」もまったく同じ反応を引き起こす。

人に見た目で判断され、ジェンダーだけでなく年齢にふさわしいとされる挨拶をされたときのエネルギーの損失にはいらいらする。そして、そのことにいらついている事実に、もっといらいらさせられる。守衛さんの誤りを正すには、感情に鎧を着せなければならない。痛みと怒りを監視しながら、自分の要望をその場に「ふさわしい」やり方でひとまとめにし、相手がどうこたえてくるかがわからない恐怖に耐えつつ、相手がいいわけしたり、言い返してきたりした場合に落ち着いて対応する準備をするのだ。とはいうものの、それもまた、毎日マダムと呼ばれるのを我慢するのと同じくらい精神的労力がかかるものなのだけれど。

ときどき、もっと打たれ強い性格だったらなあと思う。ジェンダーを間違われても落ち込まなくていいんだと思えるようになるまでずいぶんかかった。傷つくのは少しもおかしいことではない。私のこまやかな感情は、何かひどいことが起きたときにそれに気づかせ、その感覚が大事だと思わせてくれるギフトだ。自分自身や誰かをジェンダー二元論から自由にするために働いている私を応援してくれるものだ。

午前9時15分

メールを念入りにチェックしながら、これから出会うおきまりの事態に対して身構える。私の代名詞がthey/themだと知りながらshe/herを使って書いてくる人がいるのだ。文字にされた代名詞を見るのは直接言われるよりもっと心が痛む。話し言葉と違って、書き言葉には意図を持った表現や形式が現れ出ているから。

午前10時30分

前日に受けた面接を思い出し、落ち着かない。大手ハイテク企業でのセラピスト職に志願したのは今の自分には変化が必要で、メンタルヘルスの提供者としてトランス専門ではない一般的な環境で働くことが一日中ジェンダーについてばかり考えている自分を解放してくれるかもしれないと思ったからだ。面接に出てきたマネージャーは、私の代名詞とジェンダー・アイデンティティを尋ねてから、担当しているトランスのクライアントについて話し始めた。自分は事情をよく知っていて、私のような人間と親しいのだと見せようとしているようだった。面接の最後に、誰かがあなたのジェンダーを間違えたらどうしますか?と訊いてきた。私は、ジェンダーを間違われることはよくあるけれど、自分のジェンダー（男と女のどちらなのか）について、誰にも彼にも説明しようという気力は持ち合わせていないとまくしたてた。でも今は、失敗したような気がしている。そういうことが起きたとき、あなたやこちらの組織ではどう私を守ってくれますか、と訊けばよかった。

一夜明けて、まだあのマネージャーに彼女の質問に対する感想を送ろうかどうか迷っている。あれってどうなの、と思っていた。相手に「あなたがセクハラを受けたらどう対応しますか?」とか「社会には当然ながら人種差別が存在しますね。悪気なく人種差別的なジョークを口にする人を見たらどうしますか?」と言っているようなものだからだ。彼女の質問は本当にそんな感じだった。「あなたはここでどれだけ大きな面倒ごとになるつもりですか? 私たちをどんなに居心地悪い気分にさせるつもりですか?」

ときどき私は、怒れるトランスの人間とか、怒れる有色人種とか、そうでなくても活動家のレッテルを貼られることを恐れて、声をあげるのをためらっている自分に気づく。活動家や提唱者はヘルスケアの世界ではあまりよく思われていないからだ。科学や知的探求の敵とされるだけでなく、社会正義でも説こうものなら二度とプロフェッショナルとして見てもらうことができなくなるのだ。偏見に満ちた自分勝手な考えをごり押ししたがっている人だと見限られてしまうのである。

(ところで、私は採用するとの返事をもらった。その給料や年俸は断るのを難しくさせるものだったが、最終的には自分を守るほうを選んだ。これは、私たちの多くが、昇進や経済的安定と、真の尊厳のあいだで選択をせまられる現実をはっきりと示している。)

午前11時15分

トイレに行きたくなった。そこで手っ取り早くこのフロアの男女別の洗面所を使うか、エレベーターで16階まで降りて私の要望で基本的に私のためだけに設置されたジェンダーニュートラルなトイレを使うかを決めなくてはならなくなる。雇い主は感謝してほしいとか、感激してほしいと思っているようだが、私としてはこの新しい選択肢を喜んでいるとはいえない。

どうも職場というものはトランスやノンバイナリーの人たちに良い設備を提供することとなると積極的ではないようだ。トランスたちが採用されるまで行動を起こさず、そのときになってやっと、安全で利用しやすい環境を整えるにはどうしたらいいのかと考え始める。私の理想とする社会における職場とは、トランスの人が採用される前に、いやかれらを面接する前にもう、行動を起こしている。採用方針、洗面所の設備、情報管理（ネームバッジ、eメールアドレス、電子記録、コンピュータのユーザーアカウント）について前もって考えているものなのだ。トランスである状況やトランスのアイデンティティを公にしていない人を職場に迎える機会は常に存在するのだから、誰かが最初にカミングアウトするのを待つとか、意見を言えるトランスの人から問題報告があるまで動かないというのは公正な取り組み方とはいえない。

結局、私はどちらのトイレに行くのもやめにして全個室のオールジェンダー対応トイレをそなえているサンドイッチ店でランチを食べるまで我慢することにした。帰宅するのがもっと簡単な解決策になる日もある。

午後12時45分

ソーシャルメディアにちらりと目を通す。それは危険な賭けだ。有色人種のトランス女性が殺されたという投稿に続いて、サポートされているトランスの若者たちへのお祝いメッセージの投稿が続き、それにトランスの若者の自殺についての投稿が続くのだから。私は、リベラルな人たちが男女二元論に基づくトランジションにはなんと素早く支持を表明するものか、だけど人種差別と貧困が多くの人を死に追いやるトランス嫌悪を助長しているというコメントにはなんと冷ややかな視線を送っているかに気づく。「でも、良くなってるじゃないの！」とかれらは言う。みんなにとって良くなっているわけじゃないのに。

有色人種のトランス女性や、まわりから見てジェンダーがわかりにくい人たちは『ヴァニティ・フェア』や『ナショナルジオグラフィック』や『メンズヘルス』の表紙を飾ることはできない。私たちのコミュニティのかなり多くの人たちが健康保険に入っていなかったり、医療費を保険で賄えなかったり、診てもらう必要のある病院に行く交通費さえ持っていなかったりする。医療的移行など夢のまた夢だ。そこには毎日をただ必死に生きている人たち、暴力を受けたり逮捕されたりしませんようにと祈るようにして通りを歩いている人たちがいるのだ。

医療提供者たちには、トランスやノンバイナリーの人々の手術が可能かどうかを気にかけるのと同じくらい、かれらの毎日の暮らしも気にかけてほしいと思っているのだけれど。

午後3時30分

eメールの受信箱が鳴って新しいメールの到着を知らせる。年若いトランスとジェンダー・ノンコンフォーミングのために働くセラピストたちのメーリングリストだ。このグループで、若者を支援しようと声をあげ、かれらが真実だと感じるジェンダーを探してそのジェンダーで生きていく権利を支持しようとしているのは私だけではない。ノンバイナリーやトランスなのも私ひとりではない。でも、私の知るかぎり、有色人種は私だけだ。「ええと、その子の人種についてはどうですか？ 生活レベルは？」と自分だけが繰り返し思い出させようとしているのには孤独を感じる。私たちは貧困と戦っている有色人種のトランスの若者が、リベラルな郊外に住む白人中流階級のトランスの若者と同じ経験をして同じチャンスを得られる、と信じているふりをしてはいけない。

医療やメンタルヘルスケアにおける型にはまった取り組みは、もともと支配層の考え方の影響を受けているもので、自分たちのケアシステムは間違いなくインクルーシブだと思わせようとしている。私はそれに気づいたたったひとりの人間で、少なくともそれを発信すべきだと感じている唯一の人間であることに疲れている。トークンとして、私は私のアライたちからもっと多くの助けがほしい。

私は自分が、トランスの若者たちは「ジェンダーを再定義」しているんですよとか「ジェンダー革命」をやり始めているんですよ、と同じ話を繰り返す壊れたレコードプレイヤーになったような気もしている。男女二元論のシステムからの逸脱は現代の若者たちが考えだしたものではない。私は「ノンバイナリー」が、多くの点で「バイナリー」より先んじていることをみんなに思い出させないとならない。私たちのような男らしさと女らしさの期待するものに応えられない人間は、何世紀も前からほぼすべての大陸に存在してきたのだ。だが、植民地化による強大な影響のひとつとして、それらの歴史は忘れ去られ、抗議の声も聞こえなくなるまで暴力的に押さえつけられたのである。

トークンでいることは、最初は勘違いにつながりやすい。自分は求められ、賞賛され、特別な存在だと感じてしまうのだ。でもそんなふうに感じたくない人間なんているだろうか？　とくに生まれてからずっと注目されることも価値があると思うこともなかった場合には。「私たちはあなたのユニークなものの見方を非常に高く評価しています」というメッセージが聞こえてくる。本当は「あなたの持っているものが私たちには必要なんですよ！」という意味だけれど。私は、自分が救済者コンプレックスと責任過多の感覚を持っているために、このメッセージにずっと騙されてきたことを認めなくてはならない。トークンになれば、思いあがるなよと牽制しながらあんたを雇うとは心が広くて進歩的だと絶えず自画自賛する組織に所有されている、と感じないわけにはいかない。組織を変えていこうとする善意の持ち主たちなら、組織のその能力について話す必要はないだろうに。だからもはや今の私には、金銭的補償でさえトークンを演じるモチベーションにはならない。それは、私が気づかないまま多くの貴重なもの思っているからだ。

を失っていると知っているからだ。そして何よりも自分を愛することと自分を尊重することを選ぼうと

午後5時20分

私は私の診療所で、セラピーを受けに来るクライアントを待っている。開業している自由と心地よさで、心から幸せな気持ちだ。ここでは本当の自分でいられる。心がこの仕事や診療を受けに来る人たちへの使命感と愛で満ちている。それでもトランスおよびノンバイナリーであるセラピストには特有の難しさがある。トランスのコミュニティは小さくて、いくつもが関係しあっているから、自分のクライアントとサークルが重なってしまう場合があり、お互いのプライバシーを守ることに細心の注意を払わなくてはならない。

いちばん好きな仕事はヒーリングワークだ。クライアントたちはそのためにここに来てくれるのではないかと思う。このヒーリングワークは、WPATH（世界トランスジェンダー・ヘルス専門家協会）のケア基準が求めるすべての項目――ジェンダー違和があるという診断（その診断が適当なのかどうかは別として）を含めて――を突破しなければならないと、クライアントに念押しするものではない。これまでトランスの人たちは、性別適合治療を受けたいときや、法的な性別表示変更を支援してほしいときに、医療従事者のサインオフ〔内容を有効にする医師の署名〕を必要としてきた（こうしたものは現在も続いている）。私はトランスの人たちとその事情につけこみ、巧みに操ってきた歴史が存在することに激しい憤りを感じている。それがトランスたちの、正直に話して必要な助けを得たいという気持ちのさまたげになっているからだ。かれらは自分たちを監視する人の気を緩め、ハードルを下げるために「ひどく病気だ」と、「ひどく健

康だ」を結ぶラインをつま先立ちで歩くのに一生懸命になっている。

私はクライアントたちに、自分たちを深刻に受け止めてもらうためにおきまりの医療にまつわるトランスの物語を何度も繰り返す必要はない、と知ってほしい。医療側の人間だからきっと門番のように思われているだろうけれど、「優秀なセラピスト」だと思われたいのではなく、私の仕事が、メンタルヘルスの提供者たちが前の時代を生きたトランスたちに与えてきた損害を修正することだと知ってもらいたいのだ。汚点のない経歴で何か得をしようなんて思っていない。

私はトランスジェンダー嫌悪や、シスジェンダー優位主義で傷つけられた人々を癒す立場にあることに誇りを感じている。誰かが元気を取り戻し、自分を否定する考えを捨てて、前向きに生きていく姿を見ることに、人生の本当の意味が存在する。

午後7時55分

ママからのボイスメッセージを聴いている。

「はーい、サンド！　ママよ！　サンド……サンディ……じゃなくて……サンド！　マミーよ。調子はどう？　仕事すごく忙しいの？」

ママからのメッセージはいつも明るいから、私はたくさん電話に保存している。ママが私の名前を呼ぶとき、正確に言える確率は50パーセント。言わないで済ますこともある。家族は私にとって大切なものだ。そしてもし私の75歳になる中国移民の母が私の名前を正しく言えなくても、それでも彼女は私を「わかっている」と知っている。私の望むようにはけっして私を理解することはないだろう。でも、ママはママ以外は誰もしないやり方で私をわかってくれているのだ。

「ナンシーと話したんだよ。彼が言ってた。おまえ、本を書いているんだって？　私にも読めたらいいんだけどなあ！　パパはね、彼女はガレージを一生懸命に掃除しているよ。いつなら時間がとれるのか教えておくれ。おまえに会いたいよ！　おばあちゃんからかわいいパグちゃんたちによろしくね！」

長いメッセージでは、ママはいつもきまって、he/him/his と she/her/hers という代名詞の切り替えが怪しくなる。標準中国語で話すときはジェンダーにかかわらず代名詞は tā ひとつなのだ。私が知るかぎりずっと、中国出身の父と母は英語の代名詞に苦労しているように見える。かつて私は腹を立てて間違いを訂正したものだ。移民の子どもとしてなんとしても周囲に同化しないとならないというプレッシャーがあり、それで私のなかに差別主義が生まれたせいだと今ならわかる。でも最近はそんな両親の間違いが面白く思えるのだ！　ジェンダーによる代名詞はさまざまな状況によってかなり自由な使い方が認められるようになっており、訂正する必要はどこにもない。

午後9時00分

一日の終わり、家でゆっくりとくつろいでいる。ここでは世の中に姿をさらす必要はなく、危険を感じたり、注目されたり、口をぽかんと開けて見つめられたりすることもない。まわりに誰もいないと、自分の身体やジェンダーが、すっと楽になる。あれでよかったのかなあと思う必要もない。自分のジェンダーが特別だったらとか、今と違っていればいいのにと望むこともない。ただあるがままの自分でいられたらいいと思うだけだ。

ソファに寝ころんで、セオ・チャンとゼルダ・セサミと一緒に低俗なＴＶ番組を見ている。かれらは私が男の子か女の子かなんてまったく気にしていない。

第9章　超可視性

ヘイヴン・ウィルヴィッチ
Hypervisible　Haven Wilvich

　私はほとんど毎日、自分が人から見えなければいいのにと思っている。姿を見られたり声を聞かれたりするのが嫌だというのではない（私はいたって社交的で自己主張の強い人間だ）。いや、本当を言うと、人に見てもらいたくてたまらないでいる。私が何者なのか知ってもらうといった親密なパートナーや友人たちからの深い分析レベルの見方だけでなくて、もっとも基本的な人間のかかわりあいのなかで、さらりと見てもらえたらいいのにと熱望しているのだ。でも理解してもらうことと、顕微鏡のレンズの下に置かれたように、じっと見られながら人生を送るのとは違う。私がわかっている範囲でいえば、ジョークでないかぎり、人々はあごひげのある人間がワンピースを着ている姿には慣れていないということだ。クィアとトランスの大きなコミュニティを持ち、ジェンダー表現の豊かさを見せるシアトルのような街においてでさえ、私の商標（トレードマーク）であるアンドロジニー〔男女両性の特徴をそなえた人〕はまだまだめずらしい。世の中は私に「不可視性」と「超可視性」の中間地点を与えてくれない。

　だが、やっと家庭や、職場や、親兄妹と過ごす場所で、自分自身でいることがどんなものかわかり始めてきた今ここで、クローゼットに戻るわけにはいかない。私は男であるふりをし、自己像を捻じ曲げる服を着て、そうなりたいとはつゆほども思わない男らしさを演じる人生を生きることはできないのだ。とはいえ、完全な女性らしさに到達する方法もわかっていない。アンドロジニーは白人であることと男らしさに複雑に結びついていて、その考え方においては、ほっそりしているけれど筋肉の発達したジェンダーレスの身体が中性であるとされ、女性らしさを感じさせるものはすべて消し去られている。だが、私にとって、そうした基準はけっして手の届かないものだ。鏡に映っているのは、6フィート2インチ〔約188センチ〕のタワーのような背丈と、がっちりとした広くて男らしい肩と、巨大な両手。ここ10年はあごひげの下に隠れている男らしいあごなのだから。

私はよく、女の子に生まれていたらどんな人生だったろうかと考える。指をパチンと鳴らして伝統的な美しさを持つシスジェンダーの女性の姿になる。ああ、それができたらどんなにいいだろう。女性でいることも簡単でないのは知っている。でも圧政的なジェンダーロール〔ジェンダーに基づく役割〕に立ち向かい、基本的な人権のために戦う精神が私のなかで脈打っている。どうか、それは私にまかせてほしい。私を粉々に打ち砕くのは、ジェンダー違和を引き起こすものがいつもどこかで待ち構えていることだ。似合うかどうかはわからないけれどそう悪くない服を山ほど抱えて試着室に入り、着てみたとする。だが、ときどき、とんでもなく間違っていると思えてきて、すぐさまその服を引き裂きたい衝動に襲われることがあるのだ。こちらを見返してくる顔が誰のものなのかすぐにはわからない。誰かを窓越しに見ているような気がする。私の心が、鏡に映るものを自分の身体だと認めまいとしているあいだは。

私にとって、生殖器の形状はたいした問題でない。はるかに大切なのはそれについて質問されずに、女らしくふるまえる自由だ。たとえ、膣形成術、顔の女性化手術、体毛除去、のどぼとけ縮小手術、ホルモン補充療法のために数千ドルをかき集めることができたとしても、それでもまだ私は目立つだろう。

望んでも手に入れられない「パス」という言葉に近づこうとして――いざというときに見えなくなりたくて――思いどおりにならずにいらいらするだろう。どうやら、どんな道をたどるにせよ、超可視性が私に定められた運命のようだ。

私は毎日必ず、次のどちらかを選ばなくてはならない。心が痛めつけられる気がしてもあえて自分を隠し、外から見えなくなるマントを着ておくか？　それとも私のアイデンティティを拒絶する憎しみに満ちた世界に向かって堂々と自分を目立たせてみるか？　ワンピースやカプリパンツならあたりにいる少なくとも半数の人はぽかんと口を開けて私をながめ、残りの半数は目をそらそうとするはずだ。でもだぶだぶのズボンにTシャツを着たら、一日中、ひどい居心地の悪さを感じることになる。そもそも私はこのあごひげのせいで、見知らぬ人に「彼」であり、「サー」であると決めつけられていて、いまだに、私にとっての正しい代名詞「they」で世間の人々と自然に交流したことがないのだ。私が演技と真実を混ぜ合わせて生きているのは、どこへ行っても人の視線が注がれるからで、そんななかでもただ自分自身でいたいと思っているからだ。

ジェンダーについて考えすぎて疲れ果ててしまい、この社会のシステムから飛び出て、ジェンダーなしで生きていけたらいいのにと考えることがある。そんな日は何もかもを放り出したくなって、自分のアイデンティティを守るためなどに神経の一本たりとも捧げるものかと思う。私は自分が何者であるかを、毎日説明しないで済む自由がほしい。着たいと思う服をさっと羽織って、身体違和も好奇の視線も気にせずに、すっと店に入っていきたいのだ。でも、ひとブロック先からでもトランスか、「社会規範の逸脱者」だと見抜かれるのが現実なのである。もし私が細身のズボンとジェンダーニュートラルなシャツを着ていれば、道行く人は近くに来るまで私の存在に気づかないかもしれない。でも、私の靴、マニキュアを塗った爪、アクセサリーを見ると、ハッと二度見する人ばかりなのだ。幸運な日には、親しげな笑顔や賞賛の表情まで浮かべた見知らぬ人の視線をもらい、好意的に受け止めてくれているのだとわかる。でも、そんな反応さえ、私がどうしようもなく目立っていることを思い出させる。そばを通る子どもたちの声がする。「マミー、どうして女の人みたいにワンピースを着てる男の人がいるの？」かれらは両親からどんな返事をもらうのだろうか。

多くの点で、私は恵まれた人間である。私のアイデンティティとジェンダーの複雑さを、外面も内面も、よく理解してくれているやさしいパートナーや友人がいる。カミングアウトできている職場で仕事があり、そこには私の代名詞を常に正しく使い、周囲にもそうするよう促してくれる上司がいる。私を愛して一緒に過ごすことを心から楽しんでくれる――たとえ私を完全には理解していなくても――家族もいる。そして私が白人で、十分な教育を受けていて、いつもたいてい健康で、生きていくのに必要な賃金を得ていることで、トランスのコミュニティのたくさんの仲間たちが経験するような身心の安全をさまたげ、脅かす多くの苦悩に直面せずにいられる。

だが、そういった特権があるとしても、私の暮らしが安全というわけではない。つい先週のこと、郵便を取りに行こうとドライブウェイ〔家屋から面する道路までの私道〕をのんきに歩いていたら、通りの向こうの住人がトランス嫌悪と同性愛嫌悪の言葉を大声で叫びながら、向かってくるのが見えた。私は驚愕し、現実に引き戻された。これまでに通りを歩いていて嫌がらせを受けたことは何度もあるが、同じようなことが私の近隣で、しかも私の住むこの町の静かな通りで起きるとは。本当にショックだった。私は今もびくびくしながらドライブウェイを歩いている。

超可視性とは、心に警報を感じずにいられる場所が限られてくるということだ。でも、その超可視性に価値があると感じる瞬間もある。自分のジェンダーがもたらす高揚感がジェンダー違和感を押しつぶすとき。私を「私」にしてくれる出来事が楽しくて身体の調子がいいとき。ついに、ついに、鏡を見ることができてそこに映っているものが気に入ったとき。些細なことに思える変化がこういった瞬間につながっている。たとえば、イヤリングや派手な紫色の眼鏡を手に入れるとか、お尻や、ちょっとした自然な脂肪がついた胸部を強調して私の魅力を存分にひきたてるワンピを試してみるとか、高い勤務評定をもらうとか、部長が正しい代名詞の they をちゃんと使ってくれたのに気づくとか。こうした小さなステップを経て、今までよりセクシーな気分を味わうようにもなってきている。これまでずっと鏡に映った脚の毛と胸毛を見るたびに、着たい服を選べる自由が限られてしまうとひどく落ち込んでいた。でも親切な友人と協力的なアライの助けを借りて、思いきってレーザー脱毛を始め（痛くてお金のかかる処置だけど、その価値は十分にあった）、今はもう、脚に毛のない状態を保つのが楽になり、以前の何億倍も心地よく過ごしている。そして自分のセクシュアリティとも十分にかかわれるようになった。セックスについてのヘテロ主義的な考えを超えた愛情のあるかかわり方をいくつも知ったから、常につきまとっていたペニスを恥じる気持ちを捨てることができたのだ。今では何も考えずに、ただその時間を楽しむようになっている。

現在の私は、自分のジェンダーに対する考えがいくらか固まりつつあるけれど、まだそれが何かを真剣に探している段階だ。ほとんど毎日、身体の中心部分に、触れればわかるようなジェンダーが――女らしさと男らしさから成っていて、そのどちらでもない面も持っている――存在するという強い感覚がある。ジェンダークィアは、こうした多様な感覚を持ち、ノンバイナリーのトランスジェンダーを自認している小集団だ。社会規範やジェンダーロールを拒絶し、破壊し、従うことなく、ふたつのジェンダーのあいだにあるグレーゾーンで生きて、多くの疑問を投げかけるものなのである。私があごひげを伸ばしたままでいるのも、かれらの一部であると示そうとしているからだ。そのせいで私の超可視性が増してもかまわない。それはアンドロジニーの私が、自分のアイデンティティを見ただけでわかるものにし、女性としてパスすることにはまったく興味がないと世の中に伝えている姿だ。

私の望みは、自分のどんな行動もジェンダーに規制されずに、ふつうのひとりの人間としてみんなとつきあえる世の中になってほしいということだ。そこでは誰も、トランスもシスジェンダーも等しく、常にのしかかってくるジェンダーロールの圧力とともに生きていく必要はない。ジェンダーとは、何を着るかなどということを大きく超えたものである。どんなふうに手を動かしながら話すか、どんなふうに腰を振って歩くか、アドバイスするのを忘れて、どれほど真剣に感情移入して話を聴くか、といったことにしっかりと結びついたものなのだ。でも、調和する身体をもたない脳は、私をどんな場所にも溶け込ませてくれない。私の行動、考え方、生き方がどんなに女らしくても、このあごひげとワンピでは、どこへ行っても歓迎されることはない。男たちは、女らしさを弱さだととらえるように教えられていて、私は男たちがためらうすべてのことを具体的に表現している。それで、私はこれまでの人生の大半の時間を女性たちのまわりで過ごすことになった。クラスでたったひとりの「男の子」、オフィスでたったひとりの「男」として。それでもそこには常に壁があり、私は女性たちのスペースや会話からはじき出されてきた。

この超可視性の罠からどうしたら逃げられるのだろうか？　私はそれを知りたいと思っている。たしかに世代の交代でよくなっていきそうな気はしているのだ。私たちはもうすでに、若者たちがジェンダーフルイディティ〔ジェンダーが流動的であること〕としてもっと多様な表現をし、ノンバイナリーのアイデンティティをきちんと受け入れている様子を見ている。私が初めてカミングアウトした2年前には、オンライン上であごひげのあるノンバイナリーの人間を私以外には見つけることができなかった。そこで私はジェンダーについてのブログを始め、いくつかの考え方や奮闘を記すとともに自分の写真を投稿することにした。私のオンラインでの可視性が、私たちが自分のジェンダーを自由に生きていけるようになるための一助になればと願ってのことだった。でも私が毎日、姿を現したからといって、見知らぬ人の偏見を変えられたのかどうかはわからない。受け入れてくれる人たちがいても、それが、頑なシステムと規範が持つすべての敵意を追いはらうことにはならないのだ。それにノンバイナリーたちはほとんどの統計で姿が見えないから、この声を世間に届けるのは難しい。私の超可視性のお披露目は、その身体とアイデンティティが世間の人たちから好き勝手にコメントされているのに、考えやニーズはまったく問題にされないという皮肉な結末になった。さしずめ私はエイリアンのような（少なくともセクシーなエイリアンだ！）ものなのかもしれない。

最近まで、自分のジェンダーについて考えない日は一日だってなかった。その日の私の態度、話していた様子、身に着けていたもの、あるいは自分が溶け込もうとも破壊しようともしているジェンダーロールをあれこれ思いかえしていたのだ。今は頭のスペースを、ジェンダー意識に明けわたさないようにしている。そうすることで取り戻したエネルギーの多さには驚くばかりだ。ジェンダーロールやどう見えているかのプレッシャーなしで、姿を見られたり声を聞かれたりするのは、解放された気分になる。LGBTQ＋のBTQを重視する場所は、社会文化における規範や役割についてそれほど多くの重荷を課してこない。だから私は自分のクィアコミュニティのなかでは気ままにふるまうことができる。もっともそれはクィアのコミュニティでだけでなく、どんな場所でも可能なのだろう。そう、私の同僚たちが私を「女の子たち」のひとりとして扱ってくれるときのような、ごく当たり前の日常的な交流のなかでも。私が生きているのは、実はこうした時間のためなのである。

第10章　過酷な迷路で新風を巻き起こす

キャメロン・アッカーマン
Making Waves in an Unforgiving Maze　Kameron Ackerman

毎晩8時半まで、町はずれの高校で夜勤のシフトについていた。掃除用品を山のように積んだカートを押しながら長い廊下を歩き、全身を映す大きな鏡の前をゆっくり通り過ぎる。そこでいつもと同じ格好をした自分を見た。紺色のボタンダウンのワークシャツ、左胸のポケットの黄色い糸で刺繍された校章、つばを下げた灰色のミリタリー調キャップ、カーゴパンツ、ハイキングブーツ。鏡の前を通るこの瞬間は、毎晩の私の仕事において重要な意味を持っていた。私はそこに映っているのが自分だとわかるかどうか確認しようとしていたのだ。いつもできなかった。鏡のなかには、孤独な仕事に身を隠す、行き先を見失った小さな人間がいるだけだった。

長くやるものではないとされるこの仕事を、続けるつもりはなかった。レーダーの下を飛ぶ私の運航状況を追う者はおらず、タイムカードはなく、私をこの場所につなぎとめている人間関係もない。私はただそこに現れ、いるだろうとされている場所にいつも必ずいたが、そうでなくても気づく人はなかっただろう。同僚たちに軽く挨拶したが、それだけだった。

ここは単なる町はずれの高校ではなく、私がかつて通った、隠れたままの感情や記憶でいっぱいになっている町はずれの高校だった。私は馴染みの場所を漂っていく幽霊だ。もし教師や、クラスメイトの親を見かけたら、うつむいて歩き、かれらから失礼だと思われない程度に最低限の挨拶をするだろう。恥ずかしさで顔を真っ赤にするだろう。私は多くの特別授業に出ているトップクラスの生徒だった。はるか遠い昔のことだ。

20年前のあの日、私はこの廊下を、ひどい恐怖に怯えながら歩いていた。誰ともけっして目を合わさず、履いている靴でどの生徒なのかを判断していた。ほんの一瞬だけ顔をあげてかれらを確認する。やっぱり、またあの子たちだ、いつもの靴だもの。授業と授業のあいだのせわしない移動時間は最悪だった。「さあ、流れと一緒に進め。逆方向を歩く生徒たちに囲まれると身動きがとれなくなるぞ！ゆっくり動くグループを避けて走れ。次の授業に遅れるぞ！」するともちろん、私の見た目を叱りつける心の声が容赦なく響いてきて、私を歩かせまいとした。「おまえはどう見えたいかと、どう見えるべきかのあいだで折り合いをつけなきゃならない。スニーカーとジーンズ、ウインドパンツとダウンベスト、カーゴパンツとハイキングブーツ。そんなものを着たがるとは、ひねくれた奴だ。似合うわけがないのに」

私が自分を押し込んだのはトムボーイのグループだった。中学生のころまでにトムボーイとして成長するのは間違っているというヒントはたくさんあったのに、そこに行きつくしかなかった。私は髪を短くし、男の子用の服を着て、誰とも親しくせず、いじめられないように後ろの景色に埋もれていようとした。目立ってしまったに違いないけれど、みんなから気にする必要などないと思われるくらい、距離をとっていた。私は自傷行為を始めた。自分が本当にこの世に存在しているのだと思い出させるために肌にジャックナイフを当てて引いた。何かするときには、がむしゃらにやった。クロスカントリーチームに入り、ブラスバンドでトランペットを吹き、帰ってテレビを見るために何としてもバスのなかで宿題を終えようとした。脚やわきの下の毛を剃るのは高校に入るまでにやめていた。髪を伸ばそうとしたが長続きしなかった。モールで服を買おうとしても心が押しつぶされる気がしてやめた。たくさんの上級レベルの授業に出て、マクドナルドやグッドウィル〔全米にあるリサイクルショップ〕でアルバイトをした。まわりからは大学とその先を考えているだろうと思われていたが、ストレスは日に日にひどくなっていった。ピリピリするような強烈な不安の表面からはがれた重たい鉄くずが、層となって、うつ病という名の巨大な底なし穴の淵に幾重にも積もっていった。

私の世界はゆっくりと、ゆるやかに、やがてものすごいスピードで崩れ始めた。高校最終学年の11月のある日、私は時間ギリギリに学校に着いた。たどり着くだけで精いっぱいだった。もうろうとしながら自分の教室へ向かおうとして始業のベルが鳴るなかをみんなと一緒に歩いたが、ただ廊下をぐるぐると歩き続けているだけだった。警備員は私を見ても何も言わなかった。友達の美術のクラスにふらつきながら入っていき、彼女に、自分は頭がおかしいのだとはっきり伝えた。廊下に戻って弟を見かけたので、水をもらって飲んだような気がする。保健室に行けばどうにかなるのではないかと思った。これまで保健室に行ったことはなく、まして授業を欠席したことなど一度もなく、机の引き出しは皆勤賞のメダルでいっぱいだった。看護師は1限目の授業のあいだ、簡易ベッドに寝かせてくれたが、そのあとは、病気でないのだから教室に戻りなさいと言った。私は本物の避難所、図書室によたよたと歩いていき、隅のほうで腕に頭をのせたまま残りの一日を過ごした。私を包んでいた世界にひびが入り、粉々に割れようとしていた。私の意識はその亀裂の隙間に滑り落ちていった。

家に帰って、どうしても病院に行かないとならないから連れていってほしいと母に頼んだ。結局、19

日間入院することになった。治りたい一心でできることはすべてやり、生まれて初めて自分の体験と向き合おうとした。ジェンダー、セクシュアリティ、うつ、無力感、絶望、とりわけ、人から見えないようにしていることについて。

私は精神病的な崩壊に苦しんでいたのだ。退院して少しずつ日常生活に戻っていったが、そこにはうつ病というもっと大きく開いた穴が待っていた。薬の投与はなんの役にも立たなかった。10代後半から20代の初めまでは、病気とつきあいながらやっていこうとありとあらゆる薬（抗うつ薬、精神安定剤、抗精神病薬）を飲んだ。でもどれもまったく効かず、飲んで悪くなる薬さえあった。最終的に私はすべての薬をやめて、自分の精神の病と一緒に生きていくことにした。セラピーの方は少しずつだが効果があったと思う。それはまだ自分の意見を自由に話す方法を知らない人間にとっての風変わりな体験でしかなかったけれど。

18歳のとき、セラピーを受けたあとに、日記に書いた。「スランクスター先生に、『ボーイズ・ドント・クライ』という映画について話した。自分を男の子だと感じている女性の実話で、暴力を受けレイプされ、最後には殺されてしまう。先生は、私が間違った身体を持っていると感じたことがあるか知りたいと言い、胸については満足している？と訊いた。私はその質問に答えるのを避けた。男の人になりたいなんて思ってないけど。そんなことは私のパーソナリティが許さないけど」

20歳のとき、私は大学で行われたトランスジェンダーの権利についての講演会を聞きに行った。片思いしていた女の子がすぐ隣の席に座っていて、大学での私のカウンセラーが私たちふたりのすぐ後ろにいた。トランスジェンダーという言葉が自分に当てはまるかもしれないとそのとき初めて思った。その夜、私は日記に書いた。「どうやら『トランスジェンダー』は考えていたよりもっとずっと幅広い意味を持っているようだ。私は……トランスジェンダーなんだろうか？　自分が『男の子』だという考えは好きだけど、『男』は嫌いだ。『男』って威圧的で、意地悪で、うるさくて、ひねくれていて、不安にさせる……なぜこんなふうに思うんだろう？」私は講演会をきっかけに、これまで以上に自分のジェンダーを外見で表現し始めた。ブラの代わりに男の子用のシャツを着て、いつもブリーフをはいた。髪は常に短くし（というより切り刻んで）モヒカン刈りやそれに似た派手な形にした。あるときは、ぜんぶ剃り落として、春のあいだずっとスキーキャップをかぶっていた。

24歳のとき、ひとりのドラァグキングと仲良くなっていつも一緒に過ごすようになった。彼女が、スリフトショップの女性コーナーに行くとわくわくするような衣装の材料が見つかるから、プライドパレードで存分に目立ちたいならぴったりだと教えてくれた。男らしさを強調する派手な衣装の観客受けはそれほど良くなかったけれど、私たちふたりは大いに盛り上がった。何年も続けてプライドパレードに潜入し、奇抜な衣装に身を包んで、大型のラジカセでニューウェイブのセッションを流して歩いた。どのグループにも入らないふたりのはぐれ者は、パレードの華やかな山車の行列のあいだで踊り、群衆と言葉を交わした。

毎週日曜日の朝には、教会に行く代わりにジェンダー・アイデンティティのサポートグループに行った。集まった私たちは輪になって座り、儀式のような特別なダンスに参加することになる。ふたりの世話役が私たちを迎え、くつろいで話すよう声をかけてくれた。ここでは全員が早くからそれぞれにふさわしい役割を持っている。まずカーラだ。看守として働きながら移行（トランジション）を始めていて、集会のスター的存在だった。いつも冷静で、自分のジェンダーの旅に次の予定、またその次の予定をリストアップしていた。私たちは彼女の近況を聞き、新しくやり遂げたことを口々にほめたたえた。次はブライアンが話す番だ。まだ移行を始めていないが、彼も堂々としていて自信に満ちている。そのあと、やさしく促されて、クリスティンか、ウェスリーか、ケーシーが話しだす。するとその戦いはたちまちリアルで、もっと生々しく痛々しい状況を私たちにつきつける。共通の問題が浮かび上がってくる。家族からの拒絶、職場での差別、経済的な困難、薬物中毒。ホームレス問題までも。私はいつも同じ席に座り、距離を保ちながら共感を示した。参加者のなかにはひかえめにアドバイスや励ましの言葉をかけてくれる人もいたけれど、親しくなることはなかった。

ここでも私は部外者だった。つまり移行をしようとしていないたったひとりの人間だった。私はグループの人たちがさまざまな困難を乗り越え、しっかりと前を向いて自分たちの旅に出ていくのを、妬ましさとうらやましさが入りまじった気持ちで見ていた。私はまだ自分がどこへ行こうとしているのかわからず、自分自身が作り出したひどい苦しみから抜け出せずにいた。まるで特別なクラブのひとりぼっちの会員のようだった。どこかでそれを望んでいたのかもしれない。私はLBGTのTというカテゴリーのなか、ひとりで最下層の場所にいて、ひどく浮いていた。目立ちたい気持ちと、見えないままでいたい気持ちの矛盾にずっともがき続けていた。

◆　◆　◆

20代後半になるまでには、ジェンダーはあれこれ考えてみる楽しいテーマではなくなっていた。この時期にはなんらかの決着がついていなければならなかった。まわりのジェンダークィアを自認する誰もが、考えを変えるか移行を始めるかしていて、私もなんらかの決断をすべきだと思うようになっていたのだ。解決するにはあまりにも重苦しい問題だったから、私は自分のジェンダーに対する感情を脇に押しやり、今もまだ私を憂鬱にしている底なしの穴に沈めてしまおうとした。

何年ものあいだ、毎晩、大きな鏡のなかの行き先を見失った人間を見ながら、ぶかぶかの作業着——紺色のボタンダウンのワークシャツ、灰色のキャップ、カーゴパンツにハイキングブーツ——を着続けた。仕事を離れたときは、進んで新しいことをやってみたが充実感は得られなかった。同じ意見や趣味を持ったグループにいても自分の本当の声が出せないでいた。家で長い時間を過ごしてゆったりした気持ちになりたくても、いつもハウスメイトたちがいるので難しかった。そのころまでには固い結びつきを感じる人に出会い、生まれて初めて自分を支えてくれる人たちがいるのだと思えていたけれど、自分がかれらとの関係でどんな人間なのかはわからなかった。どんなパーティでも、ポトラックディナー〔料理持ちよりの夕食会〕でもそこにちゃんと存在していると思えなかった。それはドラァグとして出かけていったゲイバーでも、友達とコーヒーを飲んでいるときも、セックスの最中も同じだった。安らぎを感じることができる場があったとすれば、水泳とダンスをしているときだけだった。それに気づいた私は定期的にひとりでダンスをしに外に出ることにした。近所をひとり、長い時間かけて歩くことも始めた。歩いたすべての通りを地図で確認し、その距離を伸ばし続けた。

効果は出ているように思えた。なんとかやり遂げる必要があることをなんとかやり遂げ、あとの残りは押しつぶすことができているように感じていた。だがある夏の日、隠れていたものがいっきに表に出てきた。当時のパートナーで、現在は伴侶になったケイトリンと一緒にウォーキングをしていたとき、何かが急に地面すれすれのところまで浮かび上がってきたのだ。なんの前ぶれもなく、私の口から「男の人に性的に興奮するんだよ」という言葉が飛び出した。泣きだしていた。ケイトリンは上手に対応してくれた。「クィアの仲間うちではよく聞く話だよね」とだけ言ったのだ。私の言葉に深刻なものを感じたけれど、それには触れずに、私が自分のペースでいられるよう放っておいてくれたのだ。

次はあるセラピストと間違ったスタートを切った話だ。それはカタツムリの歩みのように遅いペースで進んだ。彼はオープンにしているゲイの男性だったから、この人ならなんらかの答えを与えてくれるかもしれないと思っていた。女性から男性に移行したほうがいいだろうか？　私はジェンダークィアの女性と長く関係している、ゲイの男なのだろうか？　このセラピストならゲイであるとはどういうことかを説明してくれるだろうか？

だが、面談は期待はずれのつまらないもので、いつもほとんど黙ったまま時間が過ぎていった。ふたりで話しているあいだじゅう、彼はラップトップを前に置き、画面から目を離さずに入力していた。ときおり困ったような顔で私を見た。私が話し合うつもりでいたジェンダーやセクシュアリティなどの話題が出てくる気配はまったくなかった。どう考えてもうまくいきそうになかった——毎回の約束がなんの化学変化ももたらさないデートのようなもので、いつも気まずい沈黙と緊張に満ちていた。相性が悪かったということだろう。私は何回か面談したあと、行くのをやめてしまった。

1半年が過ぎ、私はまたもや行き詰まっていた。そんなとき、昔のセラピストに会ったらどうだろうとふと思った。10代で精神を病み、続いて消耗性うつ病になったとき、私を助けてくれた。彼女が好きだったんだ！　まだ近くに住んでいるかな？　ああ、よかった。彼女はまだ近くに住んでいて、私に再会するのを喜んでくれて、まったく変わらずあのころのままで、私にもぜんぜん変わらないねと言ってくれた。ジェンダー専門のセラピストではないけど、そんなこととまったく問題じゃなかった。ふたりの関係はすぐに当時のような好もしいものになり、私は今すぐにでも大きく飛躍できそうな気がした。

最初のうちは話題を移行に絞らずに、話しづらいもの、たとえば自傷行為、セックスとセクシュアリティ、不安、孤独、うつなどについて意見を出しあった。まだ再会して間もないころ、彼女から、あなたは人生のストレスを最小限にするよう上手にやっているように見えるわ、と言われた。でも彼女が「どうかしら。自分に課している義務を緩めることができるんじゃない？」と訊いてきたとき、私はすぐさま答えた。「違うよ、それはできない」たとえ彼女には私のストレスレベルが低く見えても、私には、まったくそう感じられなかったのだ！

ふたりがようやくジェンダーについて話せるようになったとき、私は自分が新たな終着点を探しているのだと彼女に話した。実は医療的移行に関する結論は出ていた。「治療はやらない。もしその気があったなら、今はもうやり終えているはずだから、前に進む気がなかったんだ。やらなかったんだから、この先も絶対にやらないはずだ。積極性や闘志が不足している自分には、医療的移行は向いていない」と。私は男でも女でもなく、これ以上のステップを踏み出す必要はないという感覚をすでに持っていた。そして、私はその結論に満足していた。

でも、満足していると思い込んでいたのかもしれない。かりにそれが気になり始めていたなら、すぐそこに、山のような選択肢が見えているはずだ、と。

◆　◆　◆

私はテストステロンを試すことばかり考えている自分に気がついていた。でもテストステロンには、自分が行きたい場所よりもっと先まで連れていかれそうだった。あごひげは望んでいなかったし、がっしりとした肩も、低い声もいらなかった。まわりの人たちから男だと察知されるのは嫌だった。ホルモン療法を受けているトランスの友人たちの変化を間近で見ていて、それが自分に合っているとは考えにくかった。私の知るかぎり、量が少なくてもちょっとした男性化は起きるだろう。変化はゆっくりとでも起きるはずだ。それ以上の情報はどこにも見当たらなかった。

最適な量でやっていくことは可能だろうか？　身体の変化が気にならないくらい低量で、それでも私の心に良い変化をもたらしてくれる量をとることは可能なのだろうか？

ホルモンの影響は人それぞれに異なるのだと本能的に感じていることが、私の心を絶えず悩ませた。いつ中断してもかまわないのだし、テストステロンはゆっくり作用し、そのつど量を増やしても減らしても害がないものだという考えに安堵することもあった。私には考える時間も、決断の自由もあった。私はほかの選択が妥当だとする考えや、中間に余地があるとする考え方など、さまざまな情報を取り込み始めた。年1回の全米トランスヘルス会議にも行ってみた。「ノンバイナリーの身体的移行」のタイトルを掲げる勉強会に参加して、司会者をかれらの代表にみたて、自分がめざす人かどうか観察した。彼は私が望むより男らしいんじゃないかな？　ああ、本当にそうだ。だったら私のゴールは手に入らないってこと？　それは自分で明らかにしないとならないだろう。やはり、どうしても自分でテストステロンを試してみなければならない。

使う量を毎日細かく管理できるという点で、局所用のテストステロンを選んだ。自分にとって、それは未知の領域だった。最初は両方の太ももに塗ってみたが、とくにどうということはなかった。2日間、なんの変化もなかった。そして3日目、何か……初めて体験する独特な温かさと表現しにくい曖昧なものを感じ始めた。たくさんの柔らかな毛布か枕かぬいぐるみに埋もれているような、ふんわりとした雲の上を歩いているような気がした。着ている服が突然、すべてすべすべとしたシェニール織か繻子になった。この感覚は数日間、数週間、数か月続くようになり、しだいに私の新しい日常になっていった。

テストステロンを使い始めた最初の数か月は、ひどく過敏になった自分の身体、思考、感情とうまくやっていけるかどうかを試す期間だった。上唇あたりにもっと濃い産毛が伸び始め、声がわずかに低くなり、クリトリスが大きくなってきた。目で見てわかる身体の変化において限界が近づいていると思った。不思議な体験が私の意識に警告してきた。この変化が雪だるま式に大きくなって、引き返せない地点を超えてしまったらどうする？　でも心が叫んだ。「止めちゃだめだ！」そして、私はテストステロンを続けた。

身体の声をもっと上手に聞けるようになるにつれて、何年か前にセラピーに持ち込んでいた自分のセクシュアリティについての疑問、たとえば「なぜ私は伴侶に惹かれ、男たちにも惹かれるのか」に今までより苦労せずに答えられるようになってきた。ゲイ男性のセクシュアリティには大いに興奮させられるけれど、それよりもっとずっと良いものはなんだろうか？という問いにも、それは伴侶との性的な交流だよ。心地よくて、自分と自分の身体の関係を賛美する方法だと知っているからね、と答えることができる。自分のセクシュアリティのいくつもの側面を見ていて、きちんと結論づけられないとわかった。だから私はそれをクィアと呼ぶようにしている。何かに惹かれるときは、理性的に考えるのではなく、心で感じることが多くなり、私はそれが気に入っている。ケイトリンとは私のセクシュアリティについてなんでも話し合う。彼女を脅かすものは何もなく、私自身を不安にさせるものもない。私のセクシュアリティはパズルのピースのようだ。じっくり選んで慎重にはめ込んでいかなければならないけれど、これまではけっして見ることのできなかった絵を完成させてくれる。

私の痛みとの関係も大きく変化した。私は自傷行為をやめた。テストステロン以前の私の身体と私を取り巻く世界はとげとげしくて、硬直していて、融通のきかない厳格なものだったが、もう今はそうではない。私が近くで起きていることにまったくかかわろうとせずに、遠く離れた場所から見ていたことや、何にでも簡単に打ちのめされてしまい、意識を遠くまで分裂させていたことにあの当時はまったく気づかなかった。たぶんまわりの人はみな、私をお高くとまった近づきがたい人間だと見ていただろう。あの強い不安感の一部は身体の違和感からきたものだったが、大部分は誰にでも起こりうる、脳内の化学物質の不均衡が作り出した不安だった。

私はこれまでずっと、過酷な迷路を自分で作り上げ、そのなかで生きてきた。その迷路には、どの道を行くべきか、いつ行くべきか、どのくらい遠くまで行くべきかと、曲がり角ごとにあまりにもたくさんのルールがあった。私は面白みのない結末へと続くいつもの道を避けて、思いきって別の道を進んでいこうとはしなかった。今、私を取り囲んでいた壁は崩れ落ち、太陽が輝いているのが見える。足の下に道があるのを感じる。ただし、もうそれは一本の道ではなく、大きく開け放されたスペースだ。私は自分が望むどこへでも進んでいける自由を手にしている。

テストステロンが万能薬だということはけっしてなかった。たしかに私のなかに新しい感覚をしっかりと根づかせ、性的な身体を持つとはどんなことかを教えてくれた。でも、私はそれほど遠くない過去にさらに二度の入院をしたのを含めて、多くの躓(つまず)きを繰り返している。どれもジェンダーを含めた、アイデンティティなど心のあり方を原因とする、妄想を伴った精神病と躁(そう)病だった。私はあの有名な「トランスジェンダーの転換点」〔2014年、『タイム』誌がトランスジェンダーの可視化の高まりを表現するために使ったフレーズ〕における自分の役割について突拍子もない考えにとりつかれ、自分が世界をいかに変えてきたかということにすっかり夢中になってしまった。自分が事例研究(ケーススタディ)だったという考えにはまりもした。帆を輝かせる船団とともに航海に出たときに、砕ける波が、私を今までいた場所からもっと高いところへ押し上げてくれたのだと。

今ではこうした妄想は消え、私は陸地に戻ってきている。戻れたことに感謝だ。薬なしでやっていこうとして何年かたったあと、また服用を始めているが、今回初めて向精神薬がよく効いていると感じる。信頼のおける精神科医に診てもらうこともできている。でも今もテストステロンとその他の薬のあいだの細いロープを綱わたりする毎日だ。みんなに見せたい自分をどう作り上げ、いかに自分らしく生きていけるかを模索する日々は続く。低用量のテストステロンがゆっくりとしたペースで、すべてを変化させるという考えは俗説だった。私は自分のほんの少し男性化した体つきが安定した平穏な状態にあり、何年もほとんど変化していないのに気づいている。それがまさしく、めざしていた姿だった。

でもずいぶんと変わったこともある。私は「男らしさ」の方へもう少しだけ近づくようバランスを崩してみようと思っている。標準の量でテストステロンの注射を打ち、それが自分をどこまで連れていくかを観察していたが、今のところ、うまくいっていると思う。この先もこの段階でずっと心地よくいられるかどうかはわからない。おそらく、テストステロンを使ったり中断したりしていくのだろう。さまざまな量を、これからの人生でずっと。最近、トップサージェリー〔乳房切除術〕も受けた。数年かけて考えた末のことだ。身体に合う服を着るってなんて素晴らしいんだろうと毎日のように思っている。自分を流行遅れだと感じることはもうない。

現在、私は仕事に復帰し、平日の夜になると、身体にぴったりと合った紺色のユニフォームのTシャツと細身のジーンズとハイトップのリーボックの運動靴という格好で働いている。もう帽子で顔は隠さない。ケイトリンと結婚した月曜日に帽子を脱いでから、二度とかぶることはない。私のカールしたモヒカン刈りの髪はいつも自由に飛びはねている。私は前よりずっと背が高く、この身体の持ち主が自分だとちゃんとわかっている。私はみんなを見て、視線を合わす。少しなら雑談だってするし、声のトーからない。

ンを変えたり、顔に表情をつけたりする。笑うこともある。誰がどんな靴を履いているかはまったくわからない。

私の名前はキャメロンで、代名詞はhe/him/his。そう、この仕事場でもだ。清掃作業員室のドアにかけられたネームプレートには「Mx. アッカーマン」と書かれている。この学校の廊下には一枚も鏡がない——私は今、違う学校で働いている——が、トイレや教室の洗面台など、鏡はどこにでもついている。私は洗剤をスプレーし、きれいに拭きあげる。自分の姿をちらりと見ても、もう自分を探したりしない。

第11章　命の脅迫

Life Threats　Jeffrey Marsh

ジェフリー・マーシュ

彼は撃つ場所を伝えてきました。どこで撃つかではなく、私の――身体の――どこを撃つかを伝えてきたのです。もっと多くのことを書いてきましたが、それは銃弾がどこから入り、どこから出ていくかで始まっていました。完璧主義者で細部にこだわる人間だったのです。筋書きは事細かに記されていました。そして私は誰かから殺すとはっきり脅されるのは初めてのことでした。それは最後ではなかったわけですけど。

◆◆◆

有名になることに脅迫がついてまわるとは知らなかった。そもそも自分が有名になるとは想像していなかったし、だんだんと世の中に知られるようになってからも、こんなことだとは思っていなかった。私はハリウッドの映画スターかTVスターをめざしていた。自由を謳歌したワイマール共和政下のナイトクラブの花形みたいにニューヨークで働くのを夢見たこともある。だけど、Vine（ヴァイン）のスター？　6秒動画のスター？　それって冗談だよね。

もとはといえば、友人のジョナサンがVineについて教えてくれたのだ。「それが変わってってね。すごく短い動画を作るんだよ」って。アプリもちょうど出たところだった。ジョナサンはロサンゼルスの大手芸能プロダクションで働いていて、経営陣がVineから出てきたクリエイターたちに注目しているという噂を耳にしていた。「きみがやるべきだよ。きみならスターになれるぞ。大文字のVとS。Vineのスターだ！」でも私の感想はといえばこんなものだった。「ご冗談でしょ。私はアーティストですからね。出演依頼ならたくさんあるんだから。そんなのをやるほど落ちぶれちゃいませんよ。6秒なんて言いたいことが何も言えないじゃない」

私は自分本位な人間だったが、状況がその精神構造に打ち勝った。評判の良い芸能事務所に所属する道筋ができ、キャリアを築くチャンスが生まれ、世の中に善を広める能力を発揮して、もちろん学生ローンを支払い終える余裕だって……。考えただけで、じりじりしてきた。結局は、Vineのおかげでこのなかのたったひとつだけ、つまり世の中に大量の善良性をまき散らすことだけが実現する。でもそれがもっとも大切なものだった。だが最初は、いうまでもなく、お金と名声につられたのだ。そしてそのためには、少なくともこの新しいVineアプリを試してみなくてはならなかった。

最初の日、私は歌をうたうことになった。

みなさんは、いちばん最初のVineで私のパートナーの声を聞くだろう。パートナーは自分を公にしないタイプで、そのひとこと以外は、いっさい私のソーシャルメディアに出てきていない。私のひどく厄介で、魅力にあふれ、非現実的で、怖いくらいに拡散する評判をスタートさせたのはその「さあ」というひとことだった。まず、iPhoneカメラの後ろから開始を促しているパートナーの声が聞こえてくる。6秒しかない動画の最初の2秒を使って、始めるよう催促されているとはまぬけな話だが、現実はそんなふうに、のっけから「さあ」だったというわけだ。そのあと私はうたった。4秒間、心を込めて。

Vineの魅力といえば、動画がとても短いことだ。ほんの数秒間の視聴で、アートの楽しい世界へと引きこんでいく。でも本当を言うと、私はいつもそれが悲しかった。6秒の動画は人生というものを象徴しているではないか。誰もが言いたいことが山ほどあるのに、それを言おうとしても時計の針はあっという間に止まってしまう。最初のVineでの歌は、うたい始めた途端に時間切れになった。

「新しいものを拒絶して、古いことをやっていこう」〔この逆の「古きを捨て、新しきを得る」という言い回しがある〕

◆◆◆

オンラインの世界で人気者になるというのは、憎まれることと愛されることのあいだにあるスイートスポットにボールを命中させるようなものだ。アンチとファンのどちらもがシェアしてくれる作品を創るのは難しい。初めてバズったVine動画で私はダンスをしている。7月4日の独立記念日のためにアップしたこの動画で、私はジェンダーフルイドである自分と、わが街と、わが幸せを誇りながらこの日を祝いたいと思った。それで、友達（いつもまわりに面白そうな材料を転がしている人物だ）から借りたスパンコールをちりばめた自由の女神の衣装を着て、本物のニューヨークの街のスカイラインを背にピンヒールを蹴り上げて踊った。身に着ける冠もトーガも、手に持つトーチも本も、キラキラと明るく光る緑色だった。住まいのアパートメントの屋上にあがり、小型三脚に乗せたiPhoneで、ハイキックや急回転をする1分ほどの動画を撮影し、その動画から抜粋し、磨きあげたものをVineの6秒という時間制限に凝縮して、ひとつの無駄もなく爆笑級に楽しくて、物おじしないどぎつさが心地よい、身体を張ったエンターテインメントにした。サウンドトラックとしてマイリー・サイラスの「Party in the

USA」を加えて発表すると、視聴は30分以内で5万回に達し、それ以来、100万回以上の再生数を獲得している。

実を言えば、私は自分の動画が拡散していくのが大好きだ。アート作品を創っているのだとしたらいいなと思う。メッセージが広く遠くまで届くと、みんながインターネット上に私の愛とプラス思考の小さなコーナーを見つけてくれたようでとても嬉しい。でも、偏見の持ち主や私を憎む人たちのあいだにも私の画像が出回っていると友達に教えられるのに数年はかからなかった。憎しみに満ちた人々はおそらく、その動画があまりにもショッキングで、あまりにもクィアで、あまりにも……異様だと感じたから皮肉を込めてシェアし、物笑いのたねにし、ケチをつけたいと思ったのだろう。人とは、ネット上でときどきそんなことをするものだ。

人とは、ネット上でときどきおまえを殺すと脅迫をしたりもするものだ。プロフィールの内容が増え、名前が売れて、ちょっとした注目を浴びるようになると、あなたはありとあらゆる種類の反応を浴びるようになる。ありとあらゆる動機を持つ、ありとあらゆる人が、ありとあらゆる意見をあなたに対して持つのだ。そして私が初めて受け取った、自分が銃で撃たれると記された殺害予告は、私にとって本物のターニングポイントになった。例の動画が拡散した直後で、それを読んだ私は、「自分はこんなものを求めていたのだろうか？　Vineをやる価値などあるのだろうか？」と思ったのを覚えている。

でも拡散には別の側面も存在する。私のeメール受信ボックスが瞬く間に憎しみでいっぱいになったのは事実だが、動画の発信を続けてほしいと訴える友好的なメッセージも同じように大量に届いたのである。私の動画が、惨めな人生や我慢ならない日常を送るときに、どれほど助けになっているかを書いたメッセージが来る日も来る日も届いた――みんなが人間生活にこびりついた不快さを克服するために私の動画を見ていた。ファンの人たちのメッセージには、自分が本当は何者であるかを取り合ってもらえなかったとか、本当の自分として生きるのが間違っていて悪いとずっと言われてきたけれど、私の動画が、自分を受け入れられるようにしてくれたと書いてあった。かれらは繰り返し言うのだった。「あなたに命を救われたんです。自殺を考えていたときにあなたの動画に出会って、ずっと見ていたいと思ったんです。あなたが自分を恥じることなく生きているなら、もしかして私もできるかなって」

良いメッセージもあれば、悪いメッセージもあり、同時にその両方であるメッセージもあった。善と悪という陰陽の存在は、私にいくつかの決断をせまった。私らしくいることに、そしてしばしば誤解されて嘲笑われて憎まれるノンバイナリーのコミュニティを代表することに価値はあるのか？　絶えまなく続く、悪質でコントロール不能のネット上のコメントに向き合う価値はあるのか？　殺害予告に価値はあるのか？

もし、人々が苦痛から解放され、もし、ひとつの命が救われるのなら、名声の影の部分には価値があるのだろうか？　憎しみのターゲットになることには価値があるのだろうか？

◆
◆
◆

ノンバイナリーとして生きるとは、異性愛規準の考えが圧倒的に優勢な社会では、ほとんど存在しないようなものだ。私たちは幽霊なのだ。たしかに最近はどんどんその姿が認められるようになってきている。TVにも出たりして！　でもいまだに端の方にいて、NB（エンビーズ）たち（embies）[*1]はお飾りで、主流派の外側にいる人とみなされている。これは幸福でもあり災いでもある。

社会の外側で、私たちは社会のシステムから自由に生きている。私はこのシステムがインチキだと小学生のころからわかっていたから、「完全な男性」になるために頑張ろうと考えたことはない。今日まで何人ものインタビュアーから「あなたはいつ自分が人と違うと気づきましたか？」と訊かれてきたが、私はその質問を、もっと広い視点を持った意見を言うために利用している。「私は自分が人と違うと感じたことは一度もありませんよ」と。私たちは心の奥底では同じことを望んでいて、みなとてもよく似ているのだ。誰もが、受け入れと自由と承認と幸せを求めている。だから私は、自分が人間であるかないかという状況においてはなんの違いも感じていない。それがはっきりとわかるから、自分が人と違っているとは微塵も思っていない。今の私がわかっているのは（子どものころの私は理解も説明もできなかった）、人々が私を違うもののように扱うことだ。私はみんなとまったく同じなのに、私のあり方と自分を表現するやり方が大きな問題らしい。誰も私をあるがままにさせてはくれない。とても不思議だけれど。

私は常に監視されて大きくなった。私を男らしくさせようとしなかった人は——友達、教師や、牧師のなかで——ひとりも思い出せない。私は自分が誰だか知っていたし、何が好きかをわかっていた。ベア・アーサーやワンダーウーマンは私のヒーローで、トム・クルーズやドラマ『フレンズ』に出てくるジョーイはそうではないのだと。そして自分の女性らしい面、女性らしいふるまいに悩んだことはなく、自分とは異なるものになりたいとか、変われたらいいのにと切望したことも記憶にない。いつも願っていたのは、世界が変わってくれたらいいのにということだった。みんなが私を放っておいてくれて、バービー人形で遊ばせてくれればいいのに。私はおもちゃ家電のオーブンを使ったり、森を歩き回ったり、妖精に扮するときのキラキラしたワンピースを着たりしたかった。ハロウィンだけでなく、クソいまいましい毎日にも。なぜ自分がそれほどまでに大人たちにとって精神的な重荷で、いらだちの原因なのかはわからなかった。なぜまわりのみんなにとってそんなに厄介な問題なのかも理解できなかった。自分の個性を引き受ける私の芯の強さは、いつもとげとげしい対応や、非難のまなざしや、あざけりにあった。うまく言いくるめて性格を変えさせるとか、体罰で規則に従わせることができなければ、人々は笑いという手段を使った。女らしさはどんな形をとっていても、今もなお、世界中の多くの場所でジョーク扱いされる。そして私のように、世間の人たちから見て「女っぽい男」でいることは、もっとも罪深いものなのだ。

ほとんどの人が次のことを教えられてきていて、一生涯、何の疑問もなく信じ続けている。

1　ジェンダーはふたつ（だけ）である
2　それらのジェンダーは異なっていて、区別がつき、それぞれ別のものである
3　それらのジェンダーは平等ではない

私はこれらの三つの考えと、最後の3が不幸にも最初の1と2から導き出されたことに対してひとこと言いたい。ごくふつうの人は、ジェンダーに関して、「別のものである」が、「別のもので平等でない」の根底にあるとはまったく気づいていない。私がノンバイナリーのフェミニストでいる理由はみんなにそれを気づかせたいからだ。ノンバイナリー運動とフェミニスト運動が固く結びついている理由も同じだ。ふたつの運動は互いに助け合うべきなのである。私は子どものころ、明らかにディズニープリンセス支持派だった私を男として見る人たちに驚愕させられたものだ。でも自分を女性だと思ったことは一度もなかった。私は子どものときから自分はジェンダーレスだという視点を持っていた。そしてこ

の視点こそが、ジェンダーの平等に欠かせないもの、そして人間の平等に欠かせないものなのだ。

さて、私たちはおそらくここで少し立ち止まり、私がたびたび訊かれることと、誤解されているであろう重要なポイントについて明らかにしなければならない。私はあなたからあなたのジェンダーを奪いたいのではない。ジェンダーの役割を廃止したいとも思っていないし、ジェンダーのルールだってあっていいと思っている。私がどうしてもなくしたいのは、現在のジェンダーの考え方を証拠もなしに正しいと決めてかかることだ。そしてそれをやめさせようとするときに、私のアイデンティティが最大にわくわくするのだ。私はメタファー〔あるものの象徴〕である。でも、「こうしたらあなたもジェンダーフルイドになれますよ」というメタファーではない。もしあなたが本質的にジェンダーフルイドでないなら、試しになってみたらとか、ふりをしてみたらと言うつもりはない。私は自由の、そして壮大な目標のためのメタファーだ。歩いて呼吸して、自己肯定という成果を表現しているものなのだ。

私は「いかにしてあなた自身でいるか」という考え、ただそのひとつの考えだけを代弁している。何年ものあいだ、どうやったら私たちが私たちであることを愛して、受け入れることができるのかという目印や実例になってきた。私はジェンダーフルイドで、それを受け入れている。もしあなたが男性で、男性という言葉が大好きで聞いて心地よいなら、あなたがあなたであることを楽しんでほしい。私はそれを願っている。

実は、この考えをもとにして本まで書いた。ペンギン・ランダムハウスが『*How To Be You*』〔２０１６年、未邦訳〕の刊行を決めたとき、私は大手出版社で初のジェンダーフルイドを公に名乗る著者になった。同社では初めてthey/themの代名詞を使う著者だった。この本は私から読者へのラブレターだ。本のなかでは、私が人生で自己肯定している姿を示す逸話を、読者が進化するための手段として使おうと心を砕いている。この本は読んでくれる人に、あなたも自分自身を愛せるんですよと伝えている。私は自分がジェンダーフルイドであることを愛していて、それを隠したり、卑下したりしない。でも私のすべての行動は、ジェンダーフルイドやノンバイナリーだとラベルづけしてもらうためというより、自分を受け入れるプロセスの大切さを伝えるためのものだ。私たちみんながどんなに似ているか、そしてどんなに等しく自由を感じる権利があるかを自分の行動を通じて示したいと思っている。あなたが男でも女でもグレーセクシュアル・デミボイ〔Grey-Sexual Demi-Boi アセクシュアルを自認しているが主なタイプのアセクシュアルには当てはまらない、自分の一部が男性だと認識している人〕でも、あなたはあなた自身を堂々と表現できるのだ。

◆◆◆

私は自分がスポークスパーソンになるとは思っていなかったから、今も「ジェンダーフルイドのコミュニティを代表している」と考えると恐ろしさでびくびくしてしまう。私は、子どもたちが自分らしく生きるのを手助けするために、注目を浴びたいしチャンスを得たい。でも光の当たる場所についてまわる闇の存在も強く意識している。ネット上で起きる、論点をすり替えた殺人も知っている。犯人は私ではなく、私の考えを憎んでいるのに、多くの憎しみを私に向けてくる。私はジェンダーの自由と、アイデンティティの自由という考えを代弁し、人々はそんな私を熱狂的に憎む。これはまさにどこまで行っても続く心理的な現象である。

人は、あるとき憎しみに耐えられなくなる。私の脳裏に、人生を終わらせようとした6年生の子どもだった自分が浮かんでくる。以前に私は、生きていると「人はみな誰でも、ある時点で自殺を犯したくなるものだ」とネットに書いた。苦しんでいる人に、自分は変わっているとかひとりぼっちだとか思わなくていいのだと伝えたかった。すると、その文章についてＬＧＢＴＱの自殺防止を掲げて活動する著名な組織「The Trevor Project」から指摘されてしまった。「みな誰でも」という言葉は最悪のメッセージである。そして人は自殺を試みようとしたりしなかったりするが、自殺を「犯す」人はいない。自殺というものは犯罪ではないのだ、というものだった。私は明らかに大失態をしでかし、新たな認識に向かって導かれたのだった。その日——胸が痛むような猛反省のなかで——私の人生の習熟曲線は高速道路のように目立ち、完全に公になり、いつまでもその結果を引きずるものだと知った。私は望もうが望むまいがロールモデルになっており、その行動も言動も意味を持っていたのだ。ノンバイナリーのリアルな人生を代表し、影響を与える存在として。

今日もまた、ジャーナリストが電話をかけてきて、ｅメールをしてきて、もちろんTwitterにも書き込んでくる。オープンなノンバイナリーである私たちの数がとても少ないからだ。かれらは私の話した内容を雑誌に載せ、ＴＶで私をインタビューする。私は不満など言っていない！　自分をスターだと思いたくない、なんてことはない。ああ、そうです。思いたいですよ！　でも私が私たちノンバイナリーを代表していることが、自分のような人間の生き死ににかかわってくるとなると、不安のあまり胃がむかむかしてくるのだ。ポッドキャストで話した内容やインタビューで使ったフレーズが「すべてのジェンダーフルイドの人たちを代表する」かもしれないと考えると心配でたまらなくなるのだ。ジェンダーフルイドの子どもの親たちがＴＶで私を見ていて、私がヘマをしたらどうなる？　私が使う言葉や表現のせいで、親たちがジェンダーフルイドの人たちを否定的に考えるようになったらどうする？　もし、私のせいで子どもたちが否定され、拒絶されてしまったら？　ああ、もちろん、私がそこまで重要な人間ではないことはわかっている。でも私は自分が代表しているリアルな人生について、そして自分がかかわっている活動のリアルな結果についてたびたび考えこんでしまうのだ。

私は自分たちのムーブメントを正しく行わなければならないという巨大なプレッシャーを感じている。もちろんムーブメントは参加者に「正しく行う」のを求めるものではないから、気にする必要はない。それに私が雑誌やTVを通じて世の中に姿を現すことは、それで私個人やほかの人にふりかかる不都合があったとしても、まさにその不都合を打ち消してしまうほどの影響力を持っている。少なくとも私はそう願っている。私たちは今、ノンバイナリーアイデンティティに対して、間違って解釈しながら無遠慮にアプローチしてくる、きわめて重大で、特異な時代のなかにいる。憎しみに油を注ぐ発言をしないよう気をつけ、ノンバイナリーについての誤った考えを助長しないように書こうとしていても、失敗してしまうかもしれない。でもそんなときも、私はうまく切り抜けられると思っている。

私が感じているこうしたプレッシャーは、本来は悪いものではない。プレッシャーは選択のための重大岐路や機会を与えてくれるもので、それは直面しなければ気づかないからだ。もし、私が、ジェンダーフルイドであるのは人間にとって自然なことだと人々に納得させられるのなら、じっと観察されたり、ムーブメントを始終、非難されたり、ほめられたりするのには価値があるのではないだろうか？もしムーブメントが前進していくなら、答えに困るような質問をされたり、プライバシーや匿名性を諦めることになったりしても価値があるのではないだろうか？　こうした疑問すべてのなかに、本質的な真実が存在する。私が自分たちの未来と運動がうまくいくかどうかを気にしてばかりいるから、プレッシャーを感じ、深刻な心配をしてしまうのだ。

名声――それについてまわるみんなの視線も――に価値がある理由は、自分でもうすうす気づいているのだが、私がそれを糧にして生きているからだ。たとえオフィスで働いていても、同じように嫌な思いをするだろう。他の人たちを代表するプレッシャーを感じ、どんな状況においても偏見をもって見る人に出会うだろう。それはまたもっと私的で、もっと目立たない人生においてでも同じだ。どうやら人間とは、ほかの人間を冷やかしたり決めつけたりするように生まれついているらしい。私たちが何をしても決めつけられ、非難されるのなら、自分を幸せにする行動をとったらどうだろうか。私を幸せにするのは、世に知られたノンバイナリーでいることだ。いつも会話の外側に置かれている人たちの声を社会に届けるといった、何か素晴らしいものの象徴でいることが私をすごく幸せにしてくれるのだ。私はインターネット上で有名になるために自分のジェンダーフルイドを拡散させたいわけではない。有名になったらなったで、嬉しいけれど。

先週、ある人から「プロフィールを増やしたい」と思っているかと訊かれた。私は笑いだしてしまった。そしてこう答えた。「私はLBGTQの子どもたちにこの世界でひとりぼっちじゃないと感じてほしいと思っています。絶望を感じないでほしいのです」

私のプロフィールに何が書き加えられようが、あなたに絶望を感じずにいてほしいと思っている。

◆◆◆

殺害の脅しは具体的でした。妄想にとりつかれていると言っていいかもしれません。一連のコメントを読み、手順のすべてがわかったのです。どんな銃で私を撃とうとしているのか、撃たれた私がどう感じるのか、そいつが私を撃ってどう楽しいのか。どうやってニューヨークの自宅の場所も調べ上げたかも。それは現実的で生々しく、度を超したものでした。

できるかぎりの知恵を尽くし、考えうるかぎりの選択をした現在、何も起きていません。私に深刻な影響を与えた脅しでしたが、今ではもうどうでもよくなっています。脅しよりももっと重大な解決すべき問題があるのですから。私を前へ進ませるもっと大きな理由があるのですから。

第12章　ジェンダークィアなだけで脅威ではない

ジェイス・ヴァルコア
Just Genderqueer, Not a Threat　Jace Valcore

19歳の大学2年生が、米国中西部にある大学の中央を通る歩道を歩いている。夜も更けてあたりは冷え込み、寮の灯りをめざす足はしだいに速くなる。練習に明け暮れるラグビー場や、静まりかえった駐車場の前をうつむいて歩くスウェットパンツ、フードつきパーカー、野球帽の姿は、運動部の学生のようだ。歩道の少し先を、同じ方向に歩く女子学生がいる。彼女は後ろを速足で歩いてくるアスリート学生に気づくと、はた目にもわかるくらい慌てだし、小走りになる。表玄関にたどり着き、近づいてくる人間をにらみつけながらドアの鍵を開け、がらんとした階段の吹き抜けで、「帰ったわよ」と大声で叫ぶ。誰でもいいから気づいてくれた人の部屋に行こうとして。それが若い女性たちが常日ごろから教えられているレイプ犯から逃れる方法だ。アスリート学生は、彼女がドアを施錠するのをとめようとはしない。この寮に住んでいるのだから鍵は持っている。学生は何も言わないけれど、危険人物だと思われて不安と戸惑いを隠せないでいる。

そう、私はそれまでにも男性に間違われたことはあった。でも自分が他人の脅威になりうるのだと恐ろしく感じたのはそのときが初めてだった。悲しいことに今ではたびたびそんな気持ちになる。14年前の私は、ノンバイナリーという自分のジェンダーをうまく言い表す語彙も技量も持たない、自分の性的指向と格闘するラグビー選手の「トムボーイ」でしかなかった。それでも数年たつうちに、自分のアイデンティティが確かなものになってくると、まわりに公表するべきだという勇気と自覚が出てきた。最初はレズビアンの男役として、それからもっと明確にジェンダークィアとして。私は自分をまわりの女性たちと区別するものが、着ている衣服や歩き方に現れる男っぽい外見だけではないとわかっている。私を彼女たちと分けるものは、毎日の生きた体験なのである。

ジェンダーと犯罪、あるいは公共施設の使用についての公の討論や考察で、私や、私のような人間が参加して行われるものはひとつもない。議論はジェンダー二元論に適合しているトランス男性とトランス女性を中心に展開され、ジェンダー・アイデンティティに合った施設の利用を認める政策が次々とできている。だが、私たちジェンダークィアたちは身の安全を守る保証もないまま、放っておかれている。私たちが身体も、心も傷つけられることなく、安心して公共施設に出入りできるようにするためには、ジェンダーニュートラルやノンジェンダーのためのスペースを増やしていく必要がある。

私の個人的な体験は、ノンバイナリーというジェンダーが社会に認識されていないために起きる混乱や矛盾をはっきりと示すものだ。たとえば、私は米国社会に生きる女性たちと同じように暴力と迫害についてのメッセージを受け取っているが、多くの女性の身体を持つ人たちが毎日のように感じている、夜のひとり歩きでの不安や、バーで嫌がらせを受ける心配はなく暮らしている。この国の女性たちは、見知らぬ男性を恐れなければいけない。絶えず警戒して犯罪防止のためのペッパースプレーを持ち歩き、暗い夜道を避け、誰かと連れだって歩かなくてはいけない。そう信じ込まされている。でも私は男性的な外見をしているために、ほとんどなんの心配もなくどこへでも行ける。夜間にひとりで歩くのは怖くない。護身用の催涙ガスやペッパースプレーも持っていない。多くの人から白人の異性愛者の男性だと見られており、そのジェンダーと人種に帰属することで、ほかのカテゴリーの人たちにはない、通りを歩くときに自由で安全だと思える感覚を与えられている。だが、これは非常に限定されたものだ。ひとたび化粧室に行く必要がでると、たちまちすべてがひっくり返されてしまうのだ。そこでは私は犠牲者にもなりうるし、犯罪者とみなされもするのである。

トランスやノンバイナリーたちの誰もが正しいと証言している言葉がある。「ジェンダーは、文化的なサバイバルをその目的として掲げるプロジェクトだ。『戦略』という言葉は、ジェンダーにふさわしい行動をしているかどうかが常に、さまざまな形で監視される状況をよく示している。したがって、ジェンダーが『サバイバルの戦略』とされている現状において、自認するジェンダーを表現して生きることは、明らかに厳しい結果を伴うのである」[*1] 外出先で化粧室に行くとき、私はそこで待ち受ける困惑した表情、ドアのマークをさし示す指、いくつもの質問、あまり他では見かけない嫌がらせや侮辱に負けまいと覚悟を決めることになる。

これまでに体験したもっとも腹立たしい出来事は、ヒューストンの中心地で起きた。ショーを見にいく前に数人の友人と夕食をとっていたとき、人にはよくあることだが、化粧室に行きたくなった。私は不安を感じながら、化粧室の扉を押した。すると反対側にいる誰かが「ここは女性用ですよ」と言って、私が入るのを阻止しようとしている。その女性は扉のすぐ後ろから顔だけのぞかせてこちらをにらんでいた。不安がどっと押し寄せてきたが、私はきっぱりと言った。「ええ、私は女性ですが」本当をいえば、私はジェンダークィアで女性ではないから、事実に反している。でも私はトイレに入らせまいとする人と自分のアイデンティティのことで言い争いたくなかった。その女性は扉を開けて、私を狭い化粧室に入れた。扉を背にして立った私は、トイレに来た人から扉をぶつけられずに済むように、誰かが来るたびに手で扉を押さえて開けていなければならなかった。例の女性はすぐ隣に立っていた。彼女との距離があまりに近いために我々の肩は何度も接触し、私はそのたびに少しずつひじで押されてとうとう隅っこまで追いやられた。私は女性用化粧室内で並ばなければならないときにする、いつもの守りの姿勢で立っていた。うつむき、床をじっと見つめ、胸の前で腕を組む。トラブルを避けたいから、いつもできるかぎり小さくなり、できるだけ険悪でない顔をするようにしているのだ。だがその晩は、そうしていたにもかかわらず、ひとりの酒に酔った女性が弱い者いじめを楽しもうと思ったらしい。彼女は、彼女の友達が申し訳なさそうに酒のせいでのふるまいだと詫びながらも止めようとはしないなか、私を見て大声で笑った。

この日に起きたすべてが、ジェンダーについての誤った俗説や型にはまった見方を、そしてそれらと犯罪行為との関係を描いている。ジェンダーは、個人の社会における立場を定め、他人からどう扱われ、どう見られ、どう思われるかを決定するものだ。ジェンダーは生物学的な性によって決まるというきわめて限定された解釈が、米国の社会制度（たとえば、結婚や家族制度）、社会での関係性（たとえば、サーかマダムかの選択）、社会的なスペースでの秩序（たとえば、男性用トイレや男性のスポーツチームは常に女性の出入り禁止）を支配してきた。ジェンダーの概念は、女性を男性の対照にあるものとみなし、それに対処する手段として、法律、社会慣習、学問の世界で発展してきたのである。私たちは雑誌の記事や、本の題名に「ジェンダー」という言葉を見つけたら、「ほう、いいね！　これはジェンダーとは何かとか、多様なジェンダー・アイデンティティや、それらはどのように表現されるかについて詳細に論じられているんだな」とは思わない。そう、私たちは「ジェンダー」という言葉が意味するものを「ああ、それじゃ、今から女性について語るんだな」というように受け取るのだ。そしてその女性というのは、シスジェンダーで、ヘテロセクシュアルな女性に限られている。レズビアンやバイセクシュアルの女性、クィアの女性、トランス女性、ノンバイナリー女性は、そこでは語られないというわけだ。同様に、「ジェンダー・アイデンティティ」という用語を見たり聞いたりしたときは、その話題がトランスとノンバイナリーの人たちに焦点を当てていると思う。つまり、社会はアイデンティティを論じなければならないトランスとノンバイナリーの人生は自分たちに関係ないトラブルを抱えたどこかの誰かのものだとみなし、何百万人もの個人のジェンダーにまつわる経験を軽視し、無視さえしているのだ。それどころか、誰もが心のなかにあるアイデンティティに基づく「ジェンダー」を持ち、それを表現して生きているのを認めようともしないことが、こんなところでわかるのである。

ジュディス・バトラーやそのほかの多くのフェミニストの理論家たちがこれまでずっと強く主張してきたように、生物学的な性は日々の人生経験を支配するものではなく、その日々の経験に必要とされるものでもない。私の人生がその証明である。だが、社会にこびりついたジェンダー二元論が、男性であることと女性であることは全自然界に共通していて、すべての男性は男であると自認しそう見せるから男として世界を経験するものであり、すべての女性は女であると自認しそう見せるから女性にしかできない経験を共有すると、決めつけている。だから、私のように、見た目でのジェンダーが中身とうまく合っていない人間が、ある一方の性だけのためにあるとされるスペースに入ると、しばしば恐れや驚きや、怒りにさえ遭遇するのだ。そのスペースに入ってよいグループに属してないから危険人物だとみなして当然だとされるのである。

シモーヌ・ド・ボーヴォワールは「人は女に生まれるのではない、女になるのだ」と雄弁に語った。

女になるプロセスは、個人的なものであると同時に社会的なもので、自己表現や自己提示を通して世の中とシェアし、折り合いをつけていくアイデンティティの成長を伴う。それは世代、文化、場所、宗教、人種、階級によって異なり、私たち個人と世の中とのあいだで常に行われている交流なのである。私も毎日、ジェンダーと折り合いをつけている。支払い時には、レジ係から「お会計ですね、サー？」と声をかけられる。だが私が返事をするとかれらは敬称を変え、謝ってくる。「失礼いたしました。マダム」と。かれらは敬意を示そうとしているのだが、それは私を落ち着かない気持ちにさせ、ちゃんと見てもらえていないと思わせる。そうかと思うと、私の外見に女性らしさはまったくないのに、友人とランチしていると給仕係から「レディス」と呼びかけられる。私が彼の間違いを正さないのは、訂正すると食事のあいだじゅう気まずい思いが続くからだ。ジェンダーを間違われたのに耐えるほうが幾分かマシである。そして公的な化粧室に入るときは、同時にふたつのことをはっきりと示さないとならない。まずは私が危険人物ではないことを。そして、その場所を使うために必要不可欠な生物学的特性をそなえていることを。

私は公立大学の刑事司法の教授として、毎年、性犯罪のクラスを持っている。そこで学生たちはレイプや性的暴力の90パーセントは男性によってなされるもので、おおよそ80パーセントの被害者は女性であると学ぶ。[*2] 話を戻すと、多くの読者は、冒頭のエピソードを学生アスリートは男性だと思って読んだだろう。ひょっとすると黒人の男性が頭に浮かんだかもしれない。社会にはびこる固定観念が、スウェットパンツに野球帽の人間ならそうだろうと思わせてしまうのだ。女子学生が怖がっているのだから、そのアスリート学生は男に違いないと考えた読者もいるかもしれない。女性同士が互いに脅威になる理由はどこにも見つからないからだ。ましてその人物が男性でもなく女性でもないなどと思うはずもない。読者がこのような思い込みをする理由は、ジェンダーと犯罪について「加害者は男性で、被害者は女性である」という見方を、これまで生きてきたなかで刷り込まれてきたからである。

授業では、間違っていて危険でさえあるジェンダーの固定観念に基づくレイプ神話について話し合う。女性被害者が着ていた服、飲酒の程度が非難され、女性が気のあるそぶりをして見せたとか、昔の恋人だったということを理由に不利な判決がおりるという最近の事例を持ち出すと学生たちは信じられないというように頭をふる。さらに米国女性の約20パーセントが一生のうちに一度はレイプや性的暴力にあうとされていて、それにもかかわらずレイプ犯のうち投獄されるものは10パーセントに満たないという研究結果や統計には、唖然として言葉もなくなる。[*3]

だが、犯罪者は男性で、すべての女性が被害者になる可能性があるという世の中に流布された物語(ナラティブ)は、私の生きてきた経験とは食い違うものだ。それは多くの人――女性男性にかかわらず、トランス、シスにもかかわらず――の生きた経験とも異なる。私は出生時に女性という性別を割り当てられたが、これまで男性ではなく多くの女性たちから不当に罰されてきた。私は男性ではない。それなのに男だと思われたためにこれまで数えきれないほど性犯罪者扱いをされてきたのだ。目下のところ、レイプや性的暴行についての調査や研究が、こうした問題点に至るために問われるべき疑問を取り上げていないため、女性たちはヘテロセクシュアル男性の被害者であり、彼女たちがほかの女性の存在を脅かすことなどない、という思い込みが消えない。そして、ジェンダー本質主義者(エッセンシャリスト)による『男性の身体』を、たとえ外性器がレイプや性暴力の首謀者ではなくても、女性専用の化粧室や更衣室から遠ざけておこう。面倒ごとに巻き込まれないように」という主張が、女性嫌悪(ミソジニー)、性差別主義(セクシズム)、覇権的男性性、男らしさの誇示という甚だしく欠陥のある考え方を永続させているのである。公共の化粧室で、見知らぬ人から(その見知らぬ人の生物学的な性がどうあれ）性的被害を受けるという恐れは論理的根拠のない偏見によるものだ。暴力的な性犯罪の大半は知らない人から受けるというのもまったくの作り話である。[*4] 実のところ、性暴力とレイプのほぼ88パーセントは、友人、配偶者、家族、顔見知りの誰かといったすでによく知っている人物による犯行なのである。[*5] ジェンダーや男らしさや犯罪を、偏狭で説得力のない男女二元論で解釈することが、私たちすべての人間を傷つけているのだ。

現在、私たちは自然科学と社会科学の進歩により、性別とジェンダーは男女二元論のカテゴリーに入らず、セクシュアリティと同じようにスペクトラムに存在するものと認識するようになっている。多くの学者や哲学者たちも今では、ジェンダーは三つの異なる要素、つまり身体の性的特徴（たとえば、体毛、声の高低、生殖器）、ジェンダー・アイデンティティ（心のなかの自分であるという感覚）、ジェンダー表現／提示（たとえば、服装、髪型、話し方）に分けられると考えている。そしてそれぞれの要素はスペクトラムに存在し、性格上の特徴、考え方、気持ち、ふるまいとの組み合わせによってほとんど無限の多様性を持つのである。だが、残念なことに、法律や社会制度は、いまだに生物学的な身体の性の特徴にのみ焦点を合わせている。実際に私たちの日常生活に影響を与えている男性らしさ、女性らしさ、アンドロジナス（androgynous）やそれ以外のジェンダーらしさという、ジェンダー・アイデンティティによる表現や提示にはいっさい目を向けることなく。

公的な政策や社会的な論議にひどく欠けているのは、各個人に生じ、あらゆる人間関係に現れる「ジェンダー属性を判断するプロセス」の存在だ。たとえば、私たちは服装や髪型や話し方やひげや声の高低といった聴覚と視覚が受け取る信号に頼って、目の前にいる人間に声をかける際に使うべきなのはサーなのか、マダムなのか、それ以外なのかを判断している。ほとんどの場合、それらの信号は暗黙のうちに日々の生活のなかで認識されているもので、外から見えない身体の性的な特徴の代用品となっている。そばにいる人に犯罪行為をしそうな気配があると気づいたり、自分が被害者になるリスクがあると感じるのは、いつもは意識下にあるプロセス、つまり、ジェンダー属性を素早く判断し、その判断の結果を得ようとする試みによるものなのだ。ジェンダークィアとノンバイナリーの人たちを前にしたときの人々には、とりわけそのプロセスが見られる。

私が公共施設で遭遇した女性たちが、驚き、戸惑い、憤慨するという対応をとったのは、彼女たちにとって私の短い髪と女らしさの感じられない服装が、男性の身体的な形状を表しており、それが彼女たちより体力的に勝っている強さと、彼女たちに対する兵器として使用できる外性器を暗示していたからだ。シスジェンダー男性のいぶかしげな視線から守ってくれるのも、ゲイ男性からためらいがちに見つめられるのも、多くのシスジェンダー女性から恐れられ、その怒りの標的になるのも、私の身体のせいではなく、アイデンティティのせいですらなく、私の男っぽい外見と、他人が作った男性／男のジェンダーの属性のせいなのである。私の毎日の体験に影響を与え、化粧室に行くための「サバイバルの戦略」を必要とさせるのは、私のジェンダーを、ふたつしかない選択肢のうちのひとつに分類しようとする企てによるもので、それは、偶然出会い、たまたまスペースを共有することになってしまった他人によってなされるものなのだ。

ジェンダークィア、アジェンダー、パンジェンダー、ジェンダーフルイド、バイジェンダー、アンドロジャイン（androgyne）〔男女両性の特徴をそなえた人、性別の不明確な人〕。かれらはすべて、それぞれに認識されることを必要とするノンバイナリーのジェンダー・アイデンティティを持つ人たちである。だが、用語だけがひとり歩きしても、かれらそれぞれがどのように自分を表現し、どのようにまわりの人とかかわっているかは何も明らかにならない。私たちがジェンダーについて討論し、ジェンダーに関する法律や制度を発展させようというときは、身体的な性だけでなく、個人のアイデンティティやジェンダー表現、そしてジェンダー属性を判断するプロセスを考慮しなければならないのである。

第3部　コミュニティ――私たちの居場所を作ること

PART THREE
Community: Creating a Place for the Rest of Us

第13章　私は何者だろうか？

CK・コームス
What Am I?　CK Combs

男の子、トムボーイ、レズボ、レズビアン、ブッチ

7歳のとき、自分が不幸にもペニスのない男の子だとわかっていた。毎晩、目が覚めたらちゃんとついていますようにと祈ったけれど、神様はご自分の間違いを認めようとはなさらなかった。何の変化も起きていない朝が続き、私は神は全知全能であるという教えに疑いをいだくようになった。

傷ついた私をさらに傷つけたのは、ママが「小さなレディ」に変身させるのをやめようとしないことだった。

こうした権威の象徴たちに対抗して、私は自分の真実をできるかぎり守ろうと、許されるときは常に男の子用の服を着て過ごした。ママは教会や私の友人や社会全体の協力を得て、私が根負けし、かれら側の真実を受け入れるようになるまで少しずつ私の心を弱らせていった。自分が若いころにそうだったように、私も「トムボーイ」で、それはとても素晴らしいことだけど、座るときは背筋を伸ばさなきゃならないし、フットボール選手のように歩いてはいけない、と自信たっぷりに言った。私はその言葉を

妥協案として受け入れた。つまり、私は女の子でなければいけないけれど、少年っぽくて男の子らしいことをするのが好きでいてもいいのだと。最良の解決法ではなかったけれど、そのときはそれに代わる答えは思いつかなかった。

私は１９６４年に生まれて、その13年後に思春期を迎えた。「トランスジェンダー」や「トランスセクシュアル」という用語はその当時からすでにあったが、私がそれらの存在に気づく１９９０年代になるまでは広く使われていなかった。私はジェンダー感覚が身体とうまく合っていない人間として自分自身を言い表すボキャブラリーを７歳でも、13歳、20歳、30歳でも持っていなかった……私は何十年ものあいだ、アイデンティティからアイデンティティへ飛びうつって本当の自分にふさわしいものを探していたのだ。自分をうまく言い表す言葉がなくてはアイデンティティの感覚を形にすることはできない。

私は中学生になってもずっと自分がトムボーイだと思っていた。クラスメイトたちはすぐに私がみんなと違っているのに気がついた。８年生になると何人かの女子生徒が私は「レズボ」〔レズビアンの蔑称〕だと噂し始めた。私はそう言って非難する声に激しく抵抗した。「レズボ」の意味は知らなかったが、中学生の限られた知識でも社会で嫌われる病のように悪いものだということはわかった。８年生のあいだじゅうひとりぼっちで、誰も友達だと言ってくれない仲間はずれの日々が続いた。男子からも女子からも嫌がらせやいじめを受け、かれら全員がからかう相手がいるのをとことん楽しんでいるように見えた。私に負のスポットライトが当たる時期は、いじめっ子たちが新たな標的を見つけた翌年の春に終わった。

高校では、周囲に溶け込もうと最大限に努力した。化粧をし、脚の毛を剃った。何回か男の子とダンスにも行った。下級生の女の子から、私がレズビアンだとクラスメイトから聞いていて、私に夢中なのだと告白されたときは、自分が８年生だったころに噂されたことなどほとんど忘れていた。ショックと恐怖でひどく赤面していたはずだ。レズビアンというのは単なる噂だとうろたえながら答えたが、注目されているという喜びの感情がふくれあがっていくのを抑えることはできなかった。その夜の遅くには、彼女から関心を持たれているのが嬉しいのだと実感できた。自分に熱を上げている女の子の存在を思うと楽しくなった。それは私がレズビアンだということだったのだろうか？

高校を卒業するまでに、ある女の子と1年半つきあった。その子と一緒に、ほかのレズビアンの子たちの小さなグループに加わってよく遊びに出かけたものだ。私は友達から、男らしいレズビアンを指す「ブッチ」だと言われ、強くて反逆的な感じがするその言葉が気に入った。１９８２年当時、高校においてレズビアンでいることはとんがった生き方をしているとみなされており、「ブッチ」のラベルを貼ると、自分にはそのころ社会に蔓延していた同性愛嫌悪を気にもかけない強さがあるような気がした。18歳の誕生日が来るまでに、５つのジェンダー・アイデンティティと5つのセクシュアリティを試してきたが、ついに自分にぴったりくるものにたどり着いたと思った。

ハイになったヒッピーのロッカー、政治活動するクィアのダイク

20代は若者らしく生活しながら、地元のレズビアンコミュニティと、レズビアン世界全体に自分の居場所を探そうとしていた。１９８０年代初めのレズビアンコミュニティは分離主義の色合いが強く、男は弾圧者であり、ブッチレズビアンや挿入性交を含めて男性性を感じさせるものはすべて敵とみなしていた。抽象的な形の人工ペニスが流行し（嘲笑われ、拒否されたくなければ、それ以外のものが好きだとは言えなかった）、ブッチレズビアンとフェムレズビアンの関係は、良くて時代錯誤、悪ければ男性支配と

みなされた。私はブッチである自分を抑えつけ、髪を長く伸ばした。

およそ10年のあいだ、私はロックンロールと、マリファナと、恋人と一緒に出入りするゲイ男性のサークルで気をまぎらわしていた。私たちがほかのレズビアンたちと一緒に過ごすことはなく、私は服装や音楽にゲイ男性たちの行動や好みを取り入れてゲイ仲間のやり方をまねしていた。それでも、男らしさに大きく惹かれていくところまではいかなかった。マリファナは私という人間の切れ味を悪くし、みんながやっていることに安易に同調させ、口にしたら冷遇されたであろう発言や願望を抑え込んだ。

20代後半から30代初めにかけては、マリファナをやめて、もうろうとした状態から抜け出した。初めて政治的な活動に血が沸くような気持ちを持つようになったのはそのころだ。１９９０年代初めにレーガンやブッシュの時代が終わり、クリントンの時代に入った。政治的に保守的な人たちは宗教右派である福音派やエイズの流行に影響を受けて、反ＬＢＧＴＱ法、Don't Ask, Don't Tell〔米軍の同性愛者を規制する政策〕、ＤＯＭＡ〔結婚防衛法、結婚はひとりの男性とひとりの女性によって成立するとする〕を要求し、クィアたちはＡＣＴ ＵＰ〔エイズ撲滅を掲げる支援団体〕やQueer Nation〔ＬＧＢＴＱ活動家組織〕、また地方や国全体でのムーブメントで対抗した。プライドのイベントは大都市から小都市や町へと広がり始めていた。私は数年前からプライドを祝うために、6月になるとシアトルでのプライドイベントに参加していたが、１９９２年からは2回目の開催となるオリンピアでのプライドマーチに参加した。州議事堂の階段からシルベスターパークまで１００人ほどの人たちと歩くあいだ、見物人たちからは好奇心いっぱいの、ときには敵意に満ちた視線や大声が投げかけられた。それは匿名性のある大都市でのプライドイベントとは大きく異なるものだった。仕事の同僚や、両親と知り合いの人たちが見ているかもしれないという地元でのプライド参加は、自分がクィアであることを可視化させる大きなステップになったのだ。

その日が終わるころには、気持ちの高まりが最高潮に達していた。私はその日からクィアでありダイクであると表現していくことになる。コミュニティ内のレズビアン歴の長い人たちはいつもそれらの言葉を聞くと不愉快そうにしたが、私は誰かの顔にそれが響いている様子を見るのが好きだった。ダイクたちがやさしげでも親しみやすくもないところが気に入っていた。かれらが、集団への同化に対する一撃に思えたのだ。

私は長いあいだ、同化については愛と憎しみのまじりあった気持ちを持っていた。たしかにグループに所属し、絆や思いやりという名の温もりに浸るのは魅力的だったが、どの人との関係もそれほどしっくりいかないと感じていた。しばらくのあいだ、なかに溶け込もうとはしてみたが、結局、溶け込めない度合いがあまりに大きすぎると気づくのだった。まるで小さすぎる箱に自分を押し込もうとしているようなものだった。アイデンティティ探しは部屋から部屋を回る旅のようになった。ある部屋の隅のほうから入っていき、誰かと談笑して仲間と一緒にいるという幸せを感じる。でも最後にはもう片方の隅にいって出口を探している。どこを探したらいいのかもわからずに。たとえ出口を見つけたとしても、その向こう側に何があるのかわからず、ぐずぐずしていることもある。今いる場所が自分に合っているとはいえないとわかっていても、次の場所がそれより少しでも良いという保証はないのだから。

1990年代の初めになると人々はクローゼットから出てきて、姿を見せる状況をどんどん増やしながら、社会改革をめざす活動を始めた。変革はゆっくりだったが、大勢の人がリスクを恐れず、政治的、社会的な弾圧を押し返そうとしていた。私たちのコミュニティを支援する組織のほとんどは、自分たちの優先事項や関心事のためにゴールを同じくするレズビアンたち、バイセクシュアルたち、ゲイの男性たちによって牛耳られていたが、トランスセクシュアルたちも声をあげ始め、運動の端のほうから足を踏み入れてくるようになった。トランスの人たちは、ほとんどの場合LGBムーブメントから喜んで迎えられるということはなかった。ムーブメントの始まりに重要な役割を果たしたのにもかかわらず。

移行を選んだブッチたちに対するレズビアンたちの反応はひどく厳しいものだった。トランス男性は、家父長制の力を借りてのしあがる方法を探している裏切り者で女性の敵とみなされた。私はトランス男性たちには見捨てられた気がしたのを覚えている。まるでかれらの男性らしさや男としてのアイデンティティを受け入れる選択が、男っぽい女性として生きる私を否定しているのだというように。早送りして現在までを振り返ってみても、なぜ私が個人攻撃を受けたように感じたのか、その理由はわからない。町のゲイバーでよく見かけた知り合いのサムについての話を覚えている。彼女、ほんとの男になろうとしていたんだけど、それってひどい話じゃない？　噂話が燃え広がっていた。男になるのが良い選択だと思ったなんていったいどうしちゃったんだろう？　サムは女性であることや女性らしさを拒否して、男になるという安易な道を選んだんだ。私たちと一緒にフェミニスト・クィアの現場に留まるのをやめて。ほんとに残念だね。

自分がそうしたフェミニストたちの考えに賛同し、非難を繰り返していたことを思い出すとのど元に苦い汁がこみあげてくる。そうだ、移行したブッチたちはレズビアンとクィアのコミュニティを出ていった。何人かは自分から望んで去っていったけれど、多くはそうするしかなくて。コミュニティはかれらを拒絶し、かれらのパートナーや恋人も拒絶した。20年後に、私がついに自分の移行の可能性について考え始めたとき、あの非難の言葉が他人の声でそのまま私に返ってきた。今でも移行をしているブッチたちを裏切り者とか家父長制の餌食になったと公然と非難し、その道を選んだどんな人間もフェミニストや女性の味方を名乗ることはできない、と強い口調で断言するレズビアンのフェミニストたちが存在する。彼女たちの言葉が私をめがけて飛んでくると、かつて同じことを言った私にとっては、その記憶は苦くて飲み込みづらい薬になる。

当時、私は自分がトランスだとまったく気づいていなかった。男の子だった記憶ですら、青年期になされた自己の組み立てなおしにより雲のなかの出来事のようにぼんやりとしていた。自分のことがわかったときのあの身震いするような感覚と、私の注意を引こうとするアイデンティティからの呼びかけを今ならはっきりと思い出せる。私はそれを押しつぶして、いずれ私を流浪の旅へと向かわせることになる、慣れ親しんだコミュニティを選んだのだ。

1990年代から2000年代に変わっていくとき、私は大学に戻り、卒業した。家を買い、パートナーと家庭を持った。クィアでありダイクであるのは間違えようのない真実に思えたから、アイデンティティに関する疑問はしばらく脇へ置いておき、親や家庭人になり、豊かな生活というミドルクラスの夢を追うことに専念しようとしたのだ。

目を覚まし、自分を取り戻し、もといた場所に帰る

40代に入ると、毎日の暮らしのほとんどは決まりきったものになってきた。パートナーとの関係は安定しており、ふたりで新たに家を買い、家族を増やす計画を立てた。ものごとをゆっくりと考える時間ができ、自分は誰なんだろう、人生で何をやろうとしているんだろうという疑問が湧いてきて、それを掘り下げていくうちに、青年期からずっと棚上げしてきた自分自身の内面についてふたたび考え始めるようになった。

高校卒業以来、会っていなかった最初のガールフレンドとの再会が、私を自分のブッチらしさにふたたびつないでくれた。自分のブッチ性を思い出すことが、数十年間失っていた男らしさとの関係へ私を連れ戻し、その次に、男の子だったときの記憶へと連れ戻したのだ。この確認作業は簡単にはいかず、真実を最終的に受け入れるまでは、自分が覚えていると思っているすべてのことが疑わしかった。私はかつて男の子だった。そして両親や学校や教会が信じている世界に自分を合わせるために、その子を捨てたのだ。それに気づいたから自分のジェンダーとアイデンティティの探求について書き始めたのだと思う。以前はコントロールされるままになっていた多くの束縛に対して、激しい反発を感じるようになっていた。

生まれ変わるときが来ていた。若いころに大好きで憧れていたけれど大人になってその情熱を押しつぶした男らしさの象徴となるもの、そして面倒な疑問を持たないようにと寄せつけなかった小さな物たち。そんなものをまわりに積み上げていった。ごつい腕時計、かつてないほど短く髪をカットすること、男性コーナーでの買い物、ポケットナイフ、男性用下着や体臭防止剤、擬似ペニスの使用。数年のあいだ、私はブッチ性を大いに満喫し、この世における自分のアイデンティティの住処をついに見つけたのだと信じていた。

そう信じていた期間は短かった。本を読み、ジェンダー探索を続けるうちに、「ブッチ」よりもっと自分に合うと思える新しいふたつのラベル――ジェンダークィアとノンバイナリー――を見つけたのだ。女性か男性かのどちらかだと決めなくてもよく、男女両方であり、あるいは男女のどちらでもないということが可能だとわかったのだ。これまでを振り返ってみると、断固として男だと思っていた時期があり、女性やクィアであることに執拗にこだわった時期があり、ジェンダーがそれほど意味を持たなかった時期もあったではないか。男女二元論に規制されることのないどこかにあるスペースで、あるいはそんな規制などどこにも存在しないスペースで生きていけるとは思いもしなかったけれど。

男性女性に代わるものがあると、受け入れる地点まで自分を持っていくのに、もう数年かかった。そしてそれをほかの人に説明する試みは、今もなお進行中の難題だ。妻に座ってもらい、自分が完全には女性でないこと、でも完全には男性でもないことについて話そうとしたときのことを覚えている。妻は、どうやって女性じゃないってわかるのか、なぜ自分の感じるように女性でいることができないのかと訊いてきた。私は答えた。「だったら、きみはどうやって自分が女性だってわかるの？　ただそう思うだけだよね、違う？」自分を弁護したかったし、うまく説明できる方法がなくていらだっていたのだ。誰かに、その人がその目で見ることができずかれら自身の経験では理解できないことを、納得させるにはどうしたらいいのだろうか？

そのときの私は、移行は1種類だけだと思っていた。それは、ジェンダー二元論の片方の側にいる人間をもう片方の側に連れていくことを意味するあらかじめ定義された一連のステップで、私のジェンダークィアのアイデンティティに合うものではなかった。移行にまた別のやり方があるとわかったのは、「ジェンダーオデュッセイ」[*1]の「ジェンダークィアの移行」についての勉強会に参加したときだ。会の進行役で、同時にgenderqueer.meのブロガーでもあるマイカが、いくつかの選択の自由を持つものとして、移行の考えを紹介してくれた。私たちはこうした選択の自由とはビュッフェのようにほしいものを選び、あとは残しておくということだと学んだ。たとえば、医療的移行ではなく、社会的移行も選択できるのだ。このセミナーは私にとってきわめて重要なものとなった。私の心を大きく開かせたといってもけっして言いすぎではない。

私はこの熟考すべき新しい情報を得て、男性寄りの傾向を持つジェンダークィアとしての自分のアイデンティティを尊重していく計画を立てた。法的に名前を変え、テストステロンを試してみる。「T（テストステロン）」をこの先ずっと続けるのかどうかはわからないが、ホルモン治療をやってみたいと思っているのは確かだった。計画を思いつくまでは簡単なことだった。もう一度言おう。難しいのは妻に打ち明けることだったのだ。私は彼女にすぐには話さずに、その代わりにこれらすべてが自分にどういった意味を持つのか考え続けた。話す前に自分の選択したものをきちんと確認したかった。話すのが遅れた理由は、ただひとつ、妻がどんな反応をみせるだろうかという不安によるものだった。彼女が親しい友人たちの移行をなかなか受け入れられないでいるのを見ていたのだ。

妻に、テストステロンを始めて、名前を変えたいと思っていると話すまでの数年間は、自分のアイデンティティの解明に没頭し、最後の1年間は、移行について考えに考えた。そしていったん決心がつくと、今すぐにでも開始したくなった。ところが、話を聞いた妻は不意を突かれて仰天した。彼女はそれをこんなふうに言った。「あなたは、私に何を話すかを考える準備に何年もかけたけど、私には考える時間をいっさい与えたくないのね」そのとき、私が自己弁護に徹したのを自慢しようとは思わない。あとになって、私があまりに長く秘密にしていたために妻を不利な立場に追いやったとわかったからだ。私たちは今でも、私の行動とそれに対する彼女の反応がふたりの関係に大きな影響をもたらした状況を、苦しみながら克服しようとしている。なかでも、妻が、私が見知らぬ人のなかにいても男だとパスするようになったために、自分のクィアネスを人から見えないようにしようともがいていることを。私もまた、自分の明らかに目立つクィアネスはぬぐい去ろうとあがいている。そしてときどき、私たちふたりのためにはこの道を選んで良かったのだろうか、と罪の意識を感じるのだ。正当なレズビアンとは見てもらえなくなったと思っている彼女のように、私も、もはやほかのクィアたちから仲間のひとりとして見てもらい、認めてもらうのが当然だと思うことはできない。この、人から見えない苦しみがいつかは消えるのか、それともそんな日がはたしてやってくるのかどうかもわからない。

ありがたいことに、私の移行が両親との関係にダメージを与えることはなかった。名前を変えようとしていることを、許してもらえるようにと願いながらママに話したときは、難しい会話になった。私の名前は、彼女自身が時間をかけて考えてつけてくれたもので、名前を洗礼名に変えたいと思ったときも、自分の名前にまつわる話を大切に守ったのだ。母は自分の感情と折り合いをつけるのに時間を必要としたが、私を愛しているからその決断を支持すると言ってくれた。

仕事の上司たちへのカミングアウトは首尾よく行った。どうやって切り出そうかと数日間考え、新しい名前とテストステロンによってこれから起きる身体の変化について伝えるべきことを何度も練習した。部長が非難めいた態度をいっさい見せずに、会社の同僚たちにはどう伝えたいのかと尋ねてくれたのは嬉しい驚きだった。私は自分自身でeメールを書き、みなさんから私の代名詞に対しての理解と配慮をいただきたいのだと明確に伝えることにした。同僚のほとんどは男性で、びっくりするほど協力的だった。幸せな驚きだった。

もっとも簡単だったカミングアウトは、子どもたちに話したときだ。末っ子がもうすぐ4歳になるという時期に、私はテストステロンを開始した。彼女はいつも私にはhe/himの代名詞を使い、「マミー」とも「ダッド」とも呼びかけてくれていた。ときには「ヒー・マミー(he-mommy)」〔男のマミーの意味〕と呼んだ。8歳になる現在も、he/himの代名詞を使いながら私をマミーと呼ぶことになんら問題を感じていないようだ。上の子は、私が産んだ子どもで、その当時14歳になっていた。彼はこれからどうなるのか、私がどう変わるのかと心配していたようだ。そのころから数年間、ふたりでずっと続けているジェンダー・アイデンティティについての話し合いにはずいぶんと助けられた。彼はひとつだけお願いがあると言った。私をずっと「マミー」と呼び続けたいのだそうだ。

見知らぬ人たちへの対応は、より簡単な場合――かれらの反応に感情移入が少ないとき――とより難しい場合――かれらに感じ良くあろうとする理由と理解しようという動機が少ないとき――がある。医療的移行をする前、私はほとんどいつも男性だとみなされていて、女性と見られる機会がわずかに残っているのがひどく煩わしかった。いったん、移行を決意すると私のエネルギーのなかの何かが前面に出てきたに違いない。まだ声や顔がはっきりと変化する前だったにもかかわらず、そのころにはさらに頻繁に男性にみられるようになったのだ。いぶかしげな表情や、冷淡な反応や、いくつもの質問を覚悟していたが、人というものは努力して蓄えたエネルギーに対してはそれなりの反応を示す傾向があるようだ。私が自分の男らしさに自信を深めていくにつれ、人から男だと思われるのが当たり前になっていったのである。かつては、もしも公の場で、男なのか女なのかと訊かれたらどう答えようかとあれこれ考えたものだ。それが大人からの質問なら、「違います」「そうです」「上記のすべて」〔公的な質問シートの３種類の答え〕と書かれたものを読むような返事をしようと思っていた。でも大人たちはまずそんな質問はしてこない。してくるのは子どもたちで、それはかれらが素晴らしく正直で率直だからだ。大人は尋ねなければ私のジェンダーがわからないとき、きまり悪そうにし、いらだちを見せ、ときにはひどく怒りだしたりする。その対応には混乱してしまう。なぜ気まずい思いをし、腹を立てるのだろう？　私が何をしたというのだろうか？

私は近ごろやっと、狼狽や当惑は「恐れ」に向かう入り口車線（オンランプ）なのだとわかってきた。何が起きているのかわからない恐怖、誰かが自分たちの無知を笑うかもしれないという恐怖、誰かの性別を間違ってまごつく恐怖や、その人たちの怒りや仲間からの嘲笑に対処しなければならないことへの恐怖。私のアンドロジニーはかれらを肉体的に脅しはしない。だが、私のアンドロジニーである存在がもたらす混乱が感情的な脅しに姿を変えているのだ。自分たちの世界観にまるで救命ゴムボートのようにしがみついている人たちにとっては、その世界観の正当性が疑われる状況は脅しとなるのだろう。そして、ジェンダー二元論に基づいた生物学に執着する人たちは、ジェンダーのラインを飛び越えている、あるいはそんなラインの存在などまったく信じていない私たちにひどく脅かされるのだ。

恐怖というものは強い感情で、私たちを命にかかわる危険な目にあわさないよう素晴らしい仕事をしてくれる。さらに、致命的なものではないけれど不安、困惑、気まずさなどの類(たぐい)を避けられるよう指示するという立派な仕事もしてくれる。

もしあのとき、母が私の男っぽさを恐れなかったら、あるいは私が母に拒絶されることを恐れなかったら今ごろどうなっていたのだろう。もし、恐怖心より自分の強い望みを優先していたら、今ごろどこにいたのだろう。

あの時代に戻れたら何をするかについてあれこれ言うのはたやすい。今の私は子どものころに存在しなかったボキャブラリーや知識を持っている。当時は順応できないジェンダーの島で孤立していて、自分を守り、支援してくれる場所はどこにもなかった。トランスアクティビズムや「ジェンダーオデュッセイ」やインターネットのあるこの時代に生きる子どもだったなら、事情はまったく違うものになるだろう。ときおり、もしホルモンブロッカーを使って胸が大きくなるのを防いでいたら、もし両親が私を「息子」と呼んで he/him の代名詞を使ってくれていたら、今ごろはどうなっているだろうかと、真剣に考えることがある。もし、もう少し早く、筋肉と同じように骨格にも影響がでる時期にテストステロンを使っていたとしたら、私は自分の身体をどんなふうに感じるのだろうか？　もし生き残るため、女の子になりすまさなければならなかった数年間に生まれた悪魔たちと今も戦い続ける必要がないのなら、私の気持ちや感情はどんな状態にあるのだろうか？

今、この時点で、自分の物語（ストーリー）をファンタジーのような魅力的なものに書きなおすことはできない。53歳になる自分が、過去が異なるとどうなるのかもはっきりしない。でも、これまでのすべての旅から恩恵を受けたのはわかっている。私は女性であることによって経験し学んできたもの――レズビアン文化（今も困難に満ちている）、挿入性交を行わないものとしてのセックスの知識、女性差別の実体験、妊娠と出産、ミソジニーとフェミニズムの明確な理解、知識を蓄えて男性の特権を苦もなく手に入れる能力――すべてについて思いかえしている。

私のアイデンティティは、長い旅の最後に待っている目的地だろうか？　それとも、自分にしっくりくる外見や生き方を見つけるまで続ける買い物ツアーのようなものだろうか？　自分について新しい発見をしたら、そのたびに、やっと「その場所」に着いたように感じて安堵の溜息をつく。そして毎回必ず、自分のアイデンティティを疑問に思う地点に着いていることに気づくのだ。

私たちが「あなたは何者ですか？」と訊かれたときの、たったひとつの嘘偽りのない答えは「今ここにいる私です」というものだ。私がたどってきたすべてのことと、大切にしてきたすべてのアイデンティティが、私にとっての真実なのだ。まさに今、私は、身に着けているもの、愛している人たち、感じている情熱と恐れ、心の奥底にしまってある秘密、希望、夢を含めたアイデンティティがユニークに交差する地点に立っている。まさに今、私はポリアモリー〔複数の人との関係を持つこともしくは望むこと〕の作家で、トランスでノンバイナリーを自認する親である。そしてまさに今、自分のしてきた仕事について満足している。その仕事は、本当の自分を見つけて誇らしく思い、「私は何者だろうか?」という問いに答える任務が始まったばかりだと認識するためのものだったのだ。

第14章 信仰をめぐる考察

ジェイ・ウェア
Questions of Faith　Jaye Ware

これまで何度も移行について訊かれてきて、今もなんと答えたらいいかわからないでいる。どんなふうに答えてほしいかはわかるのだ。たとえば、長い道のりで大きな節目になったものを挙げるなら簡単だろう。トランス女性としてのカミングアウト、ホルモン療法の開始、女性として通用（パス）するようになったこと、名前の変更、ジェンダークィアとしてのカミングアウト、髪を短く切ったこと、二度目の名前変更、手術を受ける日が来たこと。それらの出来事がそのたびごとにどんなに重大だったとしても、私の移行が実際はどんなものだったかを伝えることはできない。そう、それははるかに長いあいだ続いていて、はるかに多くのことを含んでいるのだから。そして、それは私が今日私である人間にどうやってなったのかという話で、私のジェンダー・アイデンティティとジェンダー表現はそのほんの一部分なのである。

私は10代になるまでに、自分が人と違っているとはっきりわかっていた。自分が男の子だとは思えなかったし、だからといって女の子だとも思えなかった。だが私のなかのジェンダーの混乱は、「ふつう」でありたい、周囲に溶け込みたいという強い望みによって、いつも脇に押しやられていた。本当の自分でいることは、何かに帰属することに比べればたいした意味を持たなかったのだ。

長いあいだ、私の信仰心は世界に自分の居場所があると思わせてくれた。教会に通って、若い信者たちのグループに入り、毎日かかさず聖書を読み、宿泊行事に参加した。クリスチャンだということは、私のアイデンティティのいちばん最初に位置し、その大部分を占めていた。その他はジェンダーを含めてどれも、それほど重要だとは感じていなかった。

メディアの説明をそのまま受け入れたら、キリスト教信仰にはふたつの相反する集団があると思うかもしれない。クィアを大いに歓迎するリベラルな人たち、そして断固として反対だという保守派の人たち。私の育ったキリスト教の環境では、自分がそのどちらかだと主張する人は少数で、セクシュアリティ――つまり議論になりそうな問題はなんでも――についてはみな一様に話すのを避けていた。この沈黙は、とくに私が所属する教会には色濃く漂っていた。実はもう10年も前に、ホモセクシュアリティに関してまっぷたつに分裂していたのだ。私はややリベラル寄りの人たちと一緒にいたけれど、わざわざ望んでそうしたわけではない。かれらはクィアを批判しなかったが、好意的に語りもしなかった。

答えは自分ひとりで探すしかなかった。自分の奇妙なジェンダー感覚が何を意味するのかわからなかった。オンラインで見つけた信者たちの意見は、「ジェンダークィアはキリスト教精神になんら反するものではない」というものから「標準的でないジェンダーはどれも罪深いものだ」というものまであり、そのすべてが私の混乱を増大させた。私は毎日激しい罪の意識を感じながら過ごしていたが、この混乱を無視して真摯に祈ればいずれ消えていくのではないかと考えるときも、神様はありのままの私を愛してくださるかもしれないと感じるときもあった。だが、何をどう考えてみても、不安な気持ちが消えることはなかった。10代の私に、神様の考えを言い当てるなどどうしたらできるというのだろうか？

当時の私にとって、自分のクィア性を考えるときに中心にあったのは、道徳的に正しいのか間違っているのかという疑問だった。間違っているかもしれないという恐怖によって、混乱と罪悪感はさらに大きくなった。ふつうではないと思われたらどうしようと怯え、友人や家族や教会仲間に拒絶されるかもしれないと考えて恐ろしさにふるえた。私は自分のジェンダーについて絶対に人に言うまいと決めた。夜ひとりでいるときに自分の女性らしさを確認してみることが、このジェンダーの食い違いをやわらげてくれるかもしれないと思ったが、それはうまくいかなかった。男性ではないアイデンティティが心地よいとわかって、人前で男性らしくふるまい続けるのがかえって難しくなっただけだった。

大学に入るまでに、アンドロジナスの方向にゆっくりと移動していった。自分のジェンダーについてはいっさい気づかれぬように、社会の期待する男性としてふるまっていたから、大学のキリスト教団体(クリスチャンユニオン)に入るときもなんの不安も心配もなかった。そこは同性愛嫌悪の教えで知られていたけれど、仲間とのつながりや帰属意識を育む多くの活動を行う、明るく活気に満ちたキャンパス内のグループだった。地域のボランティア活動に力を入れている福音主義の教会にも通い始めた。日曜日にたくさんの良い教えを唱えるのと同じくらい、たくさんの善行を積もうとしている信仰に満ちた人々の輪に加わりたいと思ったのだ。クィアだと知られたら厳しく批判されるのはわかっていたが、それは私にとってたいした問題ではなかった。気づかれることなどありえないと信じ込んでいたのだから。

信者たちの前では男らしくふるまい、それ以外のときは、自分の男女両性性を大事にしていた。今になって思えば、明らかに穴の奥底へ落下する一歩手前にいたのだ。それなのに周囲に溶け込む必要性と、ありのままの自分で心地よく生きたいという欲求がうまく両立できていると思い込んでいた。

当然起きることになっていた出来事は、すぐにやってきた。あるとき、学内を歩いていて聖書研究会の仲間の女子学生にばったり出会った。その日はたまたまマニキュアを光らせてアイライナーを塗っていた。男としてのルールをそれほどひどく逸脱しているつもりはなかったが、彼女のよこした嫌悪のまなざしは、まさに私がやってしまったことを瞬時に伝えた。黙ったまま距離をとって歩きながら、自分が取り返しのつかない失敗をしたとわかってきた。すべて許されて忘れてもらえればというむなしい期待を胸に、最後に一度だけ、聖書研究に参加したが、あの女子学生からの軽蔑の視線と、何人かからの身の置きどころのなくなるような悪意に満ちたコメントをもらっただけだった。噂は広がり、クリスチャンユニオンからはゲイの一件として片づけられてしまった。もはや、迎え入れてくれる人も話しかけてくれる人もいなくなった。

かれらがクィアたちに対してどんな態度をとるかずっと見てきていたから、拒絶されても驚きはなかった。それでも地獄を見たようにつらかった。自分のクィア性を公にするきっかけとなる希望の兆しは、実はそんなところにあるものだ。ある金曜の夜だった。その週はずっとどこかのタイミングで勇気を出して友人たちに打ち明けようと思っていたのだが、チャンスがあるたびに怖気づいてしまっていた。金曜になって、もうどうにでもなれという気持ちで、やりなおしのいっさいきかないあるプランを思いついた。私は友人たちに地元のパブで会おうと声をかけ、スカートをはいてそこへ出かけていったのである。

1マイルあまりの道をひとりで歩いていく途中、神経がすり減っていくような気がした。どう話せばいいのかそのときになってもまだ考えがまとまっていないのだった。最悪のシナリオが頭のなかを駆けめぐり、何度回れ右して家に帰ろうと思ったことか。友人たちに会ってみると、結果はあっけないというよりほかはなかった。誰ひとり驚く様子を見せず、唯一の反応といえば、その服似合っているよというほめ言葉だけだった。その夜から数週間にわたって、ジェンダーについて説明し、質問に答えることに最善を尽くした。自分はジェンダーコンフューズドで、ジェンダークエスチョニングで、クロスドレッサーで、トランスジェンダーで、トランス女性で、女でも男でもない人間なのだと……。

もっとリスクが少ないやり方で秘密を明らかにし、もっと上手に考えをまとめて話せたのかもしれない。でも、ジェンダーを公にしたことが、自分がどう感じているのかを、そしてさらに重要なことには、次に何がしたいのかをはっきりさせてくれた。もはや男として生き続ける選択肢はないような気がした。

女性に移行することがそれに代わる正しい道のように思えた。数か月後、私は自分をトランス女性と呼ぶようになっていた。もし少しでも迷いを見せたり、自分のジェンダーは女性だと主張する自信に欠けたりしていたら、まわりの人は私の移行を真面目に受け止めないだろう。その先の3年間は、女性としてパスすることを自分のゴールとした。

次の大学の休みに帰省して両親と友人に打ち明けた。私の故郷は住人の誰もが互いの事情をよく知っているような英国の小さな村で、私のカミングアウトが知れわたるのも時間の問題だった。友人や家族から、人々が私をどんなふうに思っているかが聞こえてき始めた。すべての声が冷淡なものだったわけではない。それでも私の告白のせいで離れていく友人はいた。幼いころから通った教会にも、移行を道徳に反するものだとみなし、今後はいっさいかかわりたくないという人たちが現れた。クリスチャンユニオンには拒絶されたけれど、こともあろうか、自分の教会の人たちからも受け入れてもらえないとは。私は心を引き裂かれる思いだった。

結局のところ、信者たちのコミュニティが私を拒絶したのか、私がかれらを拒絶したのか、それともその両方なのかはわからない。私は自分の教会にも、そのほかのどんなキリスト教の教会にも二度と足を踏み入れることはなかった。教会に集まってくる人たちのうちの何人が真剣に私を拒もうとしたのかわからない――おそらくほんの一握りの人たちだったのだろう。だがそれは、何も変わっていないかのように迎えてくれさえしたらと願う私の希望を打ち砕くには十分だった。わずかな人に憎まれるのも、教会全体から糾弾されるのと同じくらいつらいことだった。この経験は、私の目を争いの種になるという問題に向けさせ、どんなケンカや不和の原因になるリスクも避けたいと思わせた。長く通った村の教会は、私にとってあまりにも大きな意味を持っていたのだ。

クリスチャンとしての道を歩み続けることはなおも可能だった。私のジェンダーを気にせず自然に接してくれる信者たちのいるクィアフレンドリーな教会に通うこともできた。だがそれは怒りと憎しみの感情と、キリスト教信仰は自分に合っているのかという疑問しか残さなかった。私の存在そのものの倫理性について牧師と監督が話し合いを続けていると知り、徐々にふくらんでくる疑念に耐えられなくなったのだ。

私は別の宗教的な生き方を探し始めた。多神教的女神信仰のウィッカ信者から、仏教徒へ、そしてユニテリアン主義者へと道はつながっていった。ひとつの宗教にこだわらず、何が正しいと感じられるのかをより重視するようにした。そのときも価値観は、愛、許し、思いやり、慈善の心を中心においていたが、それまでとは違う道が、私の宗教的な憧れを満たし、人としての成長を促すことになった。

私はウィッカの「互いに干渉せずに共存する」〔自分も生き他をも生かしめよが本義〕という道徳に対するアプローチで解放された気持ちになった。私自身と私のジェンダー感覚は罪深いものだという恐怖と罪悪感でがんじがらめになった年月から自由になれるように感じたのだ。ウィッカの信者たちのジェンダーに対する考えは、トランスであることへの見方を変化させ、もっと気持ちを楽にして向き合えるようにしてくれた。かれらは、創造主は平等な関係にある神と女神で成り立っていると信じていた。もしも創造主が女性と男性のふたつの面を持つのであれば、男と女の両方として、またどちらのジェンダーにも完全には当てはまらずに生きてきた私の人生に、なんら恥じるところはないだろう？

私は数年のあいだ、その道を歩き続けたが、なおも広くほかの信仰と伝統について本を読んだ。東洋の宗教の教え、なかでも仏教と仏教の教えるマインドフルネスは心に響いた。意識を「今、ここ」に集中させると、不安感や、将来への心配や、過去の失敗へのこだわりが少しだけおさまった。自分が人生でどこへ向かっているのかがわかりかけた時期に、仏教はものごとの善悪を通してもっと系統的な考え方を示してくれたのだった。

だが、私は仏教のいくつかの教えに、自分の以前から持っていた考え方とは食い違う点を見つけた。仏教では強い望みを、助けにならないものと教える。持っていないものをほしがり、すでに持っているものを失う心配が苦しみを招くと説いているのだ。さらに自己というものは存在しない、そして、自己のアイデンティティへの固執は自分独自の生き方にこだわることで、人を苦難へと導くのだとも教えていた。こうした教えは、よく理解できたのだ——移行についての思いと、仏教の教えを両立させようと試みるまでは。私は独自の身体を持ちたいと望んでいるのではなかったのか？　私の独自性に気づいてほしいのではなかったのか？　自分独自のジェンダー・アイデンティティに合うよう努力しているのではなかったのか？

そのころには、心のなかの理想のイメージに合わせたいと望む気持ちによって、四六時中、移行について考えるようになっていたのだ。実際はそのイメージは時とともに変化したし、どんなふうにトランジションしたいのかもよくわかっていなかった。だが、私の気持ちの中心は、自分の身体と社会が今と違うものだったら良いだろうにという思いから、自分のジェンダーへの不快感を少しずつでも時間をかけて減らしていくには何ができるか、へゆっくりと動いていった。そして、自分のコントロールできないものをすべて手放してみようとしていた。

長いあいだ、私はウィッカと仏教の中間にいて、両方の宗教の教えを追い求めてきた。そして最終的には、ウィッカの女神と神の存在がどんどん小さくなっていく地点に行きついた。すでにジェンダークィアとしてのアイデンティティを持ち始めていたので、女性と男性という見方でジェンダーをとらえる教えや儀式にかかわるのが難しいと感じるようになっていたのだ。私は祭事である「サバト」を祝うのを最後に、重苦しい気持ちでウィッカの神々に別れを告げた。

それでも、私は自分の宗教性の核となる部分が急激に変化したとは感じていない。今もなお、それが私は誰なのかということの大部分を占めていると思っている。キリスト教、ウィッカ、仏教はみな、あなたの隣人を愛し、他人の存在を傷つけず、思いやりを持ちなさい、というメッセージを分け与えてくれる。そしてそれらはすべて、人生のそのときどきに、私が誰なのかを理解する助けになり、世界に自分の居場所があると信じる力になるものなのだ。

宗教的な紆余曲折と同じように、私の移行もまた、最後にどこへ連れていってくれるのかはまったくわからないものだった。最初のカミングアウトは、話を聞いた人たちにとって実際に目にする初めてのトランスジェンダーかもしれないと本当に不安に感じたものだ。そのあと、しだいに見知らぬ人の凝視やトランス嫌悪のコメントは少なくなってきたが、それでも完全に女性としてパスするかというとけっしてそうではなかった。あまりにも多くの人が、以前の私とトランジションを始めた私を知っていたのだ。そこで私は大学を卒業するのを機に、真新しいスタートを切ろうと考えた。

私は過去の自分を知る人のいないスコットランドへの移住を決めた。最初の2年間、トランスであると打ち明けたのは、同じトランスたちと、ほんのわずかなクィアの友人だけだった。当初、女性として通用することは大きな安心感をもたらした。自分のめざすイメージとちぐはぐな見た目を整えようとするときの混乱や困惑がなくなった。ジェンダー違和も常に感じるものではなくなった。数日間ひどく悩まされたかと思うと、間違った代名詞が私をかき乱す前に、頭の内部で言い換えてしまえる日もでてきた。

私の移行においてもっとも重要な部分はそうした社会的な面だったが、まだときおり自分の身体がひどい不快感をもたらす状態は続いていた。私は自分の身体に満足したことはなく、いつもどうにかその負の感情を脇に押しやっていたのだ。トランス女性だと公にすると、それらの感情がすべて表面化してきた。私の身体は常に、自分が出生時に男性という性をあてがわれたことを思い出させた。

今がまさに、ジェンダークリニックに行って、ホルモン療法を始めるべきときだった。開始したエストロゲンは見た目を女性らしくするのを助け、状況をよくするために行動しているのだという感覚は私の自己肯定感を高めた。私は手術すると決めて、ジェンダークリニックからの返事が来るのを心待ちにしていた。

女性としてパスすることは、ジェンダーを間違われたときに起きる違和感を軽減してくれた。だが、女性としてパスすることもまた多くのストレスを引き起こすものだった。男性とみられていたときのように、周囲から浮いているのではないかと恐れを感じ、人と違っているのではないかと怯え、誰かが「女性にしてはどこか変だ」と思うのではないかと、常に心配し続けた。しだいに頭が混乱し、以前男性に間違えられたときに感じた落ち着かない気持ちに陥(おちい)るようになった。初めのうちはその感情が流れ込んできても簡単に無視することができたのに、だんだんと自分のトランス女性としてのアイデンティティを疑う気持ちが大きくなっていった。男ではないのはわかっていた。でも女として持つべきジェンダー・アイデンティティがあるとどんな感じがするのかもよくわからなかった。

ノンバイナリージェンダーについて本をもっとたくさん読むようになると、何かがぱっとひらめいた。これはまさしく私の体験を完璧に描いているではないか。完全に受け入れるにはもう少し長い時間が必要だった。いまだにトランスであることについてためらいを感じていて、バイナリージェンダーの世の中で、目立つ人間の典型的な例であるノンバイナリーだという考えにひどく怯えていたのだ。でも、女性と見られたとき、自分がどう感じているかを無視するのはもっと難しかった。カミングアウトしなくてはならない……もう一度。

友人たちへの二度目のカミングアウトを考えると不安でたまらなくなった。真面目に受け取ってもらえないのではないかと心配で、それはとりわけ、最初のカミングアウトが失敗だったと認めなくてはならないという理由からだった。だが実際は、一度目よりずっと順調に進んだのだった。うまくいったのは、たぶん私の友人たちがクィアのコミュニティの仲間で、最初のカミングアウトを支援してくれた人たちだったからだろう。

ちょうど大学院に入る直前で、あらためて新しいスタートを切るには最適な時期のように思えた。私は髪を短く切り、自分のジェンダーをより曖昧なものにした。名前は男女の区別がないものに変え、代名詞もジェンダーニュートラルなものを使ってくれるよう頼んだ。大学での生活はおおむね順調で、周囲からはほぼ受け入れられ、代名詞も希望どおりに呼んでもらうことができた。今回のトランジションは安心して過ごせる学生団体に入ったことで首尾よくいった。私はノンバイナリーアイデンティティを受け入れている人たちや、詳しい知識を持っている人たちと親しくなり、そこではもう、私のジェンダーはたいした問題ではなかった。

大学の外では話はもう少し複雑だった。気にしていたのは人々の反応ではなく、出会う人ごとに自分のジェンダーについて話し、ニュートラルな代名詞を使ってもらうよう頼み、間違ったときに訂正する必要があることだ。ときにはノンバイナリーとは何かを説明し、同じ質問に何度も繰り返し答えなければならなかった。みんなにノンバイナリーについて説明するのはなんでもなかったし、常に間違えられることを思えば、きちんと自分の代名詞について話すのははるかに素晴らしいことだった。だが、いつまでたっても説明するのに慣れず、どう話せばいちばん良いのかもよくわからなかった。ときには疲れ果てて、ストレスでいっぱいになった。今でも、自分の代名詞についてお願いしたり、訂正するときは緊張してしまう。相手がどんな反応をみせるかいつも心のなかで怯えていて、その代名詞が争いのきっかけにでもなったらどうしようかと心配している。

ジェンダークィアとして受け入れられるようになると、今度は、そもそも自分はホルモン治療や手術を望んでいるのだろうかと考えるようになった。どの選択をすればいいのかを比較して検討するのは不可能に思えた。エストロゲンかテストステロンのどちらかを、ペニスか膣のどちらかを選べば、間違いなく良い人生が送れる、なんていったいどうやったらわかるというのだろう? なかなか答えが見つからない私は、今の生活を変えずに女性化を促すホルモンを続けることにした。手術について決めるのはもう少し先にした。いずれにしても健康状態に問題を抱えていて、すぐに受けるのは難しかったのだ。

それから5年後、手術をどうするかという問いとの決着がまだついていなかった。ボトムサージェリー〔性器に対する手術〕を受けているノンバイナリーについての情報はきわめて少なく、それを考えることさえふつうではないという状況に不安を感じていた。でも、身体の不快感を減らすためには何かをせずにはいられなかった。ジェンダー・アイデンティティを見誤ってきたことを思い出すと、今回の自分の判断を信じていいのかどうか自信が持てなかった。同じ理由で、自分の決定に対する疑いについては誰かに打ち明けるのもためらわれた。手術を終えたあとに、不快感を持ち続けるのではないかと恐ろしかった。でも今回は、私の身体が以前のように男性に寄りすぎるのではなくて、女性らしくなりすぎるのではないかという心配だった。

最終的に、私は手術――膣切開術なしの陰唇形成術――を受けることを選んだ。膣のない女性的な外性器を持つのは、手術をしないのと、トランス女性の受ける典型的な手術をするのとの中間地点のような気がしていた。手術を受けたあとにどんな気持ちになるだろうかと想像して頭のなかが混乱したが、これは正しい判断なのだという自分の直感を信じた。

何年にもわたってジェンダーを考えてきて、見つかったものは答えより問いの方が多い。私の移行と信仰が旅だとしたら、それは地図もなく、コンパスもなく、目的地がどこかもわからないものだった。でも答えがぜんぶ出るまで待っていたら、どこへもたどり着かなかっただろう。これまでの人生での体験すべてが、今日ここにいる私を作ったのだ。今でも自分のジェンダー・アイデンティティが少しでもわかるようになったとは思っていない。でも、自分でいることがもっと心地よくなったと心から感じている。

第15章　あなたのニブリングだとカミングアウトする
――知り合いみんなにジェンダークィアだと話して何が起こったか

シンクレア・セクスミス
Coming Out as Your Nibling: What Happened When I Told Everyone I Know That I'm Genderqueer　Sinclair Sexsmith

２０１３年も終わるころ、私はFacebookの個人アカウントにメッセージを投稿し、いとこ、おばおじ、高校時代の友人、元仕事仲間などできるだけたくさんの人をタグづけした。ふだん私のFacebookはプロフィールの公開を制限していないから、友達でいる人なら、私のジェンダー・アイデンティティについて基本的なことは知っていたと思う。

でもかれらの多くとはこれまでに親しく話す機会はなかったのだ。

私はアメリカ太平洋岸の北西部で生まれて大人になった。怒りや反対意見を表に出さない土地柄で、私の家族も言い争いを好む人たちではなかった。ぶどう畑で兄弟たちから、叔母やいとこがときどき私のジェンダーについて訊いてくるという話を耳にしていたが、叔母たちに面と向かって尋ねられることはなかった。

私は日常生活において、自分の何もかもを完全にさらけ出していると感じていた。私のジェンダーやセクシュアリティについて何も知らない人はわざわざ尋ねてこなかったように思う――訊いてくれたら話しただろうけれど。ひとつには私のジェンダー表現が、私をクローゼットに隠しておかなかったということがある。つまり、約15年ものあいだ、もっぱら男物の服を着て、髪を短くし、ときにはあごの毛をヤギのひげのようになるまで伸ばしていた。私の外見には、明らかに伝統的な女性らしさや女っぽさではないものが存在したのだ。だが、人々はそれに対して、かれら独自の結論を導き出していた。フェミニストである両親は、私が家父長制度の社会で生きる手段として女性らしさを拒絶していると考えて、着たい服を着ている私を見守ってくれた。ときどき試しているカフスボタンやネクタイや、都会風の男性服にはちょっと混乱していたけれど。ある人は森林や熱帯雨林のなかで育った者の自然なジェンダー表現だと受け取り、ある人は「ゲイ女性」の典型だと決めつけた。

それらは当たっているともいえたし、当たっていないともいえた。そこで私は、Facebookを通じて、自分の代名詞についてみんなにお願いしたらどうなるか、ちょっとやってみようかなと思ったのだった。

以下が、私が公表したメッセージだ。

親愛なる家族と友人たちへ

どんな理由であれ、私をFacebookで見つけてくれた子ども時代とハイスクール時代の友人たちに、それからたまにしか会わない親戚のみなさんに、そしてたぶん個人的におしゃべりをしなかった前の職場での同僚の方たちに、とくに知ってほしくて書いています。

みなさんにお話ししたいのは、私がジェンダークィアだということです。それは、毎日を「男」と「女」の中間地点で生きていて、私のジェンダーが一般に知られていないために起きる、ありとあらゆる種類の日常のやりとりを経験しているということを意味します。食料品店では、「あなた、男の子と女の子のどっちなの？」と訊いてくる子どもたちがママに黙りなさいと叱られて去っていき、女性用トイレでは小柄な老齢の女性たちが目を見開いてゆっくりとあとずさりし、結局、私の脳裏によみがえるのは彼女たちの顔に張りついた困惑と防御の表情だけとなり、接客係からはいつでも「いらっしゃいませ、サー？　あ、マダム？　えーと……？」と対応されるといったように。

その混乱が、つまり中間地点にいるというその状況がまさしくジェンダークィアです。それが私という人間なのです。私は男女のどちらでもなく、男女のどちらでもある。私は中間地点に存在しているのです。

もうすでにそんな私をご存じかもしれません。Facebookで私をフォローして私の活動を気にしてくれているみなさんは、私がクィアであると知っているかもしれません。でももっと知りたいのではと思い、少しのあいだ、私のジェンダーについていくつかお話しするつもりでいます。

ジェンダーについて

私は自分をブッチだと思っています。自分が男性的であると自認していて、「トランス＊」コミュニティのジェンダークィアの部分に入ると考えています。私は「トランスにアスタリスク」を、中間地点に位置すると感じるすべての人と、ひとつのジェンダーからもうひとつのジェンダーへ移行している人たちを包摂するアンブレラタームとして使っています。私はこれまで長いあいだ、「ブッチ」だと自認してきました。おそらくみなさんは、私がこの言葉を使っているのを聞いたことがあるでしょう。私はこの言葉を、出生時に女性という性を割り当てられた男性を自認する人を表すアイデンティティだと考えているのです。私は自分を男性だと思っていますが、ジェンダーに対する政策や理論やコミュニティについて掘り下げると、「女性」と「男性」のふたつの枠では、あまりにも締めつけや限界があって心地よく過ごせないように感じています。

私にはここ数年のあいだにきわめて重要だと思ってきた考えがあります。それは、私のような――男性的な特質を持ち、ジェンダーとパーソナリティの特徴が流動的で、ジェンダーの役割によって限界を感じたり、ジェンダーへの監視によって抑圧を受けたりしない――人間が、ひとつの政治行動として、また「女性」が何になれるかという可能性を広げる手段として、女性であると自認し続けるべきだということです。それが本当に重要なのです。私は今もなおその考えは真実であり、私のような人たちを力強くサポートするものだと信じています。

問題は「女性」が私にまったくフィットしないところです。私は10代のとき、底の見えないうつ状態（たぶん、私が全身黒ずくめの服を着ているという理由で、校長先生のところに行かされたのを覚えている人もいますよね）になり、「女性」や、大人の女らしさという考えにいつも苦しめられていました。こんな背景があって、いったい何者になるのか想像もできませんでしたし、正直に言えば、今もわかりません。

でも多少の困難を伴うとしてもジェンダー規範の外側で生きるという、つまり、この中間地点にいることは、私にとってすごく道理にかなっているように思えるのです。

代名詞について（この章は大切です）

この何年かは、代名詞について質問されると、三人称の代名詞である they/them で呼んでもらえると嬉しいと答えています。つまり、私について話すとき、「they はパシフィック・クレスト・トレイルを歩き通そうとしているけど、それ、本当だよ」とか「they がまた本を出すって聞いた？」とか「them と一緒にいるとほんとに楽しいんだ」といったように。

ね？　簡単でしょう。

最近では、お気に入りの代名詞は何かと訊かれたらこんなふうに答えています。「they/them が好きです。でも何でもかまいませんよ。訂正したりしませんから」と。私は違う代名詞を使われても気にしませんし、うんざりしたりもしません、でも誰かがよく心得ていて、they/them を使ってほしいと願っている気持ちを大切にしてくれると、わかってもらえているのだなと感じるのです。

ジェンダーニュートラルな――正確に言えば he や she ではない――三人称の代名詞にはまた別の使い方の自由が存在します。「they」は物書きの私として思うに、それを使って文章を書くといちばんよく調和するのです。私は人に対しては、本人が望んでいる呼び方で呼ぶべきだと心の底から信じていて（それはうちのママの偉大なる信条であるわけですが）、いつも代名詞を尊重することに全力を注いでいます。でも同時に、動詞の活用形や、文章に合うかどうかにもすごく気をつかっているのです。

ある種の人間――とりわけ英語を専攻して（そう、私のように）文法のルールにこだわる人たち――は「単数の they」はその呼ばれ方からして文法的に間違っていると言います。でも、そうじゃないんです。もう何百年も前から文学において、単数のtheyは使われているんです。興味があったら、調べてみてくださいね。[*1]

どうして大切なのか？

私はこれまでどんな家族——身近にいても遠くにいても——にもちゃんと座ってもらって「ねえ、私に、they/themの代名詞を使ってほしいんだけど」と話したことはありません。いつも訊かれないかぎり、こちらからは話さないのです。最近はなぜみなさんに話さないでいたのかをよく考えるようになりました。自分が何を怖がっているのか、何がこの会話をすることから遠ざけているのかを。

理解してくれないのではないか、尊重してくれないのではないかと、恐れているわけではないのです。たとえそうだとしても、それはそれでかまわないのです。私はいくつかの素晴らしいトランスや、ジェンダークィアや、ジェンダーフォワードのコミュニティに属していて、そこは現状改革主義と、尊敬、擁護、理解しあう気持ちに満ちています。とてもラッキーなことに、そこでの活動には一体感があり、自分が評価されていると感じるのです。

実際、私はみなさんの大部分が、心から私の選択を知りたい、尊重したいと考えてくれているのだと思います。おそらく興味を持ってくれているとも思っています。でも理由はさまざまだとしても、私（そして、たぶんみなさん）の西海岸特有の繊細な気持ちが、私たちを具体的な会話を交わすことから遠ざけているのです。

さあ、いかがでしょうか。お話ししてきたことは私が特別に秘密にしている情報でもなんでもなく、何かの始まりになるもので、よかったらジェンダーについて一緒に話しませんかという提案です。

実は、こうした会話の場や、私のジェンダーや代名詞を尊重してもらう機会を作らないことが(たとえみなさんにとっては奇妙でとっぴで理解できない話だとしても)、私たちの親密さに限界を設けているのです。私が、自分をちゃんと知ってもらうチャンスを差し上げてないってことになるのです。そしておそらく……みなさんはそのチャンスがほしいと思ってくれているでしょう。私たちの関係に、新しいものが現れるかもしれませんから。

あるいは、こんなふうに、軽くあしらうかもしれません。「うん、オーケー、どうでもいいよ」って。それもまたありだと思っています。

もし何か質問があったり、ジェンダーについていろんなことを話したりしたければ、いつでも待っていますよ。どんどん訊いてほしいんです(いつもはそういう変わった質問はしにくいから、この機会に訊いてみたいかもしれないですね)。でも質問の前に、いくつかの基本的な用語や概念や考え方は「the GENDER book」[*2]のウェブサイトで調べておくのもいいですよね。

ああ、まだ何も話せていない気がします。「たいして重要でないこと」ばかりつぶやいていたように思います。だけど、実際、私たちのあいだには小さくても重大な壁があるんです。

心を込めて。

きみと高校の英語の授業で一緒だったアイツ

あなたの前の同僚
きみのいとこ
あなたのニブリング（姪と甥のジェンダーニュートラルな言い方です。知っていますか??）
あなたの孫
あなたの幼いころの友人の、年上のきょうだい
きみの6年生のときからの親友
自分がクィアだと知る前に、きみにお熱だったあのクィア
シンクレアより

追伸　これを読んでいるクィアやジェンダー・ノンコンフォーミング諸君へ。このアイデアを遠慮なくきみ自身のFacebookに活用してくれたまえ。

私はこれを公表するほどのすごいものではないと考えていた。みんなにとって、すでに私は「見えている」と思っていたのだ。でも、私がめちゃくちゃ緊張して書いたものを公表してからずいぶんと長い時間がたった。私は自分のメッセージを何度も何度も読みかえしてみては、記憶をよみがえらせていた。最初は、なんの反響もなかった。誰か読もうとしてくれただろうか？　誰か「わかってくれた」だろうか？　打ち捨てたとか、友達リストからはずしたとか、スルーしたとか？
返事、それが来たときは、嬉しかったよ。ほんとにたくさんのコメントに泣かされた。

いとこが書いてきた。「話してくれてありがとう！　ぼくも今では、いとこのきみのアイデンティティを男か女かと選ばせるFacebookには、心底がっかりしているよ！　ガオー」

高校の英作文の授業で隣に座っていた懐かしい友人はこう書いてくれた。「閉鎖的に見えがちな人間にあなたの考えを伝え、手厳しいけれど同時に愛情深くもある世の中に向けてあなたの気持ちを公開し、自分ではっきりと理解し、尊重し、賛美しているあなた自身を見せてくれてありがとう。みんなや私に、あなた本来の姿（とあなたの心を！　そう、その心をね……）を賛美させてくれて、あふれる友情にひたらせてくれて、ありがとう」

叔母はこんなコメントをくれた。「ありがとう、私のニブリング。あなたのメッセージは私の目を大いに開かせ、まるで私に向けて書いたと思えるほど心に響きます。「the GENDER book」に関心を持ちました。もっと勉強しなくてはと思っていますよ」

多くの人が「遠慮しないで、訊きたいことはなんでも訊いて」という私の申し出に応じたわけではなかったが、みんなに思いを伝えられたのは気分がよかった。質問は歓迎するし、わからなくてもまったくかまわないのだと明らかにしていることがそういう気分にさせてくれた。ときどき厄介な質問が来ると、ジェンダークィアやトランスたちについてそこまで訊くべきではない理由を説明してから、ともかくもその質問に答えるようにした。

数か月がたった現在も、私の投稿にはときおりコメントや、いいね！が届き、人々はそれについて話しかけてくれる。今回は、こういった傷つきやすい脆弱さを抱えた表現は、世の中で思いやりをもって受け止められるのだと気づかされることになった。私は、世間には代名詞やジェンダー・アイデンティティについて知りたいと思っている人が、それこそ数えきれないほどいるけれど、私たちトランス仲間がたいてい入っているようなジェンダークィアのグループには縁がなく、私たちのジェンダー表現の持つ意味がわからないでいるのだと強く感じている。その人たちは礼儀正しくて、気が小さくて自信がないから何ひとつ尋ねることができず、訊いた人の気分を害すくらいなら、混乱したままでいようとしているのだ。

それについてよく考えてみると、私はこれまでの人生で、誰かが同性愛嫌悪やトランス嫌悪の発言をしている場に居合わせたことはない。それほど真剣に聞いていないからだろうか？　あるいは私のまわりにいるときは、話さないように気をつけているのだろうか？　あるいは私の影響を受けているとか、私がそういう話をしない人たちに囲まれているのだろうか？　もちろん、私の親しい友人は忍耐強いだけでなく賞賛に値する人たちだ。でも遠い親戚は？　前の職場の同僚たちは？　高校や大学のクラスメイトたちは？　これまでの人生で出会ったたくさんの人たち——その多くはFacebookでも友達だ——はわざわざ選んだのではなく、これまで生きてきた結果としてできた仲間たちだ。私は本当にラッキーなのかもしれない。

私はそれを確認してみようと思ったのだ。自分を前面に出し、自分自身と自分のジェンダーと自分の真実を、すぐ近くにいる人たちにはっきりと見せて、無防備になろうとしたのだ。私は知り合いのみんなが、かれらの知っていること、知らないこと、困っていることを持ち寄って話し合える機会を提供したと思っている。私が境界を定めていて、憎悪や嫌悪の兆しが少しでも見えたら、すぐさまその防壁を高くする用意があるのを責めないでほしい。でも、私は懐かしい友人たち、子ども時代に教わった先生たち、普段は会わない親戚たち、元の同僚たちをどこまでも深く信頼している。私がジェンダーグループに参加し、ジェンダーに関する斬新なブログや本を読み、何かのイベントで話すのが大好きなのと同じくらい、私の人生には実際にジェンダーについて勉強したり説明を受けたりしたいと強く望んでいる人たちがいるのだと。そして私の知識が最大限に役立つのは、そんな人たちがいる場所なのだ。私が個人的にふれあってきた人たちの生き方と、私を知り、私とかかわりあってきた人たち自身に向けられたときなのだ。たとえ、それが何年も前の話だとか、限られた状況のなかでの話だったとしても関係なく。

弱さを厭（いと）わない強さから生まれるリスクは、承知していた。ありがとう、友達と家族のみんな。上手に受け止めてくれて。私はもっとちゃんと見てもらえて、もっと自分らしくいられるような気持ちになっている。隠れるのに慣れきっている私にとって、この先は地図にない不確かな領域だ。でもあなたたちとなら一緒に進んでいける。私はそう確信している。

第16章　紫のマニキュア

ジェイミー・プライス
Purple Nail Polish　Jamie Price

今日、私は紫色のマニキュアを塗っている。それが私を幸せな気分にしてくれるからだ。

幼稚園に通っているときに、ひとりの園児から、男の子なのか、女の子なのかと訊かれたことがある。私はからかわれているのかと思い、恥ずかしさで顔を真っ赤にして、モゴモゴつぶやきながらその女児を一生懸命ににらみつけた。やだなあ、男の子みたいで変だと思われたんだ。ちゃんと「女の子」に見えなかったんだ。でも今になってみれば、その子がただ知りたくて訊いてきただけなのだとわかる。子どもというのはとても率直で、よくわからないときは質問するものなのだから。

子どものころは、女の子だと見られても嫌ではなかった。実際、小学校のロケットクラブに入った初めての女の子だと誇らしく感じていたくらいだ。12人の男子と私は毎週集まり、模型のロケットを組み立てて色を塗り、照明をつけて飛ばした。私がクラブに入るまでロケットは「男の子のもの」だった。私に影響されて、次の年はさらにふたりの女子がメンバーに加わった。

だが、変化が起きたのはそのあとだった。思春期に入ると自分の身体に対してはっきりとした不快感を持つようになったのだ。おそらく誰でもある程度はそうなのだろう。日々の変化は自分の身体をあっという間に見慣れないものにしてしまうのだから。でも私の身体への違和感は激しく、そしていつまでも続いた。私は胸を薄く削って、その部分を切り落としてしまおうと考えた。そのあと病院に行って手当てしてもらえば平らな胸が手に入るだろう。痛いだろうけれど、痛みはそのときだけのものだと思った。

13歳のとき、精神科医に、男の子になりたいのだと話した。先生はどんな決定をするにしても第二次性徴期を終えてからにしなさいと言った。

大人になるにつれてわかってきたのは、知っているすべての人が男性か女性のどちらかだということだった。どうやら、それに対して誰もまったく疑問を感じておらず、もしトランスジェンダーなら、その人はどちらか片方からもう片方へ途中で止まらずに移っていく。私のジェンダーがこの先どうなるかについては、シスジェンダー女性とトランス男性のふたつの選択肢しかないようだった。そして私はそのどちらにも満足できそうになかった。問題は、男の子になりたいということではなかった。女の子でいたくなかったのだ。

もし、13歳で移行を開始していたら、「男性」に向かって進んでいっただろう。そして、おそらく標準的な量のテストステロンを接種し、ひげや体毛をはやして、男らしい男性になろうと懸命に努力していただろう。多くの男性――シス男性もトランス男性も――に当てはまると私は思っているのだが、私も結局は、自分の男性的な特徴のどこかに不満を感じるようになってしまっていたかもしれない。これまで女性的な特徴に対して感じてきたのと同じように。

16歳のとき、父に女の子でいたくないのだと話すと、一般的には男の子の方が良いとされているけれどなぜなのか、その理由を挙げて筋の通った説明をするように求められた。答えに困って、とっさに

「男の子は簡単に筋肉が作れる点がいい」と言うと、父は女性にも力の強い人はたくさんいるし、そうでない男性もたくさんいると反論してきた。私には筋肉を作る話などどうでもよく、自分についてうまく説明できずにいただけだったのだ。私は結局、話すのを諦めてしまった。

私はしだいに自分を「ジェンダーの問題を抱える女性」だと考えるようになっていった。20代になると、女性服を着るのが楽しみになり始めた。仕事にどんな服装ででかけようかあれこれ工夫したことを覚えている。色味を合わせたり、2枚のシャツを重ね着したり、服に合わせてネックレスを選んだり、あえてウェストとヒップを強調するようにスカートをはいてみたり。ロングヘアをいろいろな形のポニーテールや三つ編みに結うのも楽しかった。人生においてほんの数回だけど、化粧をしてみて、すごくわくわくしたことを覚えている。でも化粧への情熱は数週間しか続かなかった。肌に心地よくないと感じたのか、もっと試してもきれいになれる自信が持てなかったのかのどちらかだろう。それでも自分をカラフルに飾りつける才能に気づいて、いつも楽しい気分にひたった。私は鮮やかで元気を与えてくれる色合いのマニキュアを嬉々として集めるようになった。

30代が近づくと、自分の名前を呼ばれたり、代名詞の「彼女」や「ミス」を使われたりするたびに不安を感じるようになった。それらの言葉がこれ以上無視できないくらい間違っていると思う気持ちが、どこから湧き上がってくるのかわからなかった。でも「彼」のほうもそれほど自分にぴったりくるとは思えなかった。そのころ、私は移行とは、代名詞を変えてホルモン治療をすることで、社会的な移行と医療的な移行がしっかりと結びついてどちらも欠けていては成り立たないものだと考えていた。もし私が移行したとしても、それに伴う「男性の」身体的特徴は、私がそうなりたくないと常に心配していることで、私の身体やアイデンティティに対する感覚とも、他人の視線や私にかける言葉とも、私の選ぶ服やアクセサリーとも複雑に絡みあうものだった。

そのころ、花嫁の独身女子お別れパーティに招かれた。後にも先にもそれっきりだった。カジュアルな夏のワンピースを着るのを楽しむようになっていたとはいえ、こうした特別な会できちんとしたおしゃれをするのはずいぶんと勝手が違うように感じられた。私は胸元が大きくあいた、いつもよりディテールの凝ったワンピースを選び、ハイヒールを合わせ、髪を巻いてきれいに整えた。そのころよく着ていた服は女性らしいとはいっても、もっと簡素でゆったりとした気軽なもので、気をつかって着なければならないというものではなかった。パーティの夜、まるで女装しているようで、見た人からなんて奇妙な格好だろうとニセモノ呼ばわりされそうな気がしたのをはっきりと覚えている。

もちろん、変わったことは何も起きなかった。私の違和感と不快感はまわりの誰にも見えない。いざパーティに参加してみると、女らしさに圧倒されるようなイベントだった。参加者は女性だけで、会話にのぼるのは、まったく興味の持てない結婚式やドレスの話、聞いていてこれ以上ないくらい居心地の悪さを感じる出産や母乳の話題ばかりだった。私はおしゃべりに興じる女性たちの輪にうまく入れないまま、スーパーヒーローやコンピュータプログラミングの話が出たときだけ、思い出したように口をはさんだ。

親しい友達と一緒にいても、仲間はずれになっているような気がし始めていた。いつもの集まりでカードゲームの「マジック：ザ・ギャザリング」をしていたときのことだ。私はうまくプレイしていて、文句なしの攻撃力と防御力を持ったミニオンの軍勢を展開していた。隣に座る友達が「わお、おまえ、たいした野郎ども（デュードズ）持ってるじゃん」と言った。すると別の友達が声を張りあげて「いいおっぱい（ブーブズ）持ってるじゃん、だろ。胸元あけちゃって」と、ブーブズの響きがデュードズにきわめて近いのを利用したジョークを飛ばした。ゲームのあいだじゅう、大笑いが続いていた。

その日の体験は、これまでずっと感じていた不快感と過剰な自意識をさらに増大させた。私はあの場で野郎（デュード）ではないたったひとりの人間だったから、仲間はずれにされ、自分だけあんなふうにジョークの対象になったのだと思った。性差別的なコメントへの不快感がどれほどだったかをうまく説明するのは難しい。だがあの瞬間、私が胸のあたりに持つ違和感は圧倒的なものになった。結局、私が人前で安心して過ごすには胸バンドをして、女性服のときでさえ、服の下にある胸が平らだとわかるようにするしかなかった。胸バンドは私の毎日のユニフォームになった。

当時、もしインターネットがなかったら、今もまだ、自分の選択肢は男性と女性に限られると考えていただろう。ネットで出会ったトランスジェンダーの人たちの話は、私にとって計り知れない価値をもたらすものだった。新しくできた友達はＦｔＭｔＦ（女性→男性→女性）だった。女性として生まれて成長したのちに、約10年間を男性として生きて、それからふたたび女性として生きる移行をしていたのだ。彼女はその選択のおかげでとても幸せだと感じていた。自分のジェンダー・アイデンティティは長い時間とともに変わっていったが、そうした変化が起きるたびに自分の感じ方に合わせて外見を移行してきたのだと話してくれた。彼女との会話で、移行は必ずしも永続的なものである必要はないと気づかされた。永久にそのままでなくてもよいのだから、生きるか死ぬか、すべてを手に入れるか失うかという恐ろしい決断ではなかった。

数年後、今度はジェンダーフルイドを自認する友達ができた。その人は、何日かはより男性らしく感じ、また次の何日かはより女性らしく感じていて、そのたびに髪型と服装を変えていた。ジェンダー・アイデンティティは永遠に変わらないものでも、常に首尾一貫したものでもなくてよかった。ジェンダー二元論の外側にいる友達をさらにたくさん作り続けると、一人ひとりが、初めて耳にする貴重な話を披露してくれた。

それでも、もっとたくさんの事例が知りたかった。私は次々とYouTubeの動画を見るようになった。あるビデオでは、トランスメールフェム〔女性的なトランス男性のこと〕があごひげを生やし、派手なアイメイキャップをして真っ赤な口紅を塗っていた。あるビデオでは、あごひげもなく、化粧もしない人が、ジェンダーによる個性をいっさい排除した姿を見せていた。かれらの100パーセントの男性性や100パーセントの女性性に執着しない姿に強い共感を覚えた。自分だけのルールを作り、男か女かと決めつける代名詞を避け、女性っぽい男性か、自然なアンドロジナスでいるという考えに魅了された。画像で、男性に見える人たちが、ピンク色やキラキラ光る派手な衣服を着ていたり、感情を込めたしぐさを見せたり、クスクス笑いをしたり、顔を赤らめたりしているのを目にし、すごく解放されるように感じた。

私が見たなかでもっとも衝撃的だった映像は、スティーブン・アイラというトランス男性のものだった。彼は自分は常に人から男性として見られているから、女性に間違われることなく「女らしくふるまい、女らしく装う」ことができるのだと説明した。化粧をしてアクセサリーをつけて、あるいはそれ以外の女性っぽいと受け取られる方法で彼自身を表現しても、人々はスティーブンを「彼」と呼ぶのだそうだ。そのことがどんなに自由な気分にさせるかを語っていた。「女性と見られずに、女っぽいふるまいや服装をする」私もそれがやってみたかったのだ。その気持ちが私に移行を決意させる引き金になった。

初めのころ、移行は気持ちをいらだたせ、多くの緊張を強いるものだった。私は着るものをワンピースや派手なトップスからポロシャツやアーガイルセーターに変えた。それでも人々は私を「彼女」と呼んだ。長かった髪を切ってアンドロジナス風にし、そのあと男性的な髪型に変えた。それでもかれらは私を「彼女」と呼んだ。あらゆる「女性的なもの」を避けようと、宝石類も、女らしく手を動かしながらの会話も、子犬を見てクスクス笑うこともすべてやめた。名前はあえてジェンダーニュートラルなものを選んで改名した。話すときは低めの声を深く響かせようと一生懸命だった。それは私にとって簡単にできるものではなかった。買ったばかりの新色のマニキュアの瓶を、まだ開けていないマニキュアの瓶の横に片づけた。それでもなお、人々は私を「彼女」と呼び続けた。

私は、外見のせいで女性にしか見てもらえないという失望感からホルモン療法を考えるようになった。だが、実際に受けるかどうかについては何度考えても決められなかった。

鏡に映る私は、とくに男らしくもなければ女らしくもないという、自分の期待したとおりのもので、それはまさに……(ジェンダー)ニュートラルな姿だった。問題は自分以外の人についてなのだった。見知らぬ人は私を見て、女だと思い、私に確かめることなくすぐさま女性の代名詞を使い始める。テストステロンが顔かたちを男らしく変え、声を低くするのは知っていたが、変えたい理由が、自分の顔に何か問題を抱えているからではなく、ほかの人が見せる反応に問題を感じるからだというのでは、あまりにも本題からはずれている。ほかの人の目が気になっていてそれを変えるためというのは、ホルモンを接種する正当な理由にならないと思った。

ふたたびYouTubeを見るようになり、さまざまな人がさまざまな量のテストステロンをとっていると知った。低用量での使用はわずかな変化をもたらすこと、ゆっくりとスタートしてもよいということ、しばらく使ってからやめてもいいことも知った。最終的に私の心をホルモン療法に向けさせたのは、ジェンダーに多様性のある人たちが心地よく、幸せだと感じて生きている様子を映し出したビデオ画像だった。私は、変化がよりゆるやかに起きて、よりコントロールできると感じられるよう、可能なかぎり低用量でのホルモン療法を始めた。現在も、私の体内のテストステロンレベルは典型的な男性と女性の値のちょうど中間地点にある。

声はかなり変わってきたが、顔は以前とほとんど変わっていないように思う。私は今も鏡で自分の姿を確認していて、自分はジェンダーニュートラルだと思っている。でも私の見た目が微妙に、でも劇的に変わったのは明らかだ。それは、最近はほとんど「彼女」と呼ばれなくなり、「彼」と呼ばれる回数と釣り合ってきたのである。それは私に、代名詞に対する感じ方を変える余裕も与えてくれた。私を「彼女」と呼ぶ人は無知な人間ではなく、ジェンダーについてあまり深く考えていないふつうの人なのだと思うようになった。

今ではもう女性として見られるのが気にならなくなったせいで、ふたたび女性らしさを自由に楽しみ始めている。ピンクや紫の、前よりもっとカラフルなシャツを買うようになり、話すときに声の高低や顔の表情にこだわらなくなり、ミュージカルやファッションやかわいい動物たちについて思う存分おしゃべりしている。女性らしさをもう一度ゆっくりと人生に取り入れるようにしていて、私はそれらをまさに最初の一歩なのだと感じている。

私はまた以前のように自分がめざすモデルとして他の人に目を向けるようになった。私の何人かのヒーローのうちのひとりは俳優でミュージシャン。彼は才能にあふれ、ハンサムで、魅力的で、どこから見てもセレブリティそのものだ。ストレートの男性だと自認しているけれど、社会がふつうはストレート男性に推奨しないやり方でジェンダーを楽しんでいる。カラフルなマニキュアを塗り、あえて女らしい言葉を使わずに女の子の気持ちを歌うのだ。それを見て私は考えたのだった。彼が女の子と見られることなくマニキュアを塗れるのだったら、私も同じようにできるかもしれない、と。

たとえ、思春期のあとの長い待ち時間が13歳の私が望んでいたものではなかったとしても、31歳になるまでの年月はそれぞれに異なるジェンダーを持つ人たちがそれぞれに異なるやり方で移行をしていると知る機会を与えてくれた。今の私は、自分の選択肢は無限にあるとわかっている。

この2年間で今日初めて、紫色のマニキュアを塗ろうという勇気が湧いてきた。これまでずっと、爪のマニキュアを見た人からすぐに女性だと思われるのではないか、そうしたらこんなに長い時間かけた移行がすべて台無しになってしまうのではないかと心配していたのだ。でも今日は、塗りたかった。もはやこれっぽっちも信じていないバイナリーの世界観のために、自己表現を制限するのはうんざりだった。それに私のヒーローは紫のマニキュアを塗っていて、彼を女の子だと思う人はどこにもいない。

マニキュアを乾かし終えて、ファーマーズマーケットに出かけた。知っている人にも知らない人にも会ったけれど、誰ひとり、私を「彼女」とは呼ばなかった。私はあとから思い出して、今までとは違う低い声で女の子っぽくクスクスと笑った。(ちょっと踊っていたかも。)

今日、私は紫色のマニキュアを塗っている。それが私を幸せな気分にしてくれるからだ。

紫のマニキュアを塗ることで得たこの幸せな気分は、私のジェンダーとは何の関係もない――そして私のジェンダーと大いに関係あるものなのだ。

第17章　地図にない道——アジェンダーの10代を育てて

アビゲイル
Uncharted Path: Parenting My Agender Teen　Abigail

私たちの真ん中の子どもベイリーには、どんな人も受け入れる特別な才能があり、家族や親戚、友人たちはいつもベイリーに引きつけられていました。よちよち歩きのときは、キラキラした瞳とかわいい笑顔で、人を振り向かせずにはいられないほど愛らしく、成長するにつれて、社交的で、落ち着きがあり、きわめて賢く、スポーツが得意だという個性を存分に発揮するようになっていきました。ときおり負けん気がでてむきになって怒ることはあったけれど、よく笑う明るい子どもだったのです。

そのベイリーが中学校に入るとむっつりと黙りこむようになりました。学業に関して厳しい学校でしたがどんな難易度が高い授業でも問題はなく、見ているとどうも気持ちのほうが落ち込んでいるようでした。思春期に入り、ベイリーの自信は日ごとに失われていきました。

ベイリーは変化する身体に苦しむようになりました。ブラジャーをつけなくてはならないことに動揺し、生理の始まりにひどく塞ぎ込みました。私はそうした様子を深刻には受け取らず、身体への違和感のなくなる日が来るだろうと思い込んでいました。私が目を向けたのは、ベイリーのまとまりの悪い髪の毛や、自分の容姿への不満、ときどき話す学校に存在する階級制度でした。私は、女性を外見で精神的に追い詰める、社会にひそむ女性嫌悪の風潮を気にしていたのです。それは今や、なんの苦労もなくそうした世の中の趨勢に逆らってきた私の子どもにまで影響を及ぼしていました。ベイリーの自己不信との戦いは、自分が人からどう見られるかという10代特有の痛ましい自意識の過剰さからきていたのです。

ベイリーはかなり幼いころから、耳を貸そうとする人には誰にでも、驚くほど自信を持って、型にはまったジェンダーはおかしいと思うと主張していました。何年ものあいだ、私はそのトムボーイぶりを大いに楽しんだものです。私には女の子らしい娘がもうふたりいましたが、ベイリーの既成の価値にとらわれない好奇心と性格はとても新鮮で、大きくなったら社会をすべての女性にとってより良いものに変える先駆者的フェミニストになるだろうと、夫とともにたいそう誇りに感じていました。

ベイリーは「ゲイ・ストレート・アライアンス」〔LGBTQ＋の学生とストレートの学生がホモフォビアやトランスフォビアの解消をめざして活動する組織〕に入ってゲイの権利について報告書を書くようになりました。そのあとほどなくして、自分はアセクシュアルだと宣言します。私は動揺しました。ベイリーは私がこれまで耳にしたこともないような多くの用語について知っているようなのです。アセクシュアルという性的指向についてもなぜわずか14歳でそうだとわかるのか理解できませんでした。同性愛者である可能性は高いけれど、まだそれを受け入れていないのではないかと感じました。

中学校に入った最初の数年はベイリーに自分自身のことと、複雑な社会的規範の両方についての多くを教えましたが、8年生の1年間は並はずれて強烈なものになりました。それは友人のジューリーがうつと自殺願望のために入院したことから始まりました。ジューリーは、今現在はジェイドという名前に変えて、代名詞は「she」の代わりに「they」を使っているのだそうです。ベイリーは友達をひどく心配して、ジェイドのママに何度も連絡をとって変わりがないかと訊いていました。私はジェイドが退院したあと、お子さんはアンドロジナスなのかとジェイドのママに尋ねました。（こうした話に疎かったために正しい質問をするための語彙がなく、正直に言えば、私のシスジェンダーの脳裏に浮かんだイメージは、何十年も前のアンドロジナスである『サタデー・ナイト・ライブ』の「パットです」で有名なキャラクターでした。）ジェイドのママは自分たちの子どものジェンダー・アイデンティティはノンバイナリーというものだと言い、その意味を説明してくれました。思いもかけない告白に不快感はありませんでしたが、戸惑いを感じました。

ベイリーのジェンダークィアである友人ジェイドには、なおも厳しい時期が続き、自傷を繰り返し、摂食障害に苦しんでいました。ベイリーが状況を話してくれたので、夫と私もジェイドの苦しみを放っておくことはしませんでした。ジェイドが両親に黙って剃刀を隠し持っているとベイリーに携帯電話で文字メッセージを送ってきたときは、ジェイドのママに、くれぐれも気をつけるように知らせ、冬休みが終わったあとに死にたいとパーティ会場からメッセージを送ってきたときにも、すぐに電話で知らせました。今そのパーティにジェイドと一緒にいて子どもは無事だという知らせがくると、ほっと胸をなでおろしました。私たちはベイリーに、これからもジェイドと仲良くするのはいいけれど個人的なセラピストはやめるようにと言葉を選びながら話しました。そう言いながらも、ベイリーにとって、友達の精神的な苦しみが放っておけないほどの深い心の傷になっていることは十分にわかっていました。

ある日の放課後、取り乱した我が子から電話がありました。ベイリーともうひとりの友人が学校の裏手に向かっていくジェイドを見つけてあとを追いかけると、ガラスの破片を取り出して自分の身体を傷つけようとしていたのです。なんとか説得し、自傷行為をさせずにバスに乗せたところだといいます。

ジェイドひとりだったらどうなっていただろう、必ずバス停までジェイドのママに迎えにきてもらってほしいと、ベイリーは泣きながら訴えました。その事件は私たち全員にひどいショックを与えましたが、夫と私は――今もよかったのかどうかわからないでいます――友情関係を終わらせるよう要求するまでには至らなかったのです。

私たちはベイリーのもがき苦しんでいる友達が何かのアイデンティティを選びとるとか、自殺願望をコントロールしていくだろうという幻想は持っていませんでした。それでもふたりの友情を完全に断ち切るような行動に出れば、ベイリーは、ジェイドを拒絶したのは子どもである自分の人生を優先させるためだと私たちを責めるだろうと思いました。ジェンダー・アイデンティティや心の病に関する否定的なメッセージを送ることも絶対に避けたかったのです。そこで、ジェイドと電話したり会って話したりするのはいいけれど、デジタルでのやりとりは今後いっさいしないようにと約束させました。ジェイドのことは心配でしたが、自分たちの子どもの心の健康をなんとしても守りたかったのです。

数週間後、私たちの願いに反して、まだ文字メッセージを送り合っていることがわかりました。しかもその内容は私たちを驚愕させるものでした。

「あなたの誕生日に家に行ったとき、鉛筆削りから刃の部分がなくなっていたよ」とジェイドは書いてきていました。「はずしたの?」

「はずしてないよ。私はそんなことしない。知ってるよね?」とベイリーは返信しました。

「そうだね」とジェイドは応えました。「でももし自分を傷つけたい気持ちになったら、そのときは、まず私に教えてね」

この暗にベイリーに自傷を勧めるような内容を見て、もうこれ以上黙っていることはできませんでした。私たちはベイリーに今後いっさいジェイドとかかわらないように言いわたしました。学校に出向き、すべての事情を話してジェイドと一緒に授業を受けていたクラスを変えてもらうように頼みました。友情関係が波乱に満ちていたにもかかわらず、ベイリーは激しい喪失感を持ったようでした。ベイリーがそうした様子を見せた理由を私はまもなく知ることになるのです。

約6週間が過ぎたある日、ベイリーとふたりだけで家にいるときに、ベイリーが自分は男女のどちらのジェンダーもない「アジェンダー」なのだと打ち明けてきました。カミングアウトされた私の心に浮かんだのは単純なものでした。「ベイリーはベイリーで何ひとつ変わっていない。ベイリーは今もちゃんとここにいる」私は、自分には愛する子どもとの素晴らしい絆を含めて、人生に感謝すべきことがたくさんあるとわかっていました。「話してくれて本当に嬉しいわ」とすぐに言い、なぜそう思うのかと尋ねました。ベイリーは、何かが間違っているとずっと感じてきたけれど、GSA（ゲイ・ストレート・アライアンス）のミーティングで「ノンバイナリー」という言葉を知るまで、その感情をどう名づけたらいいのかわからなかった。そしてもうこれ以上は自分でない人間として生きるのは嫌だ、一秒たりとも人生を無駄にしたくないのだと話しました。このときのベイリーはとても勇敢でした。

それでも、私にはジェイドの影響を受けて、ベイリーも同じように考えるようになったのではないかと思えてなりませんでした。ジェイドは、この1年、次から次へと周囲を驚かすような事件を起こしては友人たちに大きな影響を与えてきたのです。仲の良いふたりが同じアジェンダーだという事実は、なんとも奇妙な話ではありませんか、半年前まで私もそのジェンダー・アイデンティティの存在すら知らなかったというのに。

ベイリーが話してくれたとき、私はなぜ男っぽいレズビアンではなくてアジェンダーだと思うのかと訊きました。「私は女の子じゃない」というより「ガールパワー！」〔1990年代に流行した女の子の結束を呼びかける言葉〕といったトムボーイそのものの子どもに見えていたからです。ノンバイナリーという生き方がよくわからず、自分の子どもにとっては同性愛者の道を選んだ方が楽に生きられるのではないかと考えもしました。ベイリーはそれについてはかなり強い調子で自分の考えを話しましたが、私は今ではその質問すること自体がひどい間違いだったとわかっています。ベイリーは、これまでずっと自分にはジェンダーがなかったけれど、それを表すボキャブラリーを知らなかったのだと説明しました。女の子でいるより他はどうしていいかわからなかったから、女の子であることを別の意味に変えてしまう何かに無理やり自分を当てはめようとしていたのです。

ベイリーのジェンダー違和の説明で、ベイリーがアジェンダーだとはっきりわかりました。詳しい話を聴くのはつらいものでした。自分の子どもが、その子の持つ何かが嫌いだと知るのは楽しいことではなく、ましてそれがもって生まれた身体だったら。私は胸が塞（ふさ）がる思いでした。

その翌日、ベイリーは夫にもカミングアウトをしました。夫は話を聞き始めてすぐに they/them の代名詞を使うのはやめてほしいと言いだし、良い対話だったとはとてもいえないものになりました。そうした明確な変更にひどく混乱していたのです。夫は最初から全面的に肯定するチャンスを失いこそしましたが、翌日、もう一度話し合いの場に戻り、今度はうまくわかりあうことができました。幸運にも、結局のところは彼も私も同じように感じていたのです。心から愛しているベイリーに、どうかベイリーらしく生きてほしいと。

それでも、この状況がベイリーと私たち家族に何を意味するのかを知るために、一刻も早くしなければならないことが山ほどありました。その後の数週間は私たち夫婦にとって非常に苦しい時期になりました。その道の第一人者と評判の高いサイコロジスト〔心の悩みや病気を扱う博士号を持つ専門家。心理セラピスト〕に会いに行ったときには、ベイリーは第二次性徴を遮断する思春期ブロッカーをスタートするべきだと言われて、早々に診察室を逃げだしました。ほんの1週間前にアジェンダーだと聞いたばかりなのです！　つい数日前に動きだしたばかりの私たちのうちの誰ひとり、医療的な介入を考える準備のできている者はいませんでした。

私たちはトランスジェンダーの子どもを持つ家族についての情報を探し始めました。夫はこうした家庭では父親がもっとも非協力的になりがちで、かれらからのサポートの欠如が子どもたちを傷つけていると知って心を痛めました。夫は不安をオープンにしたいと望んでいましたが、それでは世間一般の父親と同じになってしまうのではないかと悩んでいました。

調べていくうちに、トランスジェンダーの子どもを持つ家族にとって、10代の子どもへのホルモン治療のゴーサインがどんなに複雑なものか、そしてそれを選択した場合は家族全員に精神的な苦しみを与えるということがわかってきました。ホルモン治療は多くの理由で一か八かの賭けを要求するようなものので、そのうちのもっとも重要な理由は、長期間の影響について明らかにする文献が作成されるまでには研究が進んでいないという現実でした。その時点では、ベイリーがホルモン治療を望んでいるのか、ノンバイナリーの10代にとっての移行が成人の移行と比べてどう違うのかもよくわかっていませんでした。

初めのころ、私たちはベイリーのアイデンティティが変化する可能性を考えていました。これから先の苦難を想像しながら、それを期待さえしていたかもしれません。でも女の子でないとカミングアウトしたあとのベイリーにはほんの少しの迷いもありませんでした。夫も私もベイリーの話を聴き、理解しようと努めましたが、ノンバイナリーの子どもについての詳しい情報が手に入らないことにはいらだちがつのりました。

ベイリーのこれまでの歩みを振り返ってみれば、ジェンダー・アイデンティティを示しているいくつかの事実を結びつけるのを意図的に避けていたのは私だったかもしれません。バト・ミツワー〔女の子が12歳になると行うユダヤ教の成人式〕で、ワンピースでなくスーツを着たいと言ってきたときは、それは絶対に認められないというひとことで片づけてしまい、言い争いにもなりませんでした。そのころ、意識の片隅ではベイリーはトランスジェンダーかもしれないと考え始めていたのに、簡単にワンピースを受け入れたからトムボーイなのだと、都合のよい解釈をしていたのです。ベイリーがことさら社会的規範からはずれるような行動をしてみせることはなく、3人の子どもと仕事を持つ忙しい生活は、私の意識を簡単に別のものに向けさせました。私の姉妹たちや学生時代からの親友の家に滞在したときなどに、ベイリーがトランスジェンダーである可能性について話したことがあります。みんなは口をそろえて「違う、違う。絶対にありえないわ」と言っていましたし、統計的に見ても考えられませんでした。でもその疑いは私の心の裏側にそっと身をひそめていたのです。そうでなかったら、ベイリーがついにカミングアウトしたときに、もっとひどく驚いたはずですから。

それでもベイリーがアジェンダーだとはどうしても思えなかったのは、アジェンダーについて言及したものがどこをどう探しても見当たらなかったからだと思います。5歳児のライランド・ウィッティントン〔5歳でトランスジェンダーだという息子を受け入れた家族の映像は多くの人に支持された〕のような人たちの話には、ごく幼い時期から出生時に割り当てられたジェンダーに苦しんでいた、あるいは「反対の」ジェンダーだと言い張っていたと記されていて、それはベイリーには当てはまらなかったのです。ひどく悩む様子は思春期に入るまで見られず、私のシスジェンダーの視点から、ベイリーのジェンダーを理解する際にもっとも難しかったのは、もしアジェンダーであって男の子ではないなら、なぜ男の子に見せたがるのかということでした。私たちは、すべてのトランスジェンダーの人たちにはそれぞれに異なるアイデンティティや表現方法があり、ジェンダークィアの概念が人によってどんなに異なっているかを知らずにいました。ベイリーは、その自己表現が、女性らしさを求める社会的規範のすべてから距離をとっているときに、もっとも真の自分らしさを感じていたのです。私は、ジェンダークィアであっても自分を男性として表現しながら生活している何人ものブロガーを見つけ、それ以来、少なくともベイリーはひとりぼっちではないのだと思えるようになりました。

トランスジェンダーの子どもの親は、性別移行や受け止めに関して多くの問題と向き合わなくてはなりません。そして、子どもがノンバイナリージェンダーを持つ場合は、子どもたち自身がジェンダーを選択しようにも未知なものだらけでどうしていいかわからずにいるのに、それに対する知識や情報がまったくないという、さらに複雑さの増した状況にありました。私はもうパンク状態で、我が子と我が子に必要なことを理解しようと努めながら、将来への不安で身動きがとれなくなっていました。

ベイリーの最初の告白に続く夏の３か月のあいだ、アイデンティティの変更という秘密を守らなくてはならないというひどい重圧を感じていました。誰かに支えてほしかったけれど、ベイリーが困難な道を歩いていることを、本人がその旅を人々に心地よくシェアする日が来るまでは誰にも打ち明けたくありませんでした。あるときベイリーから人に話してもかまわないと言われてからは、私は、少しずつ、今どんな状況なのかを友人一人ひとりに会って話すようになりました。私たちの新しい現実を打ち明けるたびに、パンパンにふくらんだ風船から空気がキーンというか細い音を立てて抜けていくような気がしたものです。ありがたいことに、話を聴いた友人たちはほとんど例外なく驚きをみせませんでした。

ベイリーの姉妹や祖父母たちも同じようにしっかりと受け止めてくれました。9年生〔日本の高校1年生にあたる〕になった秋、ベイリーは私たちに they/them の代名詞で呼んでほしいと言い、まだ打ち明けていなかった残りの親戚たちにもカミングアウトをしました。代名詞の変更にベイリーの姉妹はすぐに慣れましたが、高齢の家族はそう簡単にはいきませんでした。ほかの人の言い間違いには気づくとしても、自分はどうなのかはわからないものです。でも、私はつい最近、知り合いと話していて彼女から「they ですって？　ベイリーと友達のことを言っているの？」と訊かれました。そのとき私はとても得意な気分になり、納得したのです。自分は無意識に正しい代名詞を使っていたのだと！

ベイリーは仲の良い友人たちにはノンバイナリーであると打ち明け、心地よさそうに過ごしていましたが、学校の教師や職員に対しては、この先もけっして話さないつもりのようでした。前の年に、不安にうまく対処するためには、ノンバイナリーのアイデンティティについて一度学校のカウンセラーと話し合ってみるのはどうか、と持ちかけたときも同意せず、話さなければいじめられることもからかわれることもないから、と言いました。たとえどんなに私たちのコミュニティが人口の多い地域と比べて進歩的だとしても、10代の子どもたちの残酷さだけは変わらないのでしょう。

その、高校に入ったばかりの9年生の冬、地元のジェンダークィアの10代が自殺を図りました。深夜、ぐっすりと寝入っていた私は、家じゅうに響きわたるベイリーの部屋からの激しい泣き声に目を覚ましました。何事かと夫と部屋に駆けつけましたが、やっと話せるようになるまでに少なくとも10分ものあいだ、どんなに慰めても号泣は止まりませんでした。ベイリーはしゃくりあげながら言いました。「もう女の子のふりをし続けるのは、疲れたよ」

その晩、私たちは夜が明けるまで一睡もできませんでした。数日間は、ベイリーをひとりにすることが恐ろしくてたまりませんでした。夫と私は、親として子どもの苦しみをどうしてやることもできないという悲しみで胸が張り裂けそうでした。親しい友人たちがベイリーのアイデンティティをわかってくれているとしても、まわりのすべての人にアジェンダーだと話しているわけではありません。ベイリーは、高校で受け入れられるには女の子としてパスし続けなければならないとはっきりと感じていました。そんなにも長い期間を、平静を装って過ごさなければならないとはどんなにつらいことでしょうか。

◆
◆
◆

それでも、年が明けてベイリーが15歳の誕生日を迎えるころまでには、私たち家族は大きく前進していました。トランスの10代に対する経験が豊かな、優れたセラピストを見つけていたのです。このセラピストと何度も対話を重ねたあと、ベイリーは、18歳になる前にトップサージェリーを受けたいと宣言しました。ベイリーの移行の初期には、私は手術やテストステロンや法的な名前変更については慎重に受け答えするよう気をつけていました。それらを本当にやるのかと思うと動揺しましたが、応援しているように装っていたのです。ベイリーは自分の人生において重要であり、避けては通れないそれらの件についてきちんと話し合いたがっていました。でも私のベイリーの性別移行に対する懸念は、ベイリーから距離をとられたくないというもっとずっと強い願いの前では、かすんで見えるくらいのものだったのです。夫もまたとても心配して、それを私よりもっとずっとオープンにベイリーに見せていました。手術したら元には戻らないんだよ。本気なのかい？　ちゃんとわかっているの？　夫はあとで後悔するかもしれない決定をさせてしまうのではないかと不安をいだいていました。

翌年の秋〔10年生になった秋／15歳〕までには私たち夫婦の役割は逆転していました。夫はベイリーがたどり着いた決定は確かなものだと受け止め、サポートをしようと意気込んでいました。夫が全面的な支持を掲げる今では、もはや彼をなだめる役を意図的に演じる必要はなくなり、自分自身のこれまで抑え込んできた疑いが私を圧倒的な力で襲い始めていました。ベイリーの祖父母のひとりからその手術は切断と同じじゃないかと言われて、悲しみと怒りを感じましたが、私も自分の不快感を否定できず、手術で目立つ傷跡ができると思うと平常心ではいられませんでした。医師の診察や、緊急治療を受ける際に、あるいはロッカー室で出会う他人から男性と女性の身体をもつ人間として見られたときにどんな対応をされるでしょうか。でも私はいつも自分の不快感を恥じ、こんなふうに考えるなんて人間として劣っているのだろうか？と思っていました。この手術がベイリーの心の健康にとってどんなに大切であるかも、人生を代わってやることができないのもわかっていたのです。この恐怖心と折り合いをつけるにはどうしたらいいのだろう？　心のなかの葛藤がしだいに私自身をむしばんでいきました。

何週間も眠れぬ夜が過ぎたあとの、ベイリーとセラピストの面談の日のことです。私は終了間際に席に加わりました。するとベイリーが、これからは面談の回数を減らしたいのだと告げているではありませんか。私は仰天しました。ベイリーの最近の落ち着いた様子は、心の内を感じたままに話せるこの場があってこそだと思ってきたからです。心配になったというより正直に言うと怒りがこみあげてきていました。ベイリーは私にひとことも相談せずに決めていたのです。車で家へ帰る途中、マナーに欠けた運転者が衝突しかねない無謀な運転で私たちを追い抜いていきました。その瞬間、何かがぷつんと切れ、筋違いの怒りが猛然と沸き上がり、ハンドルを握る私のなかでその怒りの感情は最高潮に達しました。私はクラクションを押し続け、罵詈雑言を吐き、その男を追いました。ベイリーは母親の頭がおかしくなったかのような姿を見てひどくうろたえていました。私の人生においておそらくもっとも屈辱的な瞬間だったでしょう。男は窓から携帯電話を突き出し、激怒する私を撮り始めました。あんなに悔しかったことは後にも先にも思い出せません。

私はベイリーを家で降ろすと、思いっきり泣こうとひとりで公園まで行きました。自分のストレスのレベルが、子どもを怯えさせるまでひどくなっていたのには大きなショックを受けていました。少し落ち着くと、気づいたのです。子どもをもっと大事に育てるためには、自分自身をもっと大事にしなければならないのだと。私は積もりに積もったストレスとつきあうために大きく変わり始めました。結局、ベイリーに持ってほしい自立心と気持ちを平静に保つスキルを、まずは私が持っていると、手本になって見せることがいちばん大切だったのです。

ベイリーは定期的なセルフケア・プラクティスのひとつとして、街の中心地にある子ども病院でのトランスジェンダーの若者を対象とする話し合いに参加するようになりました。アイデンティティの変化やジェンダー違和を感じ、トランスジェンダーの抱える問題に対する社会の無理解に接している子どもたちとの出会いは非常に貴重なものでした。月に一度、いつもの部屋で過ごす1時間、ベイリーはトランスであるのが当たり前な状況でリラックスしているようでした。自分以外のトランスジェンダーの10代とのかかわりあいがベイリーをひとりではないという思いにさせてくれたのです。そして、そこでの両親の集まりは、多くのトランスジェンダーの子どもたちが経験するひどい困難を考えれば、夫と私はいかに強い子どもを持っているかということを教えてくれるものでもあったのです。

ただ、トランスジェンダーの若者のグループではあっても、ベイリー以外のノンバイナリーの10代の参加は滅多にありませんでした。ほとんど全員の子どもたちが身体と心が合っていないと感じているけれど、多くがバイナリーのトランスジェンダーで、程度の差はあれ、人口の約半数を占める人々と同じアイデンティティを持っているのです。ジェンダー・アイデンティティは男女の二元論（バイナリー）であるという考えに基づく文化で生きることは、ベイリーにとってひどくつらいものでした。頭のジェンダーとシンクロしない身体のパーツを持って生まれただけでなく、そのジェンダーそのものが、誰からも存在さえ知られていないのですから。それが子どもをひとりぼっちだと感じさせないとしたら、ほかの何がそう感じさせるのでしょうか。

　もちろんベイリーが男女二元論の社会に順応して生きていき、人々と会話を交わし、アジェンダーについて率直に話さなくてはならないように、私たちも家族として新しい状況に慣れていかなければなりませんでした。ベイリーがしだいに男性らしい外見になっていくにつれて、見知らぬ人から男性だと見られるのが当たり前になってきました。初めて給仕の人がベイリーを「サー」と呼ぶのを聞いたときは、なんだか奇妙な気がしました。ズボンの丈詰めのために紳士コーナーに行くと必ず、息子さんはこれからどんどん背が伸びますよと言われます。「いいえ」と私は返事をするのでした。「ベイリーは成長し終わっているんです」と。私たち家族はみな、どんな場合には時間と労力をかけて説明しないといけないか、どんな場合には思い込みをそのまま放っておくのがいいかを学ばなければなりませんでした。ベイリーの妹は学校でベイリーを見かけた友達から「お兄さんがいたの？　知らなかったわ」と言われ、事実どおりに「いないわよ」とだけ答えておいたそうです。

　ベイリーは公の場では、外から身を守る繭で自分を慎重に覆っていました。どんな親もわが子がリラックスして微笑んで、世界と上手にかかわっている様子を願うものですが、ベイリーは自分のジェンダーが簡単に疑いを呼ぶと知っていていつも見知らぬ人と目を合わすのを避けていました。二元論の環境で育ってきた私は、ベイリーの苦しみに対して上手に声をかけてやりたくてもできずにいました。べイリーを見る人々の顔に困惑が浮かび、男の子か女の子かを探ろうとしているのを見るのも神経に障りました。正しい答えは自分たちが考えもつかない質問をしないかぎり出てこないのがわかっていないのです。

16歳になった年の夏、私は、我が子に対する見たことのない反応を目撃しました。家族でアミューズメントパークの乗り物を待つ列に並んでいたときのことです。すぐ前に並ぶ10代の女の子が、気づかれないようにこっそりとベイリーを見ている様子に、いつもの「女の子？　男の子？」という質問が来るのだろうと身構えていました。でも髪を触りながら、ちらちらっとこちらを見る表情が、ある瞬間に真実を理解したように変わったのです。かつて女の子のように見えてそれを惨めに感じていたベイリーは、今ではベイリー以外の何者でもないベイリー自身であり、その自信に裏づけられたプライドは他人の目にもはっきりとわかるものになっているのでした。

現在のベイリーは16歳で、ふたつの町に住むふたりの異なった医師とトップサージェリーについての話し合いを続けているところです。こうした胸を男性のものに近づける手術を手がける医師は非常に少なく、18歳以下の子どもを扱う医師となるとさらに少ないため選択肢はきわめて限られてきます。そのうえ、バイナリーのトランスの若者にさらなる支援を広げつつあるヘルスケアガイドラインは、ノンバイナリーの手術や治療を完全に含むものではないのです。私たちは車で1時間の距離にある、自宅から近いほうの医師を選びましたが、保険適用はまったくないと承知したうえでの決断でした。ベイリーの胸がなくなると歓喜する様子は、単なる喜びの表現を超えたものでした。最初から持つ意味の感じられない身体のパーツだったのです。

ベイリーからアジェンダーと聞くまでの14年間、夫と私は3人の女の子の親だと信じていました……

でも、私たちの考えは根底から間違っていたのです。ベイリーのジェンダー・アイデンティティは私たち家族全員に行動の変更を促しました。私たちの目は大きく開かれました。そして今、私は母親として、子どもたちと自分の両方にとって何ができるのかをもう一度考えるようになっています。私たちの文化を覆う男女二元論に挑戦しているベイリーの勇敢な姿を見て、自分の人生にあると思い込んでいた限界に挑戦しようという勇気が湧いてきました。そして、私たち家族みんながこの先にある未知のものを、今までよりもっと心地よく受け止めようとしています。

私は、ベイリーの不安、ジェンダー違和、孤独との戦いが過去のものになり、身体も心もより良い状態になるときに、私も心の底から安堵できるだろうと楽しみにしています。もちろん、私のアジェンダーの子どもがどんなふうになるのだろうかというヒントだけは持っているのです。同じ道を歩いていった人たちの物語や写真をこつこつと集めているのですから。私の最大の願いは、いつの日かベイリーが人生において初めて、自分自身の身体を心地よいと思うときが来ることです。その日が来たら、私たちは私たちの愛する子どもの、もっと幸せでもっと明るい姿に出会うでしょう。この旅路に、私たちの子どもを愛することと、その子がしっかりと歩いていく姿を見守ること以上に大切なものはないのです。

第18章　名前はいつも変わらない

ケイティ・クーンス
The Name Remains the Same　Katy Koonce

私の名前はケイティ。キャサリンでもカトリーナでもキャシーでもなく、ＫＤでもＫＴでもケードでもなく、ケイティだ。私はこの名前にとても愛着を感じている。母はキャサリン・ヘップバーンの愛称からそう名づけたが、『不沈のモリー・ブラウン』〔タイタニック号の生存者モリー・ブラウンの半生を描いたミュージカル映画、１９６４年〕を知ってからはもっぱらモリーと呼んだ。どちらの名前も私にふさわしいと思う。両者ともその後の私の運命を裏づける、女性の男らしさを体現していたのだから。母はふたりの兄が生まれたあと、なんとしても女の子がほしいと、「ピンクに願いを」と銘打ったベビーシャワーパーティ〔出産前の女性にお祝いの品を贈るパーティ〕を開き、私の寝室をさまざまな濃淡のピンクで飾り立てた。妊娠中の超音波検査もない時代で、意志の力で私の外性器を女性特有の形にしようとしていた。１９６２年、ペニスのついた赤ちゃんが生まれてきたらピンク色の寝室をどうするつもりだったのか、母のプランＢはよくわからない。

私はテキサス州の小さな町でアメリカンフットボールコーチの子どもとして生まれ、兄たちよりもミドルラインバッカーにふさわしいがっちりした体格の子どもに育った。母が偉かったのは、自分はとびぬけて女らしい人だったけれど、５歳の私が髪を短く切るのを許し、シーズン中はチームのユニフォームを着たいという願いをかなえてくれたことだ。幼い日、キッチンを猛然と駆け抜けると、後ろで網戸がバタンと閉まったのを覚えている。小さな私は、母と友人たちが1960年代初期のしつらえの部屋でコーヒーを飲み、煙草を燻らすなか、トラック競技のユニフォームで家じゅうを走りまわっていた。その格好は、タンクトップと運動用ショーツ、膝まである分厚い靴下、白い線の入ったスキニーブラックのアディダスシューズ。母は私を見ながら、口をつぐんで何か言いたいのをじっと我慢していた――母はいらいらするときや困難に立ち向かおうとするときには頬の内側を嚙んだものだ。私をひとりの小さな人間として、自分から切り離して考えるのはとても難しかったに違いない。でも、母は冷静な人でもあった。私を尊重しようという気持ちが彼女自身を裏切ることも、私を裏切ることもなかった。

3年生になる前の夏の日のことだ。私は自転車のバナナシートに腰かけて、犬のビュフォードと一緒に、通りの向こうに引っ越してきた人たちが注意深く家具を家に運び入れているのを見ていた。自分と同じくらいの年齢の女の子がふたり、トラックから自転車を下ろしてもらい、嬉しそうに飛び乗ったのが見えた。ふたりともシャツを着ていない。私はにわかに興味をそそられた。トムボーイだ、間違いなく。家の前の通りは馬蹄型をしていて、カーブを曲がっていくまでふたりの姿が見えた。数分後、彼女たちの自転車は私の後ろにピタリととまった。薄い金髪のひょろりとした8歳児が言った。「名前、なんていうの?」私はぎょっとしたが、すぐさま答えた。「ジョン、ジョン・クーンス」それを聞いた彼女は眉ひとつ動かすことなく言った。「こんにちは、アナ・ウィッカーよ。こっちは友達のアイリーン!あなた、うちのママに会いにこない?」アナの家に行くと、ママが言った。「こんにちは、ジョン」と。

自分が何か間違ったことをしているように思ったのを覚えている。そのころ、私は誰かに名前を訊かれたら、そのときの気分でジョンかスティーブだと答えていたのだ。ジョンは気さくな人で溝を掘ったり塀（へい）を立てたりしていた。スティーブのほうは花形クオーターバックだった。

1970年代のテキサスでは、「女の子」と考えられている人は、気温が華氏32度〔摂氏0度〕かそれ以下にならないかぎりは、ワンピースを着て登校しなければならなかった。学年が変わって初めての日、校庭に立っているアナ・ウィッカーがいた。彼女はまわりの子どもたちを押しのけながら私の教室に入ってきた。そのときの、口を大きく開けた顔といったら。彼女は私を指さしてまっしぐらにこちらに向かって走ってきて、金切り声で叫んだ。「あんた、男の子じゃないわ！　男の子じゃない！」私は屈辱を感じたような気がするが、帰宅後にウィッカー家の前庭でケンカが始まったこと以外はよく覚えていない。アナも私もかんかんに怒っていて、学校から帰ったあとに決着をつけようとしたようだ。アナの4人の兄弟と姉が大声で声援を送っていたのと、のちの親友の目の下が腫れあがっていたのを覚えている。

兄たちのひとりは7歳年上、もうひとりは10歳年上で、私がまだ小学校にいるうちに家を離れてしまっていた。ウィッカー一族が登場し、私を7番目の子どもとして受け入れてくれたおかげで豊かな子ども時代が始まった。ツリーハウス作り、ホットウィールミニカーのサーキットトラック作り、セイリング、魚釣り、狩り、水風船の投げっこ。

私たちは想像を広げてたくさんのゲームをしたが、私はもちろんそのなかでいつでも男の子だった。私たちの腕前が最高に発揮されたのは、電動式NFLのボードゲームのチームメンバーである小さな選手たちに細かなところまで丁寧にユニフォームを描いたときだ。まだテレビゲームができる前の時代で、競技場は2フィート×1フィート〔約60センチ×30センチ〕の金属薄板で作られており、ハッシュマークが描かれ、ダウンマーカー〔ダウンの数を示すもの〕を置くための穴が開けられていた。小さな選手たちをゴールラインめざして走らせると振動した。私たちの家の前の通りや、周辺の通りでは、子どもたちが集まってあらゆるスポーツの大会が行われていた。アナはチアリーダーで、私は近所のフットボールチームで唯一の女の子だった。毎週日曜日にはヘルメットとプロテクターをつけて戦った。私はまさしく体育会系の子どもだった。競争の激しいファストピッチソフトボールのチームでプレイし、バスケやゴルフをやり、砲丸投げや円盤投げでめざましい活躍を見せた。スケートボードに乗って町なかを走り抜け、1970年代のスケートボードパークまで滑っていった。

アナと私はまったく異なるタイプのトムボーイだった。クリスマスの日、アナはプレゼントにもらった真新しいトレーニングブラの入った箱を「わざと」ウィッカー家の階段から落とした。彼女は恥ずかしさを装いながら階段を駆けおり、歓声をあげて箱を拾い上げてみせた。一方、私は母に強要されるまでブラジャーをつけることを断固として拒否した。初めてつけた日、前庭でウィッカー家の男の子たちとタックルフットボールに興じていると、かれらに大声でかかわれた。「ケイティがブラしてるぞ！」恥をかかされ、内緒ごとをばらされたと思った。私は「この先どうなっちゃうんだろう？」と近い将来を恐れた。近い将来は最悪だった。私は母の巨大な乳房を受け継いでいたのだ。私はブラや生理用品の買い物は、自分で店に行くのが恥ずかしくて、いつも母にまかせていた。「バリ」の先のとがったブラとともに「コーテックス」の生理用ベルトが出てきたころだったが、バッグを持ち歩かない私には、数個の生理用ナプキンを詰め込んだきつい下着を身に着けるほうがよかった。それは想像上の男性の身体の一部である、秘密のふくらみを与えてくれもしたのだ。

大学で1年が過ぎたころ、カミングアウトに対してドアをバタンと閉めて閂（かんぬき）をかけてしまい、ほとんど意識しないようになった。リタ・メイ・ブラウンの自伝的レズビアン小説『ルビーフルーツ・ジャングル（*Rubyfruit Jungle*）』〔１９７３年、未邦訳〕を読んで感情を揺さぶられたが、その気持ちの揺れが、自分自身の性的な特質のせいだとは考えなかった。友達の75パーセントがオープンにしているレズビアンだという事実も見逃していた。そしてどうやら私自身だけでなく、他の誰もが、私がレズビアンだとは認識していないようだった。私のジェンダーとセクシュアリティが独特な融合をしているせいで、どのカテゴリーに属するのも難しかったのだ。今もまだみんなが言っている。「そうねえ……ケイティはケイティよ」と。

19歳のとき、「クリスティ・マクニコル」スタイルの女優としての名声と運を求めてロサンゼルスに移った。今から思えば、カミングアウトする場所を探しにテキサスを離れたというのが本当かもしれない。だが、自分は同性に性的魅力を感じているのだと、自分自身にカミングアウトするのは難しかった。私が性的な想像をするときはいつも自分の身体は男性で、女の子に魅力を感じるとわかっていたから、「レズビアン」が自分にいちばん近いような気はしていた。ちょうど20歳の誕生日の直前にＬＡのサンセット大通りで初めての恋人になるディアナと出会った。女の子だけの「レザーエンジェル」というヘビメタバンドの裏方としての仕事も見つけた。グラムロック全盛の１９８０年代は、男の子たちもみんな化粧をして、女の子のように見えたから、レーダーの下をかいくぐって飛ぶには好都合だった。アイライナーをした私を見て母はとても喜んでいた。

ハリウッドには、ジェンダーや身体に混乱を抱えたぽっちゃりタイプの赤ちゃんブッチの居場所はなかった。ロサンゼルスには「ぽっちゃり」しているだけで居場所はなかったのだ。ディアナとの感情的な行き違いがあったあいだ、私は仲良しの友人が住むパーム・スプリングス郊外のさびれた地域に引っ越したが、その後、典型的な21歳の恋人同士のようによりを戻し、ふたりでサンバーナーディーノにアパートメントを借りた。クリスタル・メス〔粉末メタンフェタミン。覚せい剤の一種〕をやっているゴンゾという男と会ったのはそれから2か月もたたないうちだ。彼は体重を減らすためだと言ったが、私は１９７０年代にはもうとっくにアンフェタミンのエキスパートだと自認していたのだ。ブラックモリーやホワイトクロス〔いずれも合成麻薬のスラング〕を含めてたくさんのダイエット薬を使っていた――だとしたら、なんの不都合がある？

メスは私に無限のエネルギーと、何でもできるという感覚を与えた。アルコールや煙草の乱用に問題を抱えている親を持つ子どもに、ジェンダーの混乱をパラパラとひと振りすると、ドラッグ中毒者のできあがり、というわけだ。私は知らず知らずのうちに、言葉でうまく表せないものに対して痛みをまったく感じないようになっていた。振り返ってみれば、文字どおり、メスを使って自分の身体を中性化していたのだと思う。メスは究極の食欲剝奪者で、私の身体から脂肪をはぎとり、それとともに胸のふくらみを奪い取っていった。さらに、ひと吸い、ひと注射ごとに、私のドーパミンは通常レベルの１２００倍へと急上昇した。ついでにいえば、コカインだったら使用者のドーパミンは4倍上昇するにすぎない。そんなわけで、私は骨と皮になり、１０００倍の幸福を感じるようになり、身体は自分のいだくイメージに沿うように変化し始めた。私はどんどん痩せ細っていき、胸は完全に消えた！　あごと頰骨が目立つようになり、鏡の向こうから私をじっと見ている人間が自分だとはとても信じられなくなった。目の前には、子ども時代の私である男の子ではなく、ひとりの男がいた。しだいに私以外のみんなも私を男だと思うようになっていった。私は、ハロウィンの仮装用つけひげをつけてみたり、ときどきはソックスを丸めて詰め込んでみたりした。

これは、この話のクールな部分だ。だが、メスに根差した人生はひどい破滅をもたらし、長続きするものではなかった。私はそのころ、薬物によって精神に異常をきたしており、水面下にひそんでいるリアルな不快感を避けようとして何日も眠らなかった。真夜中過ぎには、耳障りな真実を理解する手段として霊魂転生説について考えた。その真実とは、私の想像上の人生と身体のアイデンティティは、私が生きている社会のジェンダーシステムの男性側にしっかりと固定されているけれど、私の外性器にはまた別の物語があるというものだ。

ディアナと破局した私はパーム・スプリングスに引っ越し、スピード〔覚せい剤の俗称〕をやったり、自分のエンターテイナーとしての才能を発見したりしていた。そこでの3年間につきあった女性たちはみなストレート女性だと自認しており、数年後、その何人かから、当時は私を男性と女性のあいだにいる人だと思っていたと言われた。24歳になるまでに、死にとりつかれた錯乱状態の麻薬常習者が私の家を全焼させたこともあり、ついにすべてを引きはらって故郷へ帰るときが来たのだと覚悟を決めた。

テキサスの家に帰ってみると、最悪の気分だと気づくのがやっとだというくらい体力も気力も落ちていた。１９８６年はＨＩＶがＨＩＶという名前をもった年で、自分も検査を受けなくてはならないのはわかっていた。驚くべきことに私は銃弾から身をかわしていたが、その代わり、危険な非A非B型肝炎、現在ではC型肝炎と呼ばれるものだと診断された。それがわかったあとでさえ、禁酒はときどき思い出したようにする程度だった。そのときまでに5年間、メスをウェイトコントロールのために使っていたが、薬物ときれいさっぱりさよならすることが、私に胸に8ポンド〔約3.6キロ〕を「プレゼント」してくれた。惨めだった。当然のように中毒者の脳はその苦しみを麻痺させようとして、何かに救いを求めた。アルコールは、肝臓がC型肝炎と折り合いをつけながらやっていくには不適切な選択だったが、耐えがたい現実を見たくないという心理には勝てず、行きつくところはやはりアルコールなのだった。この5年間は、ときどきしかものを食べないでいたから、ここにきて一挙に体重が増え始めた。ブラのサイズが大きくなり、身体のことでますます惨めな気持ちになり、この惨めさの原因は体重のせいだと思った。胸を平らに見せようとして、窮屈なワンピース型ジム用レオタードを着てみると、胸を押しつぶしておっぱいの形はなくなったけれど、結局はおなかの肉を10倍にふくれあがらせた。しぶる母に頼み込んで、部分的乳房整復の費用を出してもらい、ローゼンバーグクリニックのワン医師のもとへ向かった。なんとそこはサウス地区でもっとも古いジェンダークリニックだったが、私のアイデンティティについて私より詳しい人などいないとわかっただけだった。

1990年代半ばにオースティンに引っ越すまでは、ジェンダー違和が重要な意味を持つとは考えていなかった。それに気づいたのは、『メール・アイデンティファイド（*Male Identified*）』という題名の短編映画を作ったヴェネ・ロドリゲスというクィアのアーティストと仲良くなってからだ。お互いの子ども時代について話し、意見を交わしたとき、その昔、葬り去った自分のいくつかの部分が浮かび上がってきた気がした。私たちは親しくなり、翌年には、サンフランシスコのプライドに一緒に出かけていった。ダイクマーチ〔レズビアンたちの行進〕のとき、ドロレス・パークでは、オープンにしているトランス男性に生まれて初めて出会った。彼はこれまで毎回、行進に加わってきたが、今はもうダイクマーチのあいだは下がっていなくてはならないのだという。私は身体的な変化とテストステロンのパワーに惹きつけられた。自分と同じようなアイデンティティを持つ人に会って興奮したのは本当だ。だが身体的な移行に関しては彼とはまた別の道を選ぶことになる。

そのころ、私はソーシャルワークの修士課程を終えようとしていた。ヴェネと、プライドマーチで偶然会ったトランス男性の影響で、もっと多くのことを知りたいという気持ちが湧き上がってきていた。私はトランスジェンダーのコミュニティやトランス男性、そしてジェンダー・アイデンティティの多様なスペクトラム全体について学ぶために、関係書を手当たりしだいに読み、セラピーでは自分の精神的な痛みの原因を深く探り始めた。大学のクラスで自分はトランスジェンダーだとみんなに話すとわくわくした。これまでの自分の経験に名前をつけ、その経験が言葉を持つときのパワーを感じた。調べてみるとオースティンにはトランスの人たちがセラピーを受ける手段がない。私はとにかくできるかぎり勉強して、自分がいつかコミュニティを支える個人的な診療所を開くのだと決心した。私の人生を変えた書物がある。レスリー・ファインバーグの『ストーン・ブッチ・ブルース（*Stone Butch Blues*）』〔1993年、未邦訳〕、ロキシーの『ダガー：オン・ブッチ・ウィメン（*Dagger: On Butch Women*）』〔1994年、未邦訳〕、リキ・アン・ウィルチンズの『リード・マイ・リップス（*Read My Lips*）』〔1997年、未邦訳〕、ケイト・ボーンスタインの『隠されたジェンダー』〔1994年／筒井真樹子訳、新水社、2007年〕。駆け出しの介護従事者を助けてくれたのは、ミルドレッド・L・ブラウンとクロエ・アン・ラウンズリーの『トゥルー・セルブズ：トランスセクシュアリズムの理解――家族、友人、同僚、医療従事者へ（*True Selves: Understanding Transsexualism—For Families, Friends, Coworkers, and Helping Professionals*）』〔1996年、未邦訳〕、ランディ・エトナーの『ジェンダー・ラヴィング・ケア（*Gender Loving Care*）』〔1999年、未邦訳〕。その時代のトランス男性たちの貴重な作品である、ローレン・キャメロンの『ボディ・アルケミー：トランスセクシュアルのポートレート（*Body Alchemy: Transsexual Portraits*）』〔1996年、未邦訳〕も見つけた。サンディ・ストーンが、ナレーターを務めた映画『ジェンダーノーツ（*Gendernauts*）』〔1999年〕の複写を、町を横断してテキサス大学まで届けにきてくれたときは、トランス男性サポートグループの人たちに見せることができた。2000年、プロフェッショナルとしての仕事が軌道に乗り出したのを機に、ガルベストンで開催された「ハリー・ベンジャミン国際性別違和協会シンポジウム」[*1]に出席し、その年のうちに、週刊新聞『オースティン・クロニクル』にジェンダーの専門家と紹介された。

でも本当のところ、今もそういった肩書についてくる責任を思うとぞっとしてしまう。もしハリウッドにいたころに、女性から男性に性別移行ができると知っていたら、おそらく手術を受けていただろう。私のアイデンティティもまだ今のようには複雑でなかったし、ハッピーな気持ちになっていたのではないかと思う。現在、私のアイデンティティはジェンダースペクトラムのちょうど真ん中に存在しているとわかっている。（このジェンダー軸の両端に「究極の男性」と「究極の女性」がいるとは思っていない。でもクライアントとの面談の際や、論文を書くときに、考えを理解してもらうために持ちだすものとして、互いにその限界をきちんと知って使うのならかまわないと思っている。）

実をいうと、私は人々が私のこれまでの旅と、私という人間を分けて考えてくれるだろうという期待は持っていない。若い時期の私は完全にはできあがっていなかった。あのころはまだ、トランスジェンダーのコミュニティで働いておらず、自分を自由に表現するよう勇気を与えてくれるクライアントたちとも出会っていなかった。大衆文化の世界がトランス男性たちについて報道することもいっさいなかった。私の人生の定められた道には、ひとりもロールモデルがいなかったのだ。レネー・リチャーズ〔トランスジェンダーのプロテニス選手〕からのヒントもなく、クリスティーン・ジョーゲンセン〔女優。米国著名人では初めて医療的移行をした〕の物語もいっさい伝わってこなかった。スペクトラムのなかに私自身の唯一無二の場所を見つけるよう励ましてくれる、ケイト・ボーンスタインやレスリー・ファインバーグといったジェンダーを堂々と生きるすごい人たちもどこにも見当たらなかった。（ルー・サリバンやビリー・ティプトンやロバート・イーズの物語に心を慰められたのもずっとあとのことだった。）

私たちは、今の時代ならではの、洞察力による自己分析ができるようになった。でも私は、私たちの本当の姿は、人々の反応のなかに現れるものだと固く信じている。友人たちにカミングアウトしたとき、かれらは私の自己評価が正しいと思ってくれているように見えた。その時期にデートしていた女性たちは、私が性的な存在として自分を表現するときにも、よりいっそう心地よくいられるように手助けしてくれた。だが、私のジェンダーの旅に最大の影響を与えたのは、間違いなくペイジ・シュルトとの恋だ。聡明な美しい女性で、彼女の持つ本質的な魅力は私のような「ジェンダーフル（彼女の言い方で）」な人間に強く訴えかけてきた。何より大切なのは、彼女のほうも私と恋に落ちたと感じてくれたことだ。17年たって、彼女は愛と魅力をたたえる『クィア・ロック・ラブ（*Queer Rock Love*）』〔2015年、未邦訳〕という家族の回想録を、とくにジェンダー・ノンコンフォーミングの人々に向けて書いた。

2003年に私たちの息子ウェイロンが生まれると、「パパ」と呼ばれるのが想像できないと気がついた。私はセラピストとして、自分と同じような過去のあるクライアントを多く持っていて、かれらのほとんどが「マミー」と呼ばれるのを嫌悪していると知っているが、それは私には当てはまらない。私の母は私にとって安心そのものを体現している存在で、いつでも支えてくれる人で、怖いときにそばにいてもらいたい人だった。私は自分が呼んだ「マミー」と、呼ばれた「ケイティ」の両方の名前の響きが大好きだったのだ。私は41歳で親になるまでに、ますます自分自身でいることが心地よくなってきていた。ジェンダークィアについての議論もそれほどしなくなり、「ジェンダーノンバイナリー（gender nonbinary）」という言葉もどこかへ放り出したように思い出さなくなっていた。それでも私は、自分にとって自然だと思える行動をとり、自分のアイデンティティに寄り添う感情を尊重しようとしていた。トランスコミュニティ内で、「トランスとして十分でない」と批判する人もいたけれど、馬鹿げているとしか思わず、私の人生においてふたたび私を定義しようとする他人の試みには強い嫌悪を感じた。

同じように代名詞に対してもそれほど感情的になることはなく、人々がいだく印象によって使いたい代名詞で呼んでもらっていた。かれらはまず私の外見を見て、私の声を聞いて、それに未知の変数をプラスする方程式を作り、そこからから導き出された答えで私の代名詞を決めていた。でも率直に呼ばれたい代名詞は何かと訊かれたら、「私自身は、ケイティに合わせてshe/herを使っています」と言うだろう。ケイティという名前は私のまわりの人それぞれの目から見たどんなジェンダーにも合うと考えているのだが、どうだろうか。閉経後（そして顔の毛が濃くなる年代）にはしだいに、ケイティは「サー」であるという見方が圧倒的になった。私は人と話しているあいだは、かれらの判断を尊重して低い声で話し続けた。

仕事としてトランスの人たちの話を聴いているうちに、自分のアイデンティティとかれらのアイデンティティの両方を比べてみることができるようになった。約20年間、何百人もの移行を手助けしてきた経験は、私がテキサス州プレーノーのラファエル医師のもとでトップサージェリーを受けるときに役立った。だが、ウェイロンから「ママ」でなくて「パパ」として見られるのを恐れる気持ちが、私に身体的移行をそこで終わりにするよう合図を出した。当時、70から80パーセントは男性だと見られていた――もっと多い日もあった――が、結局毎日24時間×週7日をシス男性だと見られるという完全な移行は、私自身の価値がある部分をあまりにも多くそこなってしまうと気がついたのだ。この心の変化に素直に向き合ったときには自分でも驚いたけれど、ショックはなかった。

胸の手術をして数年がたつうちに、男性トイレを使っても問題が起きにくくなってきた。ウェイロンがもうすぐ8歳になるというころには、私が使う前に男性の洗面室に行き、個室がきれいかどうかを調べてくれるようになった。ときどきは一緒になかに入ることもあり、私と話す際には10回ほど続けざまにマミーというのがお気に入りだったから、私たちはトイレでは違った呼び名を使おうと話し合った。これまでふたりで『パーシー・ジャクソンとオリンポスの神々』〔2005年／金原瑞人訳、ほるぷ出版、2010年／静山社、2015年〕を読んできていたので、ウェイロンはオリンピアンズの家柄だというゲームをすることにした。それで私の妻はアテナに、私はゼウスになった。おやおや！　ゼウスは万物の父とされているのだから皮肉なものだ。ときには抗えないものにも出会うというわけだ。ハワイで休暇を過ごしたときには、プールサイドの公共トイレまでつき添ってくれた。彼は言った。「個室を使えるよ、ゼウス」それは、これまで誰かにしてもらった最高にやさしい心づかいのうちのひとつだった。

私は女性としても「パス」していたので、もし望めば女性用化粧室の使用も――できるかぎり女の子らしい声を出せば――可能だった。一緒に入る人がいない場合は、携帯電話で架空の友達とおしゃべりしているふりをした。今でも私の即興でのひとり議論は伝説になっている。ノースカロライナ州と、このテキサス州で、悪名高い「バスルーム法案」が世間を騒がせる前は、たしかにそれを面白がってやっていたのだ。私はジェンダーという未知の領域で演技し、見知らぬ人をつかまえて、どんな要素が加わると「サー」あるいは「マダム」に行きつくのか訊けたらいいなあと思っていた。今の私は目立たぬように下を向いて用を足しにいくか、あるいは出生証明書と合致するという理由でふたたび敢然として女性化粧室を使い始めるか、どちらを選ぶかをよく考えなければならない。小用のたびにたたき出される可能性のある女性用化粧室に行くなんて、私が本当に望んでいるとでもいうのだろうか？

女性用スペースにいることに困難がついてまわるとしても、私はこれまでずっとダイクの集まりが大好きだった。ダイク仲間のひとりとして、コミュニティに居場所を確保するのを諦める自分は考えられない。出生時に女性と認定された人たちがレズビアンやダイク文化の概念のなかで疎外感を持ったと話すのをずっと聴いてきて、その不快感が多くの人をトランスジェンダーだとカミングアウトさせるのを知っている。でも私の物語はそれとは違う。簡単にいうと私は「シリコン・コック・ロック」バンド

「ブッチカウンティ」のリーダーで、長髪のロックンロールブッチで、フランク〔フォークシンガー〕やレスリー・ファインバーグやペギー・ショー〔俳優、プロデューサー〕のような人たちと一緒にブッチリーグにいると想像するのが大好きなのだ。（ああ、そうだ。私たちは年寄りで、おそらく滅びゆく種族だ。）たとえ万が一、私が男性に移行したとしても、このオースティンのコミュニティが私をはじき出すことはないだろう。だが私が言いたいポイントはそこではなくて、私はトランスであろうがシスであろうが、自分を男だとは微塵も思っていないということだ。私にとっては目立たないように姿を消しておくとか、心のなかにある「マミー」や「ダイク」を道徳的な理由から避けて、男として生きていくというのは本物の人生ではない。

もちろん真ん中で生きていくのは簡単ではない。とりわけセラピストで、活動家で、（少なくとも私の心のなかでは）ロックスターという公的な立場にいる者として、この真ん中という場所をうまく進んでいくのは難しい。だが、自分たちの物語をシェアしてくれる人たち――妻、息子、友人、そして忘れてはならない存在であるクライアント――が私自身のジェンダーについてもっとも多くのことを教えてくれるのだ。クライアントたちの物語のなかで、隠れてしまった私自身のどこかの部分がふたたび姿を現し始める。私には何が見えてくるのかまったくわからない。自分のジェンダーが絶えず流れているのがはっきりわかるだけで。私につながる道を知ってここまできてくれた、勇敢な魂にもっとも傷つきやすい部分を持つ人たちに信頼されるとは、私もつくづくラッキーだ。私は今、あなたたちに自分の物語をゆだねている。

第4部　トランスとして十分であること
——表現し、違いを明確化する

PART FOUR
Trans Enough: Representation and Differentiation

第19章　小文字のQ

キャル・スパロウ
Lowercase Q　Cal Sparrow

私の兄は、クィア（queer）という言葉が大文字で始まるようなクィアのなかのクィアだ。「白人で、ゲイで、シスジェンダーで、男性」の典型のような人物で、その意味で、兄は教科書の表紙に載ってもいいし、辞書のクィアという言葉の隣に写真が出てもいいと思う。

私たちが小さいとき、兄はいつでも私にやさしく、活発で陽気な子どもだった。でも私たちふたりが思春期に近づくとすべてが変わり始めた。中学の同級生たちが兄をゲイだとからかい、嫌がらせするようになったのだ。そうしたいじめが、兄の様子を見てのものか、直感によるものなのかはわからない。おそらく、奴らにはゲイやファグ〔ゲイの蔑称〕を最高の侮辱相手として見抜く特性があるのだろう。どちらにしてもその影響は大きく、そのころから兄は内向的で沈みがちになっていった。私たちの関係もその影響を受け、めったに一緒に遊ばなくなり、やさしい言葉ひとつかけあうのも互いに遠慮してしまうようになった。

母は最終的に、まだ家計が逼迫する前に幼い私たちが通っていたルター派の学校に兄を転校させることができた。原理主義思想の学校が、公立中学の悲惨な日常からの避難場所になったというのは皮肉な話だ。転校先で兄の性的指向はけっして公にされていなかったと確信しているけれど。高校に入った私は、ついに兄がゲイだと知った。高校でいろいろな友人に出会って、まったく受け入れ態勢のなかった私も兄を理解できるようになったのだと思う。

兄から私への正式なカミングアウトはなかった。私たち兄妹は、どちらも自分たち個人のアイデンティティとの対決に関してはとんでもなく不器用なタイプだったのだ。でも私は数か月のあいだ、兄はゲイなのではないかと思っていた。そして、男友達を家に連れてきたときは、これはもう自分の勘に間違いはないと確信した。それ以来、彼はたくさんのLGBTのグループやイベントやプライドパレードに参加するようになった。当時の兄はそれほど熱心な活動家ではなかったが、現在は自分の夫の政治や政治活動に対するエネルギーに影響されて、ムーブメントやコミュニティにかかわり続けている。なにより重要なのは、兄は成功していて、幸せで、かつての10代の自分をまったく引きずっていないことだ。

クィア体験の実例である兄のそばにいて、自分はクィアのコミュニティの一員だと感じるのは難しいだろうとわかっていた。これまでに疑問を感じてきたという体験と、クィアに浸かっているレベルが、クィアの若者たちの「リアルな人生」の前では見劣りしてみえるのだ。そして私のアイデンティティは、著名なクィアのサブグループ〔それぞれ特化した活動をする小さな単位集団〕には溶け込めないほど「クィアとして十分でない」箇所が多すぎるという悩みを抱えているのだ。私は今もクールな兄のようになりたいと願う「年下のきょうだいコンプレックス」に苦しめられているのだろうか？　積極性に欠ける、名ばかりのクィアのための場所はあるのだろうか？　ここまで来るのに時間がかかり、10代のクィアのコミュニティでちゃんとした経験をしそこなっているけれど、大丈夫だろうか？

◆◆◆

小学校時代、私の親友は通りの向かいに住む女の子だった。私たちの家はそれほど魅力的な地域にあったわけではなく、急ににぎやかになった通りには、似たような平凡な作りの家々が立ち並び、住民は昨日まで田舎だった町で都会派をめざしてあたふたしていた。もし違った環境だったら、その女の子と私は友達になっていなかっただろう。私はいつもひとりの子とだけ仲良くなり、その子を自分の好きなものすべてに引きずりこむ傾向があった。それは、絵を描くこと、泥沼で足を踏み鳴らして歩くこと、アリ塚の観察、オタマジャクシの飼育、環境保護主義を掲げた映画づくり。明らかにそこになかったもの、それは男の子についてのおしゃべりだった。

だが、その話題がいつからともなく私たちのあいだに現れ、男の子についてのおしゃべりが始まったのだった。あの子のカレシってあの男の子？　それで、あの子たち、あれをやったのかな？　私たち10歳にもなってないよね?!

なぜカレシを作るのかな、そのあとどうなるのかな。誰か教えてくれればいいのに……。

でも、10歳になったときにはすでに、私は自分が変わり者であると知っていた。そして当然のことながら、人気のある女の子たちはそこに目をつけるのを忘れなかった。アリ塚の観察は女の子としては十分に失格で、男の子たちに興味がないことが私という人間を本物のダサい子にしたのだ。でも私は友達からの圧力があっても、自分のあり方に関して何かを変えようという気は毛頭なく、自分のパーソナリティや信念については、恐ろしいくらいに堂々としていた。たとえそのせいで人間関係がだめになり、受け入れてもらえなくなっても、かまわなかった。

ところで、私が片思いや性的感情の芽生えにまったく縁がないのは年齢の幼さだけが原因ではなかった。私という人間ができあがっていくときの混乱した状態のどこかに、きわめてリアルな真実へ徐々に固まっていく漠然とした感覚があった。それは、もっと大きくなっても性的なことには惹かれないだろうというものだ。まわりのみんなが小さなころでも感じているようなセクシュアリティのぞくぞくするような魅力を理解することはけっしてないだろうとわかっていたのだ。それでも、私はほとんど気にせずに自分らしく過ごし、アリ塚を観察し、泥沼を踏み鳴らし続けた。

11歳のとき、思春期が襲いかかってきた。生理が始まったときは、狼狽のあまり、2回目が来るまで（初めてのときは内緒にしていた）母親に話すことさえできず、どうして泣いているのかと心配させた。その経験のぜんぶがとんでもなく恥ずかしくて、できるかぎり隠しておきたかった――なかったことにしておけば、消えてなくなるとでもいうように。もちろん、うちのママは大喜びして私を抱きしめ、女友達全員に電話をした。彼女たちはぜひとも私をお祝いし、女性の神秘を伝えたいと言ったが、私はそれらのすべてを憎み、その話題になるたびに、穴があったら隠れたいと思った。

こうしていったん自分の身体が性的な意味を持つと気づいてからは、神経質なまでに言動に気をつけ、できるかぎり露出の少ない服を選ぶようになった。女の子から女性に変わるという事実は受け入れられず、まして生殖能力を持つ人になるなど論外だった。子どもだったころの、誰にも何も言われずにアセクシュアルであるのが許されている状態に戻りたかった。私は、それは世界全体の決まりごとだとでもいうように、自分を「女性」と呼んでほしくはなかった。

初めて「アセクシュアル」という言葉を知ったのは16歳のときだ。そのころは身体の線の出ないぶかぶかの服や中性的な服を着て、用心しながら大切にしている数少ない友情を楽しんでいた。友人たちが性的でロマンティックな結びつきを持っていることへの軽蔑はやわらぎつつあり、彼女たちの儀式の外側にいるのに慣れ、人間のジグソーパズルを作るのに必要なピースをひとつ持っていないだけで、それもとりたててほしいわけでもないと思うようになっていた。ママは、私が間違いなくふつうの子であるという考えと、理解不可能なおかしな子であるという考えのどちらにするか決められないでいた。（今もまだ決めかねている。）私が「AVEN（エイヴン）（The Asexual Visibility and Education Network）」〔世界最大のオンラインのアセクシュアルコミュニティ〕のホームページを偶然見つけたのはそんなころだ。そのホームページのまさしく最初の画面がアセクシュアリティの説明――「私」の説明――だった！[*1] やっとアセクシュアリティを、言葉と現実の性的指向として理解したとき、それが、あまりにもはっきりと私が何者であるかを表していたので、そのラベルを使わないのは馬鹿げていると思った。とくに私に似た誰かにつなげてくれるのならアセクシュアルを名乗らなくては。

だが、私のセクシュアリティの欠如が、本質的にはセクシュアリティの変形版なのだとわかると、「だとしたら私はクィアなのか？」という重大な疑問が残った。皮肉にもそのころ、ある女の子とちょっとした関係にあった。それは厳密にはロマンティックとはいえないまでも、ふつうの友情を超える親密なものだった。でも「レズビアン」というラベルは今まで一度も自分にふさわしいと思ったことがなかったのだ。「女性」ならレズビアンだが、私は「女性」ではない。もちろん男性でもないけれど。長い間、自分は「トムボーイ」的な女の子だと思うようにするか、その話題にはまったく触れないようにしてきた。私はまだ男女二元論を超えたその先にあるものを知らなかった。私は私だと考えており、自分が良いと思わないラベルは無視していた。それで、たとえ何のラベルも手に入らなかったとしても。

私の内部のクィアネスの衝突に目を向けているあいだに、ニュートロワ〔ジェンダーが中立、もしくは存在しないと感じる人〕、アジェンダー、ジェンダーフルイドといった、ノンバイナリーのジェンダーを表すさまざまな用語に出会った。

でもこれらのアイデンティティは身体を変えた人たちに用意されたもののように感じられて、まだどれについても真剣に考えてみるまでにはいかなかった。そして、これまで少しも心地よいと感じてこなかった性的な器官や特徴を持たない身体になる、という考えには興味を感じたけれど、やはりそれはあまりに乱暴で、自分の現実にはしっくりこなかった。

まして、医療的性別移行は負けを認めるように思えた。もし、私が身体を変えようとして、時間と労力と手術費用をかけたら、私自身のアイデンティティを決定しようとする努力を放り出すことになるだろう。社会が私の自尊心を絶対に逃げられない場所まで追い詰めるかもしれない。私は自分の丸みのあるお尻や、甲高い声や、小柄なかわいらしさに対する絶望を、純然たる意志の力だけで黙らせるのは可能だと信じたかった。そんなもので自分を女性だと認めるべきだ、と社会に簡単に言わせたくなかったのだ。

だが、現実を知るための種はまかれ続けた。数年後、ホルモン剤を使用しているトランス男性たちの映像をオンラインで見ていて、痛いほど嫉妬のようなものを感じている自分に気づいた……その気持ちはうまく言い表せなかった。自分が男でないのはよくわかっているのに、なぜかれらの経験を知って、いてもたってもいられない気持ちになるのか？　テストステロン使用の初期に起きるアンドロジナスの外見、女だと感じない日常、自分が何者であるかの素直な受け入れ、将来への希望に満ちた楽観主義。そうした多くのことが私を惹きつけた。この嫉妬心がジェンダーについての自分の感情を再確認するように、そして自分がテストステロンを試してみるほど勇敢かどうかを考えるように私をつき動かしたのだった。

ジェンダー探索をし始めて間もないころ、スカイラーという新しい友達ができた。同じようにアセクシュアルでノンバイナリーで、そんななかでは、私が個人的には初めて知った、移行（トランジション）の考えに抵抗を示さない人だった。スカイラーがノンバイナリーの移行をごくふつうのことだと思わせてくれて、私は、ホルモン治療を望んでいるのか名前の変更がしたいのかを今までよりもっと頻繁に考えるようになった。私が好きな名前を選ぶ方向に歩きだしたのも、オンラインでスカイラーと知り合い、毎晩おしゃべりしているあいだだった。スカイラー自身もホルモン治療に懸念を感じていないわけではなかったが、私たちは互いの誤解や批判を恐れずに心の内を話し合い、テストステロン接種による反応のなかで、自分たちが望んでいる部分についても、望んでいない部分についても意見を交換した。私たちは、スカイラーがエイス[*2]でノンバイナリーなら、そのふたつにはどんな関係があるのか、あれこれ話し合った。私たちの友人関係は、なんとなく連絡をとりあわなくなって終わるという短いものだったが、スカイラーとの出会いが、これまでのＬＧＢＴ体験をもっと自分の問題として考えてみる機会を与えてくれた。すぐそこに、自分をクィアだと考えている、アセクシュアルが存在したのだ。その人はアセクシュアルを恥じる様子も、自分にはＬＧＢＴの証（あかし）がないなどと感じている様子もなかった。そんな人を知って、私自身も同じようにクィアだと考えるようになったのである。

　やっと自分や同じような人たちを説明する言葉を見つけたにもかかわらず、私はまだ宙を舞っているような気分でいた。私は自分を移行の方向に引っぱる勢いはほとんど感じていなかった。それでも、私は自分の感覚は本当に信じられるものなのだろうかと考えた。子どものころ、あんなに早くに自分のジェンダーとセクシュアリティを主張するほど大胆で、そんなのどうでもいいと思うほど無邪気だったあの感覚は信頼できるものだったのか？

　ノンバイナリーとは私にとって「トランスジェンダーというほど十分に男ではない」、そして「シスジェンダーというほど十分に女ではない」ことで、アセクシュアルとは、たとえ同じ性別やジェンダーの人と特別な関係を持っているとしても「クィアというほど十分にゲイではない」ことだと感じるときがある。そして自分は一般的なトムボーイであるという感覚をトランスジェンダーだと勘違いしているのではないかと心配になったり、その勘違いを受け入れるのではなく、乗り越える必要があるのではないかと悩んだりしている。自分がクィアのアンブレラに加わるのが、中学生のときにクィアだと気づいた人たち――ＰＦＬＡＧ〔ＬＧＢＴＱ＋の人々や家族、アライらを支援することを目的とした全米最大の組織〕やサポートグループの支援のもとに成長した私の兄のような――に比べて遅すぎるために、何かの弾みでとか、ちょっと受け入れてもらったからと、やる気満々で時流に乗ったのではないかと不安に思ったりもするのだ。私は自分の優柔不断さで私たちの小さなノンバイナリー運動の質を落としたくない。もし、私の様子が、ノンバイナリーの存在を軽視し、非難する人たちを勢いづけて、私たちノンバイナリー全員が迷っているのだと思われてしまったらどうする？

応援しようとしてくれている私の両親でさえ、関係がピリピリしているときには、私の服装は滑稽で攻撃的に見えると言ったり、友達の輪に入らないことや結婚式でワンピースを着るか着ないかでもめることを私自身も恥じているのだと言ったりする。兄のことがあってＬＧＢには詳しい両親も、Ｔは不可解なもののままのようだ。支援したいと思っていても、完全に理解するために時間を割くほどではない。私のほうも両親とそれについてはあまり話さないでいるが、それは、子どもがふたりともクィアだということに少しばかり罪の意識を感じているからだ。両親が、頬を染めてウェディングドレスを着る花嫁の親になる日は絶対に来ないだろう。かれらが心のなかで、私が男性と結婚して家庭を持てば、親として当たり前の経験が一度でもできるのに、と願っているのは知っているけれど。ひょっとすると、私が兄の影響を受けて自分もこれでいいと思っているのではないか、と考えているかもしれない。かれらはちょっと騙されたような気がしていて、それで少しだけ私を責めたいのではないか、と私は心の奥底で感じている。

両親はけっして声に出して言いはしないが、私にはかれらの目のなかに疑念があるのが見える。ノンバイナリーとアセクシュアルは、兄が持って生まれたゲイであることとは違い、意識的に選択した、成人期初期の反抗の手段なのではないかと思っているのだ。でも、私がまだ自分自身に対する疑いや迷いに苦しんでいるときに、両親が、私に何が起きているのかを知ってくれているはずはないだろう？　私は、アセクシュアリティが自分の持つ身体に対する不快感をもたらしたのか、まず身体に対する居心地の悪さがあってそれでセクシュアリティへの嫌悪が生まれたのかに答えることさえできないでいるのだ。おそらくノンバイナリーとアセクシュアルは、ひとつの潜在的な自意識から同時に成長したのだろう。確信はないけれど、たぶん。こうした混乱状態は、ジェンダーのように複雑で気まぐれなものに対処しようというときにはよくある体験なのだと思う。自分のアイデンティティに微塵も疑問を持たない私の両親のような人たちにとっては、この状況は理解できないかもしれない。

私たちは、自分たちが何者であるかがわからないから、自分たちではない何かのふりをして何年も過ごしている。そうあるべきだと思われているジェンダーがふさわしいとは思えないが、代わりになるものも見つけられない。私たちは社会のどこを見ても、男女二元論に基づくラベルを持った集団以外について考えるときにはトラブルになると思い知らされている。そもそも、社会的、身体的な移行へ向かって進まない私たちの多くが脆（もろ）さを抱えているのだ——実際の行動を伴わない感覚によるラベルでは、本人自身も根拠の薄い自信しか持てなくて。

現在、私は幸せなことに、たくさんのノンバイナリーの友人がいて、地域のクィア資料センターの討論会にも参加するという毎日を送っている。そこではみんなが自分を発見するために野山の小道(トレイル)を歩いている。私たちはひとりぼっちで道を進んでいく必要はない。これまで私たちの誰もが、程度はさまざまであれ孤立感、劣等感、挫折感、そして友達を作るためやいじめから逃げるために「ふつう」でありたいという願いに苦しめられてきた。私はクィア仲間のグループのなかにわかりあえる人たちをたくさん見つけてきたが、その数は異性愛を規範とするアメリカ社会で出会った共感できる人と比べてはるかに多い。それは私たちのジェンダーもしくはジェンダーの欠如が、そして性的関心もしくは性的関心の欠如が、いかに私たちの人生に黙って影響を与えているかを物語っている。私たちは自分の経験とぴったり合う誰かの経験に、まだそれを受け入れる前だとしても、絶えず引きつけられているのだ。

私はジェンダーについていえば、自分がみんなよりずっと標準から離れた外側を歩いていると認めるのにも、その相違には私が名づけたければ名前があると気づくのにも数十年かかった。ジェンダーに対して強い期待感を持たない家庭で成長した私でさえ、大人になって人それぞれに事情は違ってもいいのだとわかるまでは、ジェンダーは男女二元論だというのが確固たる規範のように思えた。必ずしもそうではないと知る前は、境界にいる私たちは、世間ではよく知られているけれど自分には合わない、まるで誰かのために短く縫われたか、丈を詰められたズボンのようなトムボーイ、フェム、ブッチ、レズビアン、ゲイ、フェアリー、トランス男性、トランス女性といったラベルを身につけて歩いていたのだ。

ときどき私は一緒に歩くコミュニティの人たちのガイドロープに、置いていかれまいとして必死につかまっているような気持ちになる。自分のコミュニティがあって、友人たちがいると感じることは、何ものにも代えがたい価値がある。もしかしたらあなたは私と同様に、常に流れているように見えるアイデンティをつきとめるのに苦労していて、自分はノンバイナリーやクィアのアンブレラに入るのかな、と悩んでいるかもしれない。そんなあなたにもいつかきっと、自分自身について何か新しいことがわかり、新しいコミュニティのみんなと新しいトレイルを進んでいく日が来るだろう。私たちと歩いているあいだは、あなたのジェンダーについての考え方を私たちに話してくれたら嬉しいなと思う。

第20章　傍観者でいることに甘んじてはいけない

スージー・チェイス
Not Content on the Sidelines　Suzi Chase

私は女だろうか？　女性ホルモンの投与で胸のふくらみと、より女らしい顔のかたちを手に入れ、手術で身体を女性の肉体に作り変えた。マッチョな声は消えて、長時間の訓練のあとは女性の歌声のように心地よく響いている。クローゼットには女らしい服が、所狭しと詰め込まれ、ドレッサーの引き出しは美しいアクセサリーであふれんばかりだ。外出時に女らしい歩き方や、身のこなしやふるまいがとてもうまくできるようになってからは、誰ひとり、私がかつて男だったとは気がつかない。

それで、私が女になったといえるだろうか？　いろいろなことに精通し、以前はそうでなかった何かになったのは確かである。不器用で、無礼で、動きがぎこちなく、人とうまくつきあえないこの私が、まるで魔法を使ったように、大胆で美しく自信に満ちた女性として世間に公開されているのだから。私はこうした成果に驚嘆している。でもそれは私のジェンダーを変えてはいない。もし、自分をいつもどう考えているかについて正直になる必要があるなら、言わなければならないだろう……男性だと感じていると。

私は、自分が女性だとずっと知っていたと言えるトランスの女の人たちがうらやましい。彼女たちは小学生のときにもうすでに、自分がほしいものはピンクの三輪自転車と、お洋服をたくさん持ったバービー人形だとわかっていた。私は、誰かが生まれた身体とは正反対のジェンダーだとはっきりわかっているというのがどんな感じがするものか想像できないでいる。私にとってトランスジェンダーであるというのはそれとは別の体験なのだ。それは女になるのがこれから起こりえる出来事のなかでもっとも素晴らしいものだ、という熱烈で、確信に満ちた、揺るがしえない、でも完全に不合理な信念なのである。そしてその信念は不幸なことに、私の願いにもかかわらず、自分が男性であり男性でい続ける運命にあるという、同じく揺るがしえない認識を伴うものだった。

私は気乗りしないまま、男でいることを選んでいた。私には生まれつき、男性に求められているとされる押しの強さ、自信、ものわかりの良さ、冷静さが欠けていたので、必要なスキルを身につけないとならなかった。男らしくふるまうやり方を知っているふりをしながら、やたらと時間をかけて、なんとかまあまあの男性の複製になるところまで行きついた。子どものころ、私の内面はみんなに見破られていた。本物の男の子たちがそろって家の門から私をのぞき見て、最大限の優越感を示してみせ、社会に順応していないとはっきりわかる男の子へのおきまりのあざけりや屈辱を与えてきた。どうしてかれらは気づいたのか——今もよくわからない。でもこうした居心地の悪い学校時代に、自分はどこにいてもみんなと違っていて、自分を守ることができず、脅されつけこまれやすい人間だと気づいたのだ。サマーキャンプ、新しい学校、休暇で訪れたビーチ。どこへ行っても私は、軍本部から事前に公式声明——脆弱な魂の持ち主がいるから用心せよ——を受け取ったと思われる子どもたちのなかに放り込まれた。かれらが私を呼ぶあだ名は、どれもがぞっとするほど私にふさわしかった。まるで世界的ないじめのシンポジウムで承認された辞書に載っているかのように。

大人になっていくあいだに、私は自分のジェンダーに対する不快感を隠すマスクを進化させていった。よく訓練された男らしさがあふれ出て、女の人たちを惹きつけることもあった。自分の子どもたちと一緒にいると、かれらに最善を尽くすよう要求し、不真面目な態度を許さない父親だった。世界にきみという人間はたったひとりしかいないんだよと教えるような、かれらを守り育む人間になりたいと思っていた。だが、父親ならすべきだとされることをしていたにすぎない。

大人として何年か過ごすうちにわかってきたのは、人とつきあうときの自分の立ち位置について、戸惑いが着実に増していくことだった。他の男たちと築いているつもりの友情めいたものには満たされそうになく、女の人たちといるといつももっと気楽に過ごせた。彼女たちがごく自然に感情的な弱さを見せる様子は、男たちにはほとんどないものだったのだ。しかし、既婚の男が友情を感じて女の人たちに近づくのは、厄介ごとをはらんだものでしかない。ありったけの誠実を示そうとしても、いつも目的を読み違えられた。私の疑り深い性質からくる心配は、彼女たちと友情を結びたい気持ちに圧倒的にまさっていた。

50代に入ると、自分がもがいている原因が何かを探り当てて安堵したいという気持ちがふくれあがってきた。ある年、私は目標を「うまく、溶け込む」というふたつの言葉にまとめた。これまでの人生を検証して自分自身を知るようになればなるほど、私のこの自分探しはますますジェンダーに焦点を当てるものになっていった。

ジグソーパズルのピースをはめ込んでいくうちに、私はトランスジェンダーだという絵がゆっくりと浮かび上がってきた。女性を描く映画や本は大好きだったし、女の人たちと一緒に過ごすときは心が落ち着き、男たちといると不安な気持ちになった。思えば10代のころから、女性の身体を持ちたいと夢見ていて、自分には乳房や女性外性器で性的興奮を感じることは絶対にないのだと思うと鋭い痛みが走ったものだ。女として性的な空想をするときには、不可思議で驚愕するような感覚に圧倒され、女であることを宝くじの当選や、夢に描いた仕事に就くのと同等のものだととらえていた。

私は、トランスジェンダーであるとは、頭のなかに、本当に女性でありたいと切望する思考様式を持っていることだと理解している。私が女性であり、これまでもずっとそうだったならトランスジェンダーだという人もいるかもしれない。だが、私のジェンダーは、自分の体験、身体の状態、人からの見られ方、自分の目に映る自分、いつも習慣として演じている役割、の総計なのだ。私はもう50年以上も男性として生きてきている。18年以上も父親をやってきていて、20年間（移行が結婚生活を粉々に砕くまで）は夫だった。そして何世代もの生徒たちから、男性教師として尊敬されてきた。私は、3年という短い年月にホルモン剤を服用し、みんなに新しい名前で呼んでくれるように頼むだけで、それを帳消しにできると思ったのだろうか？　女性らしく、美しければそうできると？

◆◆◆

早い段階から、精神的な「援助」はなんの役にも立たないとわかっていた。ある有名なサイコロジスト――トランスジェンダー治療の権威とされていた――は、私がジェンダーの違和感を訴えると冷笑した。私はペニスがあるのを気にしてはいなくて（女性のパーツと交換できるなら今すぐにでも喜んでそうするけれど）、それによって得られる多くのことを楽しんでいる、と伝えたときだ。「何人も患者さんを診てきましたけどね」と医師は言った。「かれらは外性器を手で触るのが耐えられなくて、立ったまま排尿ができない人たちですよ」と、「本物のトランスセクシュアル」ならこう感じるべきという持論をぶってみせたのだ。幸運にも、医師の横柄な態度や私の症状への侮辱が私をくじけさせることはなかった。診察を受けるまでにかなり長い待ち時間があったから、そのあいだに情報を仕入れて自分ひとりで先へ進んでいたのだ。予約日がくるまでに、すでに何度か女性として外出していたのである。

医師の侮辱がもたらした失望はすぐに消えたが、私はそのあともしばらく、この先どうしたらいいのか決められないでいた。初めは、自分がトランスジェンダーかもしれないという可能性に抵抗していた。メディアを通じて得た知識から（あのころはまだかれらの無知を知らなかった）、トランスジェンダーであるとは、男の身体のなかに女がいると感じなければならないものだと思っていたが、自分が女だという感覚はまったくなかった。異性の服を着たいとは微塵も思っていなかったし、私の両脚のあいだにぶら下がっているものを激しく憎むこともなかった。つまり女性だとはいっさい感じていなかったのだ。でも、男性としての人生を今後このまま続けていけないほど憂鬱だという心のメッセージも無視できなかった。不安の真っただなかで、私は終日、女として過ごしてみようと考え始めた。

私はトランス女性に対しては畏敬の念と好奇心を持ち、なぜ移行をして女性として生きていく人がいるのかも理解していた。彼女たちは新しい名前が音楽のように聞こえると話していたのだ。私はといえば名前がひとつあればそれで十分に幸福で、新しく変えたとしてもその響きは同じように聞こえるだろうと思っていたのに。私はたとえ彼女たちを同じようには感じないとしても、女性としての人生を始めることができるのではないだろうかと漠然と考えるようになっていた。誰も私の中身が女でないと知る必要はないのだから。

可能性は計画になり、計画は運命になるものだが、私はそれを知る前に、綿密に描いた移行戦略をたてていた。こうした女のふりをする毎日でも丸一年送れば、性別適合手術を受ける資格を得て、ほしくてたまらなかった女性の身体を手に入れることができるかもしれないと心のなかで思い描いてさえいた。その考えは、酔いも覚ますほど魅力的なものだった。でも私は移行がもたらす変化に対してはきちんと注意を払っていた。もし自分が完全には女だと感じなかったときに、女でいるふりを続けていけるのだろうか？　そもそも私はそれがやりたいのだろうか？　男として生きるのが懐かしくなるのではないだろうか？　そして、私の心のなかの秘密の欲望にしたがって手術をして身体を変えたら、新しい身体に居心地よさを感じるのだろうか？　あるいは、もう戻れなくなったあとでそれが破滅につながる決断だったと気づくのだろうか？　私は自分が世間の人を納得させる女性らしい表現ができるかどうかもわからないでいたのだ。

トランスジェンダーの友達が、世の中に出てみて、女として見られるかやってごらんよと言ってくれた。もし自分がトランスジェンダーではないとわかったなら続けなければいいのだから、リスクはほとんどなかった。かつて試したあの数回の外出は、ためらいがちに恐る恐る行われたものだったが、今回は性別移行への誘惑が私を表へ引きずり出した。あのときは、ちゃんとした女性の衣服をほんのひとつも身に着けずにいたのだと思うと、我ながらその無謀な考えに腹が立った。ちゃんと女性に見えるまでは絶対に外出するまい、と私は思った。女装した男に見られても面白くもなんともない。いったい何のために外出するというのだ？　元エンジニアリング事業計画部長として、私は、初めての女性服での外出を事業開発計画としてとらえ、万全の態勢で取り組んだ。まずはチェックリストを作成して衣服アイテムを、最重要、重要、持っていればよし、というように格づけしていく。ウィッグ、あごひげのあとを隠すメイクアップ化粧品、胸の模造品、紳士用ではなく少なくとも男女兼用であるとわかる靴や衣服といった品は最重要品で、衣服から出る部分の脱毛は重要品だった。アクセサリー、ハンドバッグ、腕時計は持っていればよしのリストに載せた。準備には数週間をかけた。最初にもっとも手に入れにくいアイテム（ウィッグと化粧品は買うのが難しいとわかった）を入手し、それから残りの品をそろえていった。そしてついに思いきって外に出た。

私が男性の身体を持っていると気づく人はいたが、それは私をじっくり見る機会のある場合だけだった。ちらっと見るなら、私は女だったというわけだ。だが私はそれが悔しくてたまらなかった。服はきちんと身体に合っていなかった。何かが滑り落ちたりずり上がったりしないか、ずれてしまったウィッグや、見えてしまったふさふさした体毛や、間に合わせの下着が私のアイデンティティをさらけ出さないか不安に襲われた。ファンデーションやアイシャドウが顔からあまりに離れた服にまでべっとりとついているのに気づいたが、その移動がどうやって起きたのか想像もつかなかった。私の格好のすべてが不安定で、ガムテープと針金で補強された見た目は、なんとか実現させようとする夢のように壊れやすいものだった。

そして私は自分が女性だとは感じていなかった。私は世間を欺き（あざむ）、自分にふさわしくない敬意を払ってもらおうとしていたのだ。事業計画のすべてが許されない、不正行為のように感じられた。

後日、その体験がふたたび私に声をかけてきた。その朝も、家を出るとき、男性がよくやるように財布と鍵を無造作にポケットに突っ込みながら、ドレッサーの上に置いたままのハンドバッグに目をやった。すると突然に、財布や鍵ではなくそのバッグを持っていくべきだという強い感情が襲ってきたのだった。そしてクローゼットにかけっぱなしの身体にぴったりしたブルージーンズが目の前に浮かび上がってきて、私の冒険の未来図を、今は過去のものとなった色鮮やかで儚いファンタジーの世界へ誘（いざな）ったのである。バッグもジーンズも私がモノクロームの人生にはまったまま身動きできずにいることを頻繁に思い出させる品々だった。

さらにもう数回ほど外出してみると、ワードローブが増えて、もっと上手に女性になりすますことができるようになった。数週間後には外出していても自然な気持ちでいられ、誇りさえ感じた。だが、ほとんど変化しない心のなかのジェンダー・アイデンティティについてはどうしようもなかった。私の女性としての人生は、ほぼすべての人から認めてもらえるようになったが、それは自分を除いての話で、心の奥底には男性として凝り固まっているという直観的な確信があった。

私があまりにも完璧に男の仮面を作り上げていたので、それは私の存在に溶け込んでしまい、それが仮面だとは誰も気づかないくらい私の一部になっていた。その見せかけの仮面は、私が女として生きていく計画を打ち明けた相手が、驚きのあまり、ものも言えずに見返すほどよくできていた。私を知る人たちにとっては、その仮面こそが私で、唯一かれらが見るのを許されていたものだったのだ。あまりにしっかりと長い年月、顔に張りついていたために、仮面から伸びた蔓が私の肌に深くもぐりこんでしまっていた。もはや私にこの顔は必要なく、ときおり憎しみさえ感じたが、どこで仮面が終わりどこで自分が始まるのかがわからなくなっていた。男性的な習慣やものの見方は深く根づいており、それらから離れて何かを考えるのも不可能だった。たとえ、新しい人生を美しく飾り立てる装飾品――ウィッグ、イヤリング、ブラジャー、スキニージーンズ、ニーハイブーツ――を満足げに身に着けていたとしても、日常生活のために装っているというより見知らぬ国での軍事体験に備えて準備しているという気がしていた。

この、自分が男だという感覚は私を悲しい気持ちにさせた。私にとって女性らしさとは、敬愛する多くの女の人たちが世界にもたらしている美と調和を意味する。彼女たちは、女性らしさが功利主義論者や競争主義者のように大きくなりすぎたと主張する勢力などどこ吹く風といった様子だった。私は、彼女たちの何かを育み、温かく見守り、見返りを期待せず、純粋に愛する才能を知っている。そして彼女たちにただ憧れて、そのふりをしているだけの私とは違って、多くの女の人たちにはその気質が自然にそなわっているように見えたのだ。私は自分を隠すために毎日策略をめぐらしながら、その本物の女性精神を少しでも味わってみたいと切望していた。

私は女性らしさが純粋に良いことばかりではない状況にも目を向け、これまでに出会った多くの女の人たちのなかに不安を見たり、感じたりしてきた。彼女たちは見下され、言いなりになると決めつけられ、社会的な軽視を受けている。文化が押しつける、女には無理だとする価値基準は、彼女たちに嫉妬心や、自分への不信感を持たせ、それらの感情が、女であることについてまわる困難や苦難につけ足されていく。奇妙に聞こえるかもしれないが、私は本物の女性体験の一部として、自分もこうした困難や苦難を体験してみたい、とまるで何か喜びでも求めるように願った。私はそれらすべてを、進んで引き受けようと思った。自分が淹れた偽物の香りのする飲み物をちびちび飲むのではなく、「本物の女であること」という飲み物を味わえるように。

不安な気持ちであれこれと考えているうちに、私は自分の将来について疑問を持つようになった。自分は残りの人生を、結局はファンタジーと現実は違ったとわかるだけに終わる、面倒で不自然なものにしてしまうのではないだろうか？　終わりの見えない策略に飽き飽きしてしまうのではないだろうか？　私は専門家による導きがほしかった。今度はもっと注意深くカウンセラーを選んだ。

新しいジェンダー専門のセラピストは、切望と変化が渦を巻く大嵐のなかで、心の落ち着く避難所だった。彼女は、私たちはみな、違ったやり方でそれぞれのトランスネスを経験しているのだと話してくれた。私はいうまでもなくトランスジェンダーであり、いうまでもなく彼のお母さんにワンピースをねだる4歳児と同じように、納得のいく性別移行をする資格のある人間なのだ。「女だったらよかったのになあ」と話す人は、「私はこれまでずっと女です」と話す人によって輝きを失わされなくてもいい。トランスジェンダーのたったひとつの正しいあり方はないし、移行のたったひとつの正しいやり方もない。自分のジェンダーが「男性」と「女性」という二元論のボックスにきちんと収まらない人は、そこにいると心地いい、と言える場所へ移行をする資格があるのだ。ノンバイナリーである私たちは、傍観者の立場で、人生を転換させている人たちの応援に甘んじる必要はない。

◆◆◆

女として3年以上も生活してきて、この言葉が真実であるとはっきりわかった。まだ完全に自分が女だという気はしていなかったが、ジェンダー体験は変わってきていた。今では、自分は女性だという確信が強烈に光を放つ瞬間や、ジェンダーのことがまったく頭のなかにない時間帯があり、男か女という完全にバイナリーな人たちと一緒にいるとかれらと自分をはっきり区別する感覚を持つことさえある。そんなとき私は、自分のジェンダーは男性と女性のあいだにピンと張られた線状のスペクトラムから完全に離れた場所にあるという気がする。ほとんどの場合は、今もまだ断固として男性だと感じているけれど。

だが、この執拗に続く気持ちの揺れも、自分が選んだ女らしい外見と表現がもたらす心地よさになんら影響を与えてはいない。私はいつも鏡に映る自分が、間違いなく憧れの女の人の姿をしているのが嬉しくてたまらず、女性ならではの日常の習慣を楽しみ、全身を色合いや感触にこだわったアクセサリーや服で飾り立てて喜びを感じている。女性同士の友情がもたらす連帯感は、やわらかいソファに座ってくつろいでいるような気分にさせてくれる。移行前に経験した同僚男性たちとのつきあいの厳格さを思うとなおさらのこと。そして、ホルモン療法と手術による身体の劇的な変化は驚くほど素晴らしいものだと思いながら、同時に、それを確立されたトランスジェンダー体制に対する愉快な破壊行為のようにも感じている。私は「何かをうまくやってのけ」、資格がないと見られがちなジェンダー・アイデンティティでも夢みた身体を持たせてくれるよう医師たちを説得した、という満足感にひたっているのだ。実際、こうした破壊行為のいくらかは、私の毎日の女性としての生活の喜びから成っている。私は、内部のジェンダー体験とは食い違う外見を持つことに存在する、不正行為と思われがちなものを少しも気にしていない。それどころか、女性らしさという異国の地に移住し、市民にうまく溶け込み、パスするくらい深く潜入した地下組織のスパイを気取って胸をわくわくさせている。

私は今も完全に女性だったらいいのになあと思っているのだろうか？　これ以上ないくらい真剣に考えてみるときの答えはイエスだ。そして、バイナリーの女性（トランス女性かシスジェンダー女性だ）になる機会は与えられないということへの不満をぼんやりと感じている。神様がいるのかどうかよくわからないが、不思議なことに、お祈りが驚くほど助けになるとわかってきた。全能の神に力をお授けくださいと祈る代わりに、内部の力に祈るとき、それもまた同じように聞き届けられる。今の私を受け入れれば平和がきますようにとだけ祈るときはとくに。もし私が女として生きるのを喜んでいる男性なら、それは、男として嫌々ながら生き続ける男性よりもはるかに素晴らしいことなのだ。結局、私の移行は、私の好き勝手に想像したものを超える至福の時間を与えてくれた。乳房とすべすべした肌を持ち、身体を完璧に整えてくれるアバンギャルドな衣装を身に着けた自分を鏡で眺めるとき、シスジェンダーの人たちにはとうてい理解できないご褒美をもらった気持ちになる。移行は、私のジェンダー・アイデンティティがどうであれ、明らかに正しい判断だったのだ。

セラピストとの面談が終わりに近づいたあるとき、彼女は私に、まだときどきは男として生きたいと思いますかと尋ねた。「いいえ、まったく」と私はすぐさま否定した。いつか、「オーケー、私はついに女なんですね」と言える日が来るのだろうか？　未来がどうなるかを見通すことはできない。今は、夢が実現したとして、自分の移行を楽しむことに満足しなくては。私はこの瞬間も、女として毎日を幸せに生きているひとりの男が選んだ旅の不思議に感動しているのだから。

第21章　あなたには私が見える

ブライアン・ジェイ・イーリィ
You See Me　Brian Jay Eley

※　この章は自殺と性的虐待に関する内容を含んでいます。

子どものころの私はただひたすらX－メンになりたいと願い、人とは異なる能力を持っているとわかって仰天する自分を毎日思い描いていた。私は子どもらしく宇宙の存在を信じ、人生はスーパーヒーローの運命づけられた筋書きのように展開するもので、自分の物語にはなぜこんなにもひどくひとりぼっちだと感じるのか、その理由が隠されていると信じていた。X－メンの宇宙でもパワーは油断ならない性質を持ち、多くのミュータントのパワーは無益なものから有害なものまでさまざまだ。飛びたいと願い、強さを願い、瞬間移動や破壊光線を願いながら、私たちのようなミュータントの大多数が持っているのは見えなくなる能力だった。

見えなくなる、つまり不可視化の力が役に立つ状況は情けないくらい少ない。もし友達とスーパーパワーについて話をしていて、誰かが不可視の力がほしいと言ったら、その子を助けなきゃいけない。何かすごくヤバイことがしたいのか、自己肯定感をどうしても高めたいのかのどっちかだからだ。不可視の力が現実の世界で顔を出すとき、権力の移動が起こる。沈黙させられている人々の集団に対して自分たちの優勢を保ち、支配を強めている内密の力が、かれらをそのまま黙らせておこうとするのだ。自分が存在することの正当性を疑っている人を沈黙させるのはたやすい。存在しているのかさえ不確かな人が、その人らしくいようとするためにどう戦えというのだ？

私はいつもどこか人と違う子どもだった。あまりにも悲しそうな顔をしているとまわりの人たちを心配させたのを覚えている。悲しい気持ちでいるのを隠す方法はわからなかったが、一日に何度も自分の死について想像するのはふつうではないと気づくのに時間はかからなかった。ほどなくして、ユダヤ人の幼稚園に通うキリスト教徒の黒人の子どもはめずらしいのだと知った。そして、私が黒人ならこう話すと思われている口調で話していないのもわかった。南部出身だと知った人から、なぜ私には南部なまりがないのか訊かれたのだ。

誰もが私を見て、大きくなったらフットボール選手になるだろうねと言ったが、私はそれがすごく嫌だった。スポーツにはまったく興味がなく、姉のダニエルと遊んでいたかった。ダニエルは世界でいちばんかっこいい人で、正直に言うなら、今も私のトップ5に入る。彼女は私よりはるかに心地よく生きているように見え、ずっとその後ろをついていきたいと思わせた。姉みたいになりたくて、姉に好かれたくて、姉が好きなものぜんぶを好きでいたかった。「マイリトルポニー」〔女児用の玩具〕で遊ぶのがすごく楽しかったのを覚えている。自分のものではないけれどかまわなかった。自分がほしがっていないと思われているのはわかっていたけれど、別のおもちゃを買ってもらって姉と一緒に遊べるからそれでよかった。だけど、よかったのは、姉がもう私と遊びたいと思わなくなり、「マイリトルポニー」で遊べなくなる日が来るまでだった。

私は子どものときに聞かされた美辞麗句を信じていた。アメリカは偉大で、神様は正しい。人は平等であり、生まれや境遇によって人をいじめるのは悪いことで、誰もが成長したら何者かになる。私に女の子用のおもちゃで遊んではいけないとはっきり口にする人はいなかったが、あたりには偏狭な考えがそれとなく漂っていて、私はそれと一緒に大きくなった。

若いころの私は社会に存在する目に見えない抑圧的な力を感じていた。それは私を有害な男らしさへ誘導し、本当に楽しんでいたものから遠ざけた。R&B、ポップス、フォークなどの今は大好きな歌の数々が、私を激怒させる引き金になった。私はスパイスガールズや、マライア・キャリーや、ジュエルを好きな自分に腹を立て、男の子たちよりもっと女の子たちと友達になりたいと思っている自分に腹を立てていた。女の子たちのなかのひとりになりたいと思うたびに腹が立ち、ふつうの男の子でないことに腹が立った。その怒りのすべてが１９９０年代にヒットした曲のメロディーに乗ってやってきて、私はそれらすべてを追いはらいたいと思った。

多くの人が、ホモフォビアやトランスフォビアという言葉は恐怖症（フォビア）としている点で間違いで、その理由は恐れというより、憎しみを持ち暴力的だからだと言う。だがこんなことは言いたくないけれど、恐怖こそが激しい怒りや暴力をもたらすものなのだ。女の子に人気の曲が頭から離れなくなったときに生まれる私の内部の激しい怒りは、魅力的だと感じるトランス女性〔原書では trans womxn。トランスやノンバイナリーの女性を包摂する用語で表記〕を殺害しようとする男たちの内部でふくれあがる怒りと同じものだ。有害な男らしさのせいで暴力をふるう多くの男たちにとって、その行為は本当の自己を殺してしまおうとするぞっとするような虚しい企てで、それは自殺を試みることなのだ。

高校生のとき、私はみんなからゲイだと思われていた。ある夜、ママの部屋で彼女のウィッグをつけて待ち伏せしていた。部屋にはいってきたママに驚いてみせたら、大笑いされるだろうと考えたのだ。

ママを見た私は大声で叫んだ。「ぼくはゲイじゃない！」

するど母は大声でどなり返してきた。「おまえがゲイでもかまやしないよ！　おまえがそう言うならそれで万事問題なしだよ！」

ああ、そうか……そうなんだ。私はそんな反応をもらうとはまったく予想していなかった。「坊や、お馬鹿さんだねえ！」という驚きの笑い声を楽しみにしていたのだ。10代の私のコメディの才能と完璧なタイミングに、願っていたとおりの敬意が払われたらどんなにかよかっただろうに。私が演じてみせたくだらない一度きりの寸劇に対して、温かな大笑いはふさわしくなかったようだ。その代わり、あまりに長い期間、私にどう接するか決めかねていた母から感情むきだしの反応をもらったというわけだけれど。

私はこれまで何度も自分がゲイではないかと考え、ありえないことだとはけっして思っていなかった。もしこれぞという男性にめぐりあったら、自分が男性というジェンダーでも気にしまいと言い聞かせていたが、男性に興味を持つことはあまりなかった。私は女の人が大好きで、彼女たちに強い欲望を感じていた。好きになった女の人の多くが男に興味のないレズビアンだったとわかるのはあとになってからだが、当時はただ単に不器用で女性を誘うのが下手なのだと考えていた。のちに高校の友人たちから、男性的な外見の女性に惹かれていたとからかわれたものだ。私は世間一般から魅力的だとされる女性が魅力的なのは当たり前で、そう言われない人もまた魅力的だと思っていた。

私は見事なまでに多様性を持つテキサス州ヒューストンで成長した。まわりには常に異なる人種の人たちがいたが、育った地域は白人とユダヤ人が優勢な場所だった。私には行きかう人々のなかで、浅黒い肌の黒人女性がもっとも魅力的に思えた。私が出会う黒人女性たちは白人男性としかデートしないのだと話し、私とのデートは望んでいなかったが、私が黒人女性を魅力的だと思っているとも考えていなかった。というのは、大混乱を引き起こし、社会に荒廃をもたらし、世界中に信念を主張する植民地主義の勢力が、その植民地主義にこびりついている美の基準を強調してばかりいたからだ。私は今でも黒人女性を誘いたいと思うときには萎縮してしまう。

私の自己肯定感は恐ろしく低く、自分を魅力的だと思ってくれる人はどこにもいないだろうと考えていた。私は見た目よりも人柄に興味があり、風変わりで野暮ったい女の子たちが好みだった。彼女たちは美しかった。たくさんの映画を観ているうちに風変わりで野暮ったくてセクシーな人は、やはりセクシーなのだと思うようになった。私自身が野暮ったく風変わりだったからか、同じような白人女性とデートをするとうまくいった。

大学では、ふつうの異性愛でストレートの野郎（デュード）でいるために今までよりさらに努力した。しばらく禁欲しようと考えていると友人のスコットに話すと、しばらく禁欲主義者になると決めた男はみんなそのあとで自分がゲイだと言いながら戻ってくるのだと言われた。それを聞いた私はセックスから遠ざかることをやめ、能力の限界までデュードであり続けた。

アメリカでは、18歳になった子どもたちは教育を受けるために、これまでの人生で稼いだお金よりもっと多い金額を記した法的拘束力のある契約にサインするよう圧力をかけられる。そうした子どもたちは新たに借金を負って、生まれて初めて完全な法的責任を持つことになり、育った家を出て誰かと共同生活をする。かれらは学究的生活における成功にしか興味のない一握りの大人と、ほとんど大学生の経験しかない一握りの年長の学生たちに指図される。そうした子どもたちの大多数は、自己管理、承諾、インターセクショナリティ〔交差性。個人のアイデンティティが複数組み合わさることによって起こる特有の差別や抑圧の状況〕についての知識を得る機会がない。つまり、なぜハウスパーティは実際にバーより良いのか、その大きな理由がバーに足を踏み入れているようなくだらない輩とあてもなくうろつかないで済むからだということを教えてもらえないでいるのだ。

私は大学に行くのがつらかった。私の双極性障害ははっきりとした診断がついていなかったし、もっと悪いことには、処方された抗うつ剤のせいで毎日の生活がコントロール不能な状況に陥り始めていた。自殺はうつ症状の副次的な作用としてはまれだと言う人もいるが、私たちのように双極性障害なのにそうでないと誤診された人にとってはより可能性の高いものになる。私は寮に近い駐車場の屋上でよくぼんやりと過ごしていた。消えてしまうためにそこに上がり、授業をさぼって街を眺めていることもあった。そこからはマディソン郡全域が見わたせるような気がした。その日、友人のマットはそこが私の思索の場所だとは知らずに飛び降りた。大学の危機ホットラインのスタッフは、ちょうどそのとき、私がまさにその屋上の突き出た縁に座って電話しているとは知らずに、私を電話口で待たせることになった。電話はいつまでたってもつながらず、私はその晩、屋上で泣きながら眠ってしまった。もう元の自分には戻れなかった。授業に出るのをやめ、夜じゅう起きているようになり、一日に歌を3曲作って録音した。仕事にはなんとか行っていた。そこでエミリーに出会った。

エミリーは小柄でかわいらしい白人女性だった。彼女は職場で初めてできた気軽に話せる相手で、からかいあうようになってから数週間後にデートに誘った。ふたりで何杯かビールを飲んで、しばらくのあいだ、キャンパスの外で過ごせたらいいなと思っていた。お酒の力を借りなくてもエミリーをうっとりさせることができそうで嬉しかった。

エミリーは違うことを考えていた。見ただけで胸の悪くなるようなウォッカの大びんを持ってきて、寮には持って帰れないから、あなたの部屋でこのボトルを飲み干そうと言うのだ。なんだか奇妙で無理やりな感じがしたが、まあいいさ、どうにかなるだろうと思った。エミリーのどうしても飲ませようという気迫に、彼女の前であまり酔っぱらいたくないという気持ちが負けてしまった。そこまで言うのだからいいか、と。

エミリーにひどく酔わされた私は、彼女を寮まで送っていった。彼女の寮は私の寮のすぐ隣だった。問題もなく無事に寮に入った。彼女は私を部屋に招き入れ、私たちはキスをし、いい感じになった。でも彼女からバージンだと聞いていたからプレッシャーを感じさせたくなかったし、初めてのセックスを体験するときに、たとえ彼女がそれでいいと思っても気分が悪いくらいに酔っぱらっていたくなかった。家に帰らないとならないと私は言った。私は酔って、疲れて、欲情していて、新しいときめきに胸が高鳴っていた。彼女は私の寮はすぐ隣なのだし泊まっていっても大丈夫だと言ってきかなかった。目を覚ますと彼女が私の上にのっていて、私は彼女のなかに入っていた。私が初めてのときにはもっと違う形がふさわしいのではないかと言うと、彼女は動きを止めた。私は暴力を受けたと感じたが、もっと深刻な性的暴行を受けた女性たちをたくさん知っていたから、誰にも話せないだろうという気がした。私は自分が男だから、事情はどうであれ、目を覚ましたらセックスをしていたとはラッキーではないかと思われてしまうと感じたのだ。私の物語は、女性たちの体験から戦慄するような恐怖を与えられるという部分を差し引いただけでまったく同じものだった。人に話せるようになるまでに何年もかかった。あの夜の成り行きをひとつひとつ思い出し、性的暴行だったとわかるまでに何年もかかったのだ。

そのあとまもなくして、私はヒューストンに帰ることになる。

19歳のとき、自殺を試みようという気持ちが頭から離れなくなった。止めようとしても遠すぎる場所に住んでいてできない友人たちにはさよならと言おうとした。だがすでにFacebookが存在していて、かれらは姉のダニエルを知っている人たちと友達で、ダニエルからママに連絡が行き、ママが警察に連絡した。病院の椅子に座って医師の顔を見ていたことを覚えている。そのとき、私にはわかっていた。医師に彼が聴きたいと望んでいることを話し、無罪放免となって誰にもお別れの挨拶をせずに、再度、試みるか。医師と他のみんなにかれらが聞きたくないことを洗いざらい話して病院のやり方に拘束されて、人生の死を受け入れるかのふたつにひとつだと。そして私は、私に死んでほしくない人たちには、私が生きるのにつきあってもらおうと決めたのだった。

それでも、私の気分の落ち込みは改善されず、みんなも心をすり減らしてしまうかもしれない。最初は、黙っているのをやめて本当の自分について話せば、そうなるだろうと思っていたとおりになった。個人的な心配事をあまりにも主張しすぎると諭され、何人かの知り合いとはそれっきりになったのだ。でも私がいちばんつらいときに実際に私のために一緒にいてくれた人は、ひとりも去っていかなかった。それどころか、かれらは私の痛みのなかで私に寄り添ってくれた。私はもっとも心休まる状況や自分を手に入れることはなかったが、友達や家族がいてくれる幸運をしみじみと感じたのだった。

私は人生で初めて、自分自身を見つけるためのスペースを作り出した。私がロマンティックなかかわり方をした女性たちはみんなレズビアンだと自認しており、最初は、それが私と女性たちを混乱させた。彼女たちの誰ひとり、その理由を説明できなかったが、私といると不思議な心地よさを感じるのだと言った。

私は何度も恋をしたが、相手はみんな、私を旅の途中で降ろしていき、降ろされる場所はいつもその前のときよりも遠くなっていった。今は、別れは誰かにその人自身を理解させるための最善の方法なのだとわかっている。その後、もう長いこと男性とつきあっていないという女の人が、私に初めて「クィア」の概念を教えてくれた。それはストレートでない人やトランスジェンダーだという人を包摂するアンブレラタームだった。何年間も一緒に過ごしてから、自分がトランスジェンダーかもしれないと思っているのだと彼女に告白した。彼女に連れられて店に行き、服を買った。ショーツ、ブラジャー、化粧品。ぜんぶ彼女の買い物だというふりをした。帰宅すると、私は生まれて初めて全身の毛をきれいに剃って、ショーツとブラと男女兼用のシャツを身に着けた。彼女に化粧してもらうと身体にはそれほどの変化はないけれど、顔は私にとって初めて見るものになった。私は美しかった。

私には自分が美しく見えたので、移行を始めたいとは思わなかった。名前も声も変えたいとは思わず、ときおり自分の身体は正しいのだとさえ感じた。だが、公共の場で自分の身体を見せるほどの自信はなかった。自分をクロスドレッサー〔異性の服装をする人〕だとも思っていなかった。自分の感情をうまく説明できず、ノンバイナリーだと自認するパートナーに出会うまでは、移行について考えることはなかった。

26歳になった私は、見た目にはなんの変わりもないままノンバイナリーでジェンダーフルイドだと自認し始めた。外見で示しているほどは男だと感じていないのはわかっていた。完全な女ではなかったが、完全な男でもなかった。多くの人たちがひどく混乱していたが、信念は揺らがなかった。私は、私だとわかっている自分を人に見せたいと望んでいたのだ。そのころ、音楽のキャリアにおいて弾みがつきだした。私は自分が何者であるかを伝えるために、これまででいちばん大きなステージに臨んだ。私全体を覆うほど大きな仮面(ペルソナ)をつけ、「ビズ・ヴィシャス」と名乗り、「ジェンダーフルイドで、まだそれに慣れていなくて、今も少しは男で、それでも脚のあいだにあるもので間違いをしでかすことはない」と宣言した。

私は声に出してはっきりとノンバイナリーだと言っていたけれど、トランスだと自認する考えを全面的に受け入れるにはまだ長い時間がかかりそうだった。私は男としてパスする都合のよさを手放せないでいた。身体的危害を被る恐れが大きく、常に支配下に置かれ、人間としての基本的な品位とチャンスを奪われているバイナリーのトランスの人たちを指すトランスという用語を自分に使って、男として見られる特権を失いたくなかった。このまま何も言わずに自分のアイデンティティを明らかにしたいという衝動を抑え込めれば、「男の身体」を持った男として見てもらえる。あるとき私は年上の活動家であるトランス女性から、トランスの一員であると自認してはどうかと勧められた。彼女は、私たちノンバイナリーのトランスジェンダーは、シスジェンダーとトランスジェンダーの人たちの両方から不当に差別されて苦しんでいるから、深く同情しているのだと言った。

私よりはるかに長く人生の旅をしてきている人に理解され、受け止めてもらったにもかかわらず、それでもまだ先のことを心配していた。今ならそれが恐怖だったとわかる。私は自分の心にひそむトランスフォビアに苦しんでいたのだ。トランスだとわかっているけれどきちんとは受け入れられないという状態だった。正直に言うと、今もまだ、旅の途中のどこにいるのかよくわからない。トランスたちの内部にトランスフォビアが存在するとは誰も考えていないけれど、自分たちのなかにいるトランスの人間をあまりに長いこと迫害してきたせいで、絶えまなく増強されてきたトランス恐怖の気持ちをどうやって完全に取り除けるというのだろう?

ときとともに、私は衣服をいろいろそろえて楽しむようになっていった。いつも自分の上半身に対してひどい違和感があったが、ダンスをするうちに自分の脚が大好きになり、ダンス用タイツは今まで存在を知らなかった心の穴を塞(ふさ)ぐ継ぎ布になった。パンツ姿による不愉快さを解決するには、良いスタイルを保ち、もっとぴったりした伸縮性のあるものをはけばいいのだとは知らなかった! パンツの脚丈をできるだけ短くしてしまう方法だってあるのだ。ショートパンツの魔法は、新しいジェンダーへの入り口を指し示してくれた。

私はオースティンでラップを始め、故郷ヒューストンに帰ったあとでちょっとした歓迎を徐々に受けるようになって、自分が凱旋する勝利者のような気がしていた。私のラップはショーのメインイベントか、国民的に知られる演目を盛り上げるオープニングだった。私は、私のキャリアは、ついにカート・コバーンやジャニス・ジョプリンやジミ・ヘンドリックスと一緒に、かの輝かしい「27クラブ」〔27歳で死亡したポップスのミュージシャン、俳優、アーティストの一覧〕に入ることも考えなければならないほどになってきた、とジョークを飛ばした。

その年に行ったもっとも重要なショーは、大人数の聴衆に対するものではなく、「トランスジェンダー追悼の日」に合わせた、オースティン市庁舎の階段でのパフォーマンスだった。依頼されたそのステージのために書いた「見えない私たち」という新しい歌は、トランスの人間としてもう二度と不当な差別に屈しないという、心を奮い立たせる賛歌による宣誓だった。バックボーカルとコーラスの担い手としてドゥームストレス・アレクシスを選んだのは、トランスのミュージシャンで活動家である彼女とヒューストンで追悼の日を過ごそうと考えてのことだ。私は、この歌が古い世代のバイナリーのトランスジェンダーの人たちと、ジェンダーの限界を押しのけて活動している若い世代のトランスの人たちとの象徴的な懸け橋になるだろうと信じていた。歌っていると、通り過ぎていく車からの耳障りな叫び声が聞こえてきた。「私は今、ターゲットになっている。トランスだと自認していることで、今ここで殺されるかもしれない」それは自分がトランスなのだと悟った瞬間だった。

1年後、私は自分のジェンダーは流動的だけれどほとんどの時間をスペクトラムの女性側で過ごしていると感じていた。私はこれまでと同じように私らしく、不器用で、見せかけのパンクで、扱いやすい人間でいたかったが、女性として見てほしかった。私の生まれつきの容貌が男の範疇にあるのに、想像上のラインの反対側にいる自分をどうやって表現したらいいのか、わからなかった。私は、「サー」と呼び止められなくなるまであとどのくらい前に進んだらよいのか知ろうと、少しずつ今までよりもっとずっと「女性らしい」服を着るようになった。そうしていても、まだゲイ男性だと見られるときもあった。そんなこと、断じてあってはならないだろうに。

ステージでパフォーマンスするときは、必要だと考えている以上に――ちょっとやりすぎだと感じるくらい――大きくやって見せないとならない。遠くから見るとパフォーマンスは思いのほか小さく見えてしまうし、徐々に大きくしていくより、スケールを縮小する方がずっと簡単なのだ。私は大胆にやろうと決め、新しい完璧な女性の外見のために買い物に出かけた。私のステージ上の仮面(ペルソナ)は、失敗したってかまわない「勇敢な私」を打ち出すものだ。仮面は本来、自分を誇示するもので失敗など恐れていないのだから。私は美しく装う女性というものには不慣れだったが、何年も女性向けのズボンをはいていたおかげで、ポケットつきのワンピースに価値があり、それを見つけたからには、幸先が良いと感じていた。私のパートナーの妹は安いウィッグを出してきてくれて、パートナーはそれを私に合わせてカットし、私の容貌を完璧なものにしてくれた。私たちはメイクアップ用品を買いにいき、色とりどりのアイシャドウと、明るい紫色の口紅と、たくさんのキラキラするグリッターを手に入れた。

友人たちと家族は私の代名詞になかなか慣れずにいた。常に私を男でない何かとして認めてもらうには、毎日が戦いの日々だったといってもいい。私は自分のパーソナリティの新しい面が、私の人生に何をもたらすのかが心配でたまらず、人々が私を受け入れてくれたとしてもそれには限界が存在するはずだと思っていた。その点に関して私は完全に間違っていたのだけれど。

驚くことがたくさんあった。新しい美的感覚を取り入れている仲間とはまったく同調しないように見えていたラッパーたちが実はそうではないのに驚いた。いつかはレズビアンだと気づくのを待っているからねという、新しい私を見ても驚かない元カノたちに驚いた。職場のボスが私を脇に引き寄せて、仕事におしゃれしてくるときの私が最高に楽しそうで心地よさそうだからすごくいいと思っていると言ったのに驚いた。ママとダニエルが、自分たちがやっと本当に理解したと感じていて、私を息子で娘、または弟で妹だと思えるようなったと言うのに驚いた。サポートをもらっているおかげで完全な女性を表現することが心地いいけれど、それがまだ自分だと感じられない自分にも驚いた。

私はこれまでに何度も「あなたのカミングアウト物語を聞かせてください」と訊かれてきた。ジェンダーフルイドで、双極性障害で、自閉症で、単純ヘルペス2型で、風変わりな、人権擁護に重きをおく、急進的な社会視点を持つ黒人として、私がどんなふうにカミングアウトしているのですか?とみんなが訊いてきた。考えてみれば、本当はもうあれこれ話す必要はなかったのだ。19歳のときに、これから自分はけっして見えなくなるつもりはないとはっきり宣言していた。私は今では、望んでいたよりもっとたくさんの自分の自分のような人を目にするようになった。私はまだ、自分にとって正しいと感じられるやり方で、どう自分のジェンダーを表現していこうかと考えているところだ。29歳になり、今もまだ自分についてもっと多くのことを理解し始めているところだ。確立された典型的なジェンダーのどれかにうまく当てはまらないのは恐ろしい。でも、みんなに本当の自分を隠したまま、自分の行動やパーソナリティを受け入れようとするのはもっと恐ろしいことだとわかっている。

第22章　服がジェンダーとジェンダークィアを作る

※　この章は言葉による暴力、身体的暴力、性的暴行など、子ども時代に経験した家庭内暴力に関する内容を含んでいます。

オーブリ・ドレイク
Clothes Make the Gender/Queer　Aubri Drake

3人の兄弟と私は、私たちが高校生になるまでの何年間かはふつうに生きていくのもやっとだという貧しい生活をしていた。肉体労働者の父が、航空宇宙関連の会社に働き口を見つけて、私たちをロウアーミドルクラス〔下位中流階級〕の暮らしに押し込む前の話だ。十分な食べ物にありつけず、始終おなかをすかせているというのがどんなものだったかを覚えている。私たちを気の毒に思った教会の人たちが、黒いごみ袋いっぱいに衣類を詰めて届けてくれると胸がわくわくしたものだ。いつも少し不思議な気持ちで袋を開けると、寄付してくれた家々の独特のにおいが波のように押し寄せてきた。柔軟剤、香水、オーデコロン、ペットのにおい、人間の体臭、ときには煙草の煙までがまぜこぜになって。こうして私の統一感に欠けた、寄せ集めのワードローブができあがり、それはけっして友人たちの検閲を突破することはなかった。かれらは私が何者なのかわかっていた。貧しくて、どこか奇妙で、ジェンダー不明の、信心深い子どもだと。

私の人生における最初の記憶は、兄とクローゼットに隠れて、すすり泣く母を口汚く罵倒する父親の声を聞いていたことだ。父は自分がどんなに不幸かを強調したいとき、60ポンド〔約27キロ〕の飼い犬の首根っこをつかんで、階段の上から投げ落とした。華氏20度〔摂氏マイナス6・7度〕の晩に、Tシャツと短パンだけの私を家から閉め出し、過（あやま）ちを認めて涙を見せるまで家に入れてくれなかったこともある。私がキッチンのコンロの前で料理していると、身体を押しつけ、ブラジャーのすぐ下の腹部に両手をまわして耳のすぐ下にねっとりしたキスをしてきた。父親の唇はいつも湿っていた。夜になると私の部屋に忍び込んできて、寝たふりをしている私の背中に勃起したペニスをこすりつけた。父は台本を読むように性的虐待の手順を守る。私から前回の嫌な記憶を忘れさせようとして最初はそっとやさしげに、それからカチッカチッと音を立てる爆弾のような緊迫状態を作って……爆発させる！　すすいで、また初めから。9歳のある日、神様どうかお恵みとお慈悲をくださいとつぶやいた大胆さに報いて、私はものにならない人間で、なれたところで売春婦が関の山だという言葉をもらった。私は父にとって単なる不出来な所有物だった。ことあるごとに、おまえは役立たずで、なんの価値もない、かわいげがない奴だと言った。

　母からの虐待はもう少し手の込んだものだった。この世での私の価値は、私の人生を左右する人に常に従い、喜ばすことにかかっているのだと教え込んだ。母は私たち子どもを操ろうと、誰それがああ言っていた、こんなことをしていたと嘘をついた。「あんたは、私みたいに親から虐待を受けずに育ったから、今のあんたがあるんだよ」と、私を引き合いに出して自分が良い母親だと証明しようとした。下の弟を完全に無視してひとかけらも愛情を示さなかったため、弟は6歳で死にたいと願うような様子を見せ始めた。兄に学習障害があると学校から報告を受けても絶対に認めようとしなかった。夜遅くまで兄をキッチンテーブルに縛りつけて、宿題ができないと怒鳴り散らした。そして、ほとんど毎晩、まるで8歳の子どものように私の部屋に来て深夜過ぎまで居すわった。私の肩にもたれて父から暴力を受けたと泣き、絶対に別れてやるのだと息巻いた。父と同じく、母も私たちを自分の力の及ぶ範囲にいるものだと考えていたのだ。「私があんたたちを産んでやったんだから、殺すことだってできるんだよ」と。

両親はもともと虐待性のある人間だったのだろうが、信仰心がかれらの暴力的な習性を育て助長させたのだと思う。たいていの場合、両親の虐待は児童保護サービスが家に踏み込んでくるほどではなかった。両親はそのあたりをよく心得ていた。それにかれらは白人で、大学出で、敬虔なクリスチャンだったから、なまくらな児童保護のシステムに見逃してもらっていたのだ。ふたりはちょうど、結婚35周年を祝ったところだった。でもはた目には幸せそうな家庭の様子と翡翠(ひすい)婚式は、必ずしも本当のかれらを表すものではなかった。ときとして、かれらはまぎれもなく残忍な人たちだったのだ。

両親は徹底して自分たちが所有者であることにこだわった。私たちに買い与えたものはすべてかれらのものであり、自分の気分を良くするためにいつでも取り上げていいと考えていた。でも私が自分のお金を使って買ったのなら、それは私のもので、取り上げることはできない。それが、私が許可されない年齢で働き始めた理由だった。私は11歳で芝刈りの仕事を始めて、年に６００ドルほど稼ぎ、そのお金で体操クラブにかかる費用を払い、毎年1週間行われる泊まりがけのサマーキャンプに出かけていった。13歳までは、報酬は小切手でもらっていた。15歳になって法的に働くのが許されるとすぐに、州税と連邦税が差し引かれた現金をもらえる仕事に変えた。生まれて初めて手にしたまっとうな給料で、生まれて初めて自分のために新しい服を買った。「オールドネイビー」のアウトレットショップで買ったその服は、紺碧の空のような濃い青色のラガーシャツで、襟は白く、左胸に紋章がついていた。何年も着続けており、今も私の部屋のタンスの引き出しのなかにある。

私はスリフトストア〔中古の衣類を売る店〕に行くのが楽しくてたまらなかった。着たいと思う服が、手の届く価格で見つかることに心が解放されるような気がした。地元の「グッドウィル」には隣接するアッパーミドルクラス〔上位中流階級〕の町の人々から持ち込まれた上質な品がそろえてあり、あるとき私は、古びているけれど、素晴らしい着心地の黒と緑のハワイ大学のジップアップトレーナーを手に入れた。すぐ下の弟とふたりで自転車にのって出かけ、予想外に寒くて風が強かった日に、彼が3ドルを支払って私のために買ってくれたのだ。ふたりでよく家から逃げるために何マイルも自転車を走らせたものだ。とくに休日――休みの日は父の暴力がさらにひどくなった――にはいつもきまって。

信仰の厚い両親はテレビというものをひどく軽蔑しており、私たちを俗世間から遠ざけるために、家には一度もテレビを置かなかった。私が6歳のとき、たまになら一般向けのVHSビデオ映画をコモドール64〔米国コモドール社の1982年発売の8ビットのコンピュータ〕のディスプレイで見るのが許されるようになった。それでも保守主義的なクリスチャン教義に関係のない映画を見るには、近くの図書館で借りるかスリフトストアで買うかしないとならなかった。

書物についても同じだった。ある年の冬、両親は私たち4人の子どもをフロリダで行われる超保守主義のクリスチャンキャンプ（毎夏、同じ場所で1週間のキャンプがあった）に連れていった。家族と敷地外に出た日、私は教会のスリフトストアで一冊の本を見つけて両親に黙ってその本を買った。自宅の屋根裏部屋でこっそりと読んだ『ブレンダと呼ばれた少年』〔村井智之訳、無名舎、2000年〕は、出生時に男の子という性別を割り当てられたデイヴィッド・レイマーが、医療事故でペニスを失ったあとに女の子として生きていくという実話だった。診察した医師たちは、ジェンダーは生物学的影響（本能《ネイチャー》）によるものではなく、完全に、社会性（環境《ナーチャー》）によって作られるものだと考えており、両親はそうした医師たちから彼を女の子として育てれば、女の子だと感じるようになるのだと説得された。だが、レイマーは10代のときに男性に戻る移行をしてトラブルの多い人生を送り、38歳で自ら命を絶ってしまった。私はなぜ自分がインターセックスの人々、デイヴィッド・レイマー、そしてジェンダーと本能（ネイチャー）vs. 環境（ナーチャー）の関係について興味を持ったのかを何年もあとになって知ることになる。

思春期前の子どもだった私は、ジェンダーについて考えることもなく、身体とは自分が心地よく感じるやり方でつきあっていた。あるときは、ピンクと黄色の小さな花模様がプリントされた緑色の木綿のジャンパースカートに、ピンクのシルクのリボンのついた白いブラウスを合わせた。またあるときは、ズボンに、いちばんのお気に入りのトリケラトプスが描かれた赤いTシャツを着た。消防士になりたかったので、足元はいつも黄色と赤の長靴だった。

両親の保守的なキリスト教信仰は私に多くの罰を与えたが、奇妙な安堵の場を与えもした。成長するにつれて、誰かとデートする気がないのは私が純潔であり、「結婚するまで待っている」とみなされ、男の子の服を着ているのは、慎み深い人間だからだと良いように受け止められた。私は茶色の髪を長く伸ばし（両親には女の子はショートヘアにすべきではないという信念があった）、しっぽのように後ろになびかせてプレイスケイプ〔遊び場にある木製の総合遊具〕に走っていったものだ。髪を後ろでひとつに結わくのは大嫌いで、いつも自分らしく自然で自由にしておきたかった。

私は身体を動かしていると幸せで、人々が私に押しつけようとするジェンダーは無視していた。私の身体は、スタイリッシュで、細身で、高性能で、スピード感あふれるスポーツカーだ。高速走行を目的とするその機能性はまさしく自分だと感じられた。私の身体は他の男の子たち全員に似ていて、私の服はかれらの服と同じように身体にぴったりと合っていた。だが、そのあと、思春期が仕返しにやってきてその身体をワゴン車に変えてしまうことになる。速く走れそうにもないしまりのない曲線は、子どもたちでいっぱいになっているミニバンを想像させた。服は身体の張りつくべきでない箇所にぴったりと張りつき始め、服は表現の形であることをやめて、何かを隠すための道具になった。私はいつしかぶかぶかの服を着て、私を裏切り続ける身体を隠そうとするようになった。

私の身体と衣服の込み入った関係は、体操の競技会に出るようになっていっそうひどくなった。規定で、ぴったりしたスパンデックス〔伸縮性のある合成繊維の一種〕のレオタードを着なければならず、身体が1インチごとにさらけ出された。それでも私は演技に没頭し、自分の身体の力強さと能力を存分に使っていた。だが、試合は点数のつく厳しいものだ。演技は最高点である10点を持っている状態から始まっても、ミスをした途端に審判から点数を差し引かれていく。試合は演技よりも自分の失敗に向き合わなければならないものだった。

体操競技は、私の食べ物との薄っぺらな関係を悪化させもした。早めに訪れた思春期に呪われるように、私の胸は10歳で成長を始め、11歳のときに最初の生理が来た。体操クラブのみんなより背が高くて体重も重かったため、力を必要とする種目では誰も私と組みたがらなかった。コーチが他の子に、体重を減らしたいならもっと有酸素運動をしないと私みたいな見た目になってしまう、と話しているのを立ち聞きしたことがある。私は、もうそのときには痩せようとしてとりつかれたように練習に没頭していたがなんの効果もなく、身体という恐ろしいパズルのなかでコントロールできるピースは食べ物しかないように思えた。もっと痩せれば胸はもっと目立たなくなるだろう。そしてもし脂肪を落とせば生理が止まるだろうと知っていた。だが私の身体は、けっして私が望んでいるようには縮んでいかなかった。もともとアメフトのラインバッカーのような体つきで、しっかりついた筋肉はそう簡単には落ちなかったのだ。

中学生になって、一度か二度、化粧というものを試してみようとしたが、何よりもサーカスのピエロに近づいたという結果に終わっただけだった。どんなに頑張っても、他の人のほうが私よりずっと上手に（しかも努力している様子もなく）「女の子」をやることができているようで自信をなくした。ジュディ・ブルームの『神さま、わたしマーガレットです』〔1970年／長田敏子訳、偕成社、1982年〕を読んで、思春期は早く来れば来るほど素晴らしいと考える奇妙な生き物にショックを受けたのを覚えている。現実に存在する女の子たちがそんなふうに考えているとは信じられなかったが、もし本当にそうだったらと思うとぞっとした。私が女の子——子どもを産むことができる生き物——だと急に気づいてもう近づかないでほしいと思っているような男の子たちには、裏切られた気がしていた。子ども時代の写真を見ては、あの自信にあふれていた自分はもういないのだとひどく寂しかった。

成長するにつれて、私とデートしたいと思う男の子がまったくいないのに落胆するようになった。私はたっぷり3か月のあいだ、女性の服を着て、化粧をして、男の子たちが望む何かになろうとしてみた。どうしようもなく居心地が悪く、肌をはぎ取って叫び声をあげながら走り去りたい気持ちで過ごしたが、それでもなんの変化も起きなかった。私とデートしたい男の子はひとりも現れなかったのだ。

こうしてジェンダーを相手に奮闘しているうちに、私は自分のなかのリズム、つまり自分がもっとも心地よく感じるものに従うようになっていった。そのころの何年かのあいだ、それは穏やかな男らしさという10代の少年アスリートのようなジェンダーをめざすことを意味した。たとえばタンクトップやカーゴパンツ、Tシャツ、ジーンズ、スポーツ用短パン、スウェットパンツ、スウェットシャツ。私はジェンダー表現を男女ふたつのうちのどちらにするか決めかねているうちに、ワードローブをどうしても修正したくなり、それはスリフトストアでの買い物でかなえられると考えた。

私が当時、いちばん気に入っていたスリフトストアは、それは今も変わらないのだが、「セイバーズ」という地域型のチェーン店だった。もし「グッドウィル」と「サルベーションアーミー」〔救世軍が経営する小売店〕が何としてでも生み出したいと企画した慈善事業を行う宗教色のない赤ちゃんがいたとしたら、その赤ちゃんが「セイバーズ」だ。「セイバーズ」は非営利団体で、売り上げをまた別の非営利団体に寄付している。Tシャツ、スーツ、ブラウス、ワンピース、ズボン、ジーンズ、靴、スポーツウェア、ソファ、テーブル、テーブルクロス、アクセサリー、なべやフライパン、スプーンやフォーク、おもちゃ、本……。店には何から何までそろっており、それぞれにはっきりと価格が記され、用途別の仲間でまとめられていた。そして、ありがたきかな、神に栄光あれ。「セイバーズ」には、明るい赤いレンガでできたジェンダーレスの試着室が用意されていて、試着室に入る際に求められるのは（私はいつも気にしなかったが）、持ち込む衣類は6着以下にするということだけだったのだ。私の見た目のジェンダーとまともにぶつかる衣類を買うときも、スタッフから一度だってネガティブな反応をもらったことはない。

私は19歳で家を出て、二度と帰らなかった。大学卒業後は、ジェンダー提示について悪戦苦闘するのはほとんど諦め、男っぽい女性がいちばんしっくりくるジェンダーだと納得していた。わずかながらデートしようとしてくれる男性はいたが、どの人ももっと女らしい服装をするよう勧め、特別な機会にはいつもそう言われた。私は自分が女の人に魅力を感じない男っぽい女性でいることが気がかりだった。そして自分のジェンダーをあまり奇妙に思われないものとして表現したいと思っていたけれど、それを見つけることはできないでいた。

ある夜、オンラインのデートサイトを見ていて、偶然に開けたページでひとりの美しい人に目がとまった。彼女のプロフィールを読んでみると、ジェンダー・アイデンティティは「ジェンダークィア」だと書いてある。そんな言葉はこれまでに一度だって聞いたことがなかった！　稲妻に打たれたような気がして、その定義を調べた瞬間、自分に当てはまる――それは私だ――とわかった。私はすぐさま「Tumblr」にのめり込み、見つけられるかぎりの情報を見つけて吸収した。ネット上で論議する人たちを知って、社会正義について考えるようにもなった。そして私の保守的な信仰のクモの巣は、白熱するオンライン討論を読む数時間のうちに容赦なく焼きはらわれ、自分が知っていると思っていたすべてを見なおすことになったのだ。

自分がジェンダークィアだとわかってまもなく、次の危機がやってきた。私はトランスジェンダーでもあるのだろうか、そうではないのだろうか？　トランスジェンダーだと認めるのは、自分をトランスジェンダーとして徐々に社会に提示していきたいということだ。もし移行を望んでいるなら、移行してどんなふうに生きていきたいのだろうか？　世界は男女二元論で構成されている。つまり、私はどこで用を足せばいい？　運転免許証の性別欄はどうする？　代名詞は何を使ってもらう？　名前はどうしたらいい？　それにいつも異性愛の男性とデートしているけれど、移行を知らせればふたりの関係は終わりになるだろう。

何か月もかけて心のなかを真剣に探った結果、社会的なジェンダーと個人的なジェンダーという、ふたつのジェンダーを持ち続けるという結論にたどり着いた。私の社会的ジェンダーは男女ふたつのうちで、居心地悪さがより少ない方のひとつを選ぶ、つまり、私にとって女性より男性の方が心地がよいから男性用トイレを使い、運転免許証や健康保険には「男性」と記すのだ。個人的ジェンダーは、私自身の心のなかのジェンダー、私の本当のジェンダーだ。そしてそれは当然のことながらジェンダークィアだった。

代名詞については難航する作業になった。職場でジェンダーを明らかにし、they/themか、he/himを使ってくださいと話すと、全員がhe/himを選んだ（sheとかherを誤って使うことはまったくなかった）。多くの人にとって、新しい代名詞に慣れるのには時間がかかるのだろう。でも、he/himはもう4年以上使われてきていて、見知らぬ人や知人が私を男として見るようになって何年もたつのに、自分としてはまだ人から「彼」と言われるのが嬉しいというところまでいっていなかった。誰かが私を指してhe/himを使うのを聞くと毎回、かれらが誰について話しているのか確かめようとあたりを見まわしてしまう。Tシャツについたタグを切り忘れ、そのタグが肌にすれて、まわり全体がむずがゆいという感じだった。私にとっては、明らかにthey/themが自分の代名詞になっていた。

私は初めて自分のジェンダーがわかったあとの半年間に、あるセラピストと面談を続けていた。彼女は、セラピストを見限り、セラピーを中断するという実践の機会をくれたこと以外は、なんの役にも立たなかった。私を正真正銘、異性愛のトランス男性だと決めつけ、ノンバイナリーのジェンダーも、バイセクシュアルや、アセクシュアルもありえないと言い張った。彼女は私のパートナーがシス男性で私のアイデンティティの変化を都合よくまとめてしまおうとしているから別れるべきだと言い、私に女性とのデートを始めさせたがった。ホルモン補充療法の開始も強く勧めてきた。それが自分にふさわしいかどうか、私にはまだわかっていないというのに。

別の医療提供者を見つけるために、私は何度も繰り返し考え、検証した。その後、幸運にも低用量でのホルモン補充療法をサポートし、医療的移行を首尾よく進めるよう導いてくれる親切なトランス擁護主義の内分泌科医に出会うことができた。私はまだホルモン療法について自分が望み、必要としているのかどうか確信を持てないまま、医師の診察の予約日にでかけていき、テストステロンの経皮処方薬をたくさん出してもらい、ホルモン補充療法をスタートさせた。わかっていることはひとつもなかった。だが、テストステロンを開始して数日のうちに、私は自分の身体が前より気持ちの良いくつろげるものになったと感じたのだ。

ジェンダーについて強烈に疑問を持っていたころ、私はどうしたらいいのかわからないと感じると、まずわかっていることをリストにあげた。そしてそのリストの最初にくるのは、いつもきまって胸の手術だった。私は胸の手術を終えて6週間もたたないあいだに、持っている女性服のすべてを処分したらどうだろうかと考え始めた。やってみると素晴らしく自由な気分になり、残した服は予想どおりどれもみな自分にぴったり合った。人々が男っぽい私を本物の「男」だと見るようになるにつれて、私は自分の外見やふるまいを、自分のジェンダーが主張している声にしたがい、そのつどそれを反映しているものに変える必要があると感じるようになった。そして、これまでも何度もそうしたように、また今度もセイバーズに戻っていったのだ。

給料の出る仕事を始めて、それが私をしっかりとミドルクラスの領域に落ち着かせてくれたあとも、まだ服を買うのに数ドル以上の費用をかける考えには馴染めなかった。いくらかの貯金があったとしても、私の頭はあることをけっして私に忘れさせようとはしなかった。それは私がホームレスになる要因というのはすべて、仕事の一時解雇につながるほんの数件の悪い出来事なのだというものだ。アッパーミドルクラスの家庭で育った多くの同僚たちとは異なり、私には、たとえ生活に困ってもそこから救い出してくれる裕福な両親はいなかった。ロウアーミドルクラスの暮らしにしがみつくかれらの姿は、いつでも弱々しかった。今の生活を失うのではないかという不安は、私の人生の多くの場所にそっとひそんでいた。ストレスを感じるとき、気づくと保存食品を補充している自分がいた。私は必要なものを買う際はいかに安いかで選んでいたし、セール品にしか手を出さなかったし、もっとも良いレートでモーテルに泊まっていた。そして、常に災いが襲いかかってくる日に備えてお金を貯めていた。

　こうして私は人生の変化にもかかわらず、いつも私専用のジェンダークィアブティックであるセイバーズへ戻っていくのだった。初めてのネクタイは、すべてのワードローブに合う赤系のもので、セイバーズで買った。絹のように柔らかい、濃いえんじ色のネクタイで、初めてズボン姿で結婚式に列席するときに、まずは汗だくの首を飾って紺色のブレザーとカーキのズボンの装いを完璧なものにしてくれた。それは私の仕事用の服にそっとその個性を持ち込んで黒いズボンと白いワイシャツに正式な雰囲気を加え、いくつものパーティで締められ、むきだしの首のまわりを覆い、かつてはバンドで縛って小さくしていた胸の上に乗った。そして今また、私の仕事に同行し、これまでとは少し異なるアンサンブルの一部として活躍している。男性用の白いワイシャツに、大好きなそのえんじ色のネクタイを締め、黒いスカートとバレエシューズを合わせるといったように。

　セイバーズは私にサーカスでの空中ブランコと曲芸のための初めての衣装も用意してくれた。1年前から始めたサーカスでの演技は、ものごとを良い方へ変化させる力を持っている。体操のように身体を使うところは変わらないが、その身体は私自身のものだ。今もあの重苦しいメッセージを忘れることはできない。でもサーカスはそれとは正反対に、すべての人を賞賛し、あらゆる身体とあらゆるジェンダー表現を歓迎するものだ。サーカスはこれまでずっとフリークスや風変わりな人たちのための避難所として、型破り（ファンキー）で唯一無二（ユニーク）な存在をほめたたえてきた。私もここで自分の発展性のあるジェンダーを勇気づけてもらっている。パフォーマンスの前に、なぜだか気分がのらないでいると仲間たちが化粧品を貸してあげようと言ってくる。そしてパフォーマンスは私に精神的なやすらぎを与えてくれるものだ。今、私は高い技術点を取るためではなく、みんなを楽しませるために演技をしている。体操競技のように最高点から始めることはない。それでは台無しになってしまうと知っている。私は舞台に出ていき、大好きな音楽が流れるなか、楽しみながら演技を披露し、観客を沸かせる。そして、かれらにジェンダークィアであり、トランスであり、そして自分の身体に満足している姿を知ってもらおうとするのだ。

第23章　カササギの飛翔

アダム〝ピカピカ〟スティーブンソン
The Flight of the Magpie　Adam "PicaPica" Stevenson

2005年

私はヨーク大学で哲学を専攻する20歳の学生だ。さっきからずっとトイレと学生自治会室をつなぐ通路で、友人に詰め寄られている。友人は言語学科の3年生で、学位論文を書くための資料として、私が友達と電話で話す様子をいくつか録音していた。

「あなたのせいで、作業がすごく増えちゃったよ。あなたの会話のうち、ひとつについては1ページまるまる使って説明することになったんだからね」

「どういうこと？」と私は訊く。

「論文のテーマが言語におけるジェンダーなのに、あなたの会話はルールを破っているの」

「どんなふうに？」

「話している相手が男性か女性かがまったくわからないように、最初から最後まで話してたよね」

「その必要性を感じなかったんだと思うよ」

「他の協力者はみんな、相手の性別がわかるような話し方をしていたよ」

2006年

7月、卒業式に出る。出席するかしないか選べるのだったら、こんなところに来ていないはずなのだけど、おばあちゃんが卒業式をすごく見たがっているのだ。私は隣に座っている人が誰なのかもわからない。3年間一緒に勉強してきたというのに。他の哲学科の学生たちのこともほとんど知らない。ここにいる誰とも友達じゃないから。

大学に入って初めての日、お茶でも飲まないかとひとりの学生を家に招くと、彼は馬鹿な奴らは不妊手術を施されるべきだと思うと話した。それからはいっさい、哲学科の人間とはつきあわなかった。私は哲学が大嫌いになったが、融通が利かない性格で、自分の知的能力を過信していたからコースを変更することはできなかった。その代わりに、新しい自分を探してみるのに時間を使った。たいして成功しなかったけど。

これまで人前で何かやって見せることが好きだったのを思い出して、やる気満々で大学の学生演劇クラブに入った。小道具の目録を作り、セットにペンキを塗り、チケット売り場を仕切り、ワークショップを予約し、宣伝のチラシを配り、舞台に立った。自分が出る小作品の台本も何本か書いた。赤ちゃんに授乳している母親が必要となる大切なシーンでは、結局、自分が部屋着を着て大きな木製のスプーンで中年男性にミニドーナツを食べさせることになった――学生演劇にはよくある話だ。こうして献身的に働き、努力していたけれど、本当にやりたかったのは芝居の演出で、それをやらせてもらうという希望はかなわなかった。私は哲学科の学生だから、演劇の仲間うちだけで通じる言葉が話せなかったのだ。

学生政治活動にも挑戦した。あまり気が進まなかったが、友人にサザンカンフォートを飲め飲めと勧められているうちに、彼と一緒に選挙に立候補することになってしまった。まもなくふたりは親友になり、たくさんのクラブの管理を担当する。友人は良いアイデアを思いつく人間で、私はそれを上手にしゃべる人間だった。私たちはクラブがもっと効率的に運営されるようにいくつかの改革をしたが、そのせいで憎まれることになった。その後、代表選に立った私は、徹底的に、誰の目にも明らかに、恥ずかしいくらいに負けるのである。

あるときは寸劇に出て、またあるときはホラー映画に出た。ホラー映画では外来種の豆のさやになった（夜中の3時に黒いごみ袋のなかに入って潤滑剤のKYゼリーを塗りたくられ、男性用トイレの前に転がった）。バンドに参加した際には、初めてのセッションの前に、メンバー全員がおたふくかぜにかかって解散することになった。私は昔風のファッションでドレスアップさせた人々の写真を撮影して生計を立てていた。新しいビールが出るたびに稼いだお金をすべて使っていたので、体重はみるみるうちに増えていった。

家族から離れて生活するようになって女性服を試し始めた。まずは毎日パンティと靴下をつけてみた。シェアハウス（住人は男と女の両方だった）に移るとそうした女性用の衣類をおおっぴらに身に着けるようになり（ワンピースは別で、自分の部屋で着て気取って歩いていた）、みんなと座ってテレビを見るときは、ピンクのパジャマを着ていたし、私の花柄のパンティはラックで同居人たちの洗濯物とならんで一緒に乾かされていた。なぜあのころ、そんなことをしていたのかはよくわからない。誰もそのわけを尋ねず、私も自分自身に尋ねなかった。大学でやっていた何もかもと同じように、特別な目的も結論もないものだった。

というわけで、今、私は卒業式で、学生生活は完全な失敗だったと感じながら座っている。最悪なのは、自分の失敗を卒業式という馬鹿げた社会的慣習の場で、みっともない四角い帽子とまぬけなグレーのガウン姿で祝っていることだ。

私が自分でもよくやり遂げたと感じている唯一の成功例は、小説を書くことだ。書いていると楽しくて、執筆中はうまく言い表せないくらいの充実感があった。卒業後はこのまま何人かの文学仲間と一緒にヨークで暮らし、執筆活動を続けていこうと考えていたが、行動を起こす前にフラットメイトのひとりが「あまりにも多い男たち」と住むのは嫌だと持ち主に訴えたせいで、立ち退きを命じられてしまった。

そこで私はヨークの住まいを引きはらって、永久に眠っている町、コヴェントリーにある両親の家へ向かうことになる。おもちゃ屋で退屈な仕事を見つけるけれど、そこを追い出されるのに長くはかからず、そのあと16歳のときにやっていたのと同じ仕事をしている自分に気づくのだが、労働法が変わってしまったせいで賃金は当時より低いというありさまだ。行き詰まった私にはどうする手立てもない。

大学に行くために離れたコヴェントリーにはそれほど長く住んでいなかったから、友人たちとの良いネットワークはなく、つきあっていた何人かの友達も英国中に散ってしまっていた。私はインターネットのチャットルームに行って寂しさをまぎらわす。オンラインでは、女性のふりをして参加してみると、気ままなおしゃべりができて、いつもより楽しく過ごせる。この小さな気晴らしがだんだんと私の意識に入り込んでくるようになると、私は考え始める。「現実でも女性として過ごして、もっと良い仕事に就けるんじゃないかな？」

2003年

私はえび茶色のジャンパースカートを着て、髪をツインテールに結い、ピアノのそばに立ってウェザー・ガールズの「ハレルヤ・ハリケーン」を歌っている。私は17歳で、この学校に入ってまだ1年しかたっていない。数人の知り合いはいるけど、その子たちのこともあまりよくは知らない。学芸会の最終リハーサルが行われていて、出し物は『デイジーはやってのけた』という1920年代の女子高校生物語のいくつかをもとにした作品だ。男女共学の学校なのにその劇に出演しようという男子生徒は3人しかおらず、3人しかいないのに男子生徒用の役はふたつしかない。それで私はモニカという女子高生の役を演じているのだ。私のまわりには20人の女の子たちがいて、みな同じジャンパースカート、黒いタイツ姿で歌っている。

それまでにも女性の役を演じる機会はあった。8歳のとき、創造的な解釈による『オズの魔法使い』で名探偵ミス・マープルの役を演じた（キャストたちにやる気を起こさせるために、教師によって、小説に登場する探偵がドロシーを追うというサブストーリーが書き加えられていた）。私には当然のように、口の達者な老婦人の役がまわってきた。スカートがむずがゆかった。

13歳のときは、クロスドレッサーの役を……ラテン語でやった。ケンブリッジの公立学校に通う私たちは、お高くとまっている他校の生徒たちを負かしてやろうと、ラテン語の演劇朗読コンクールに向けて猛練習を重ねていた。ラテン語教師は大の『ロッキー・ホラー・ショー』好きで、私は古代ローマ時代の奴隷ダンサーになりたいよぼよぼの高齢男性の役を演じた。ゆったりした一枚布のトーガの下に白いミニのワンピースを着て網タイツをはいた私の姿を見て、ラテン語教師は自分の娘より似合っていると言ってくれた。

だが今、女子高生を演じる私を見て誰かが小声で笑いだしたのをきっかけに、みんなそろっての大笑いになっている。

「あなたのこと気に入ったわ」と私の左隣にいる女の子が言った。「あなたったら、私たちの仲間のひとりみたいよ」

2007年の初め

ふたつの葬儀に出るために、家に帰ってきている。

前の年が終わると、ダッドの父親であるおじいちゃんが病気で亡くなり、すぐあとを追うようにして、ダッドのママであるおばあちゃんが亡くなった。家に漂う雰囲気は当然のことながら重苦しい。それぞれが自分の殻に閉じこもり、話すのを避けている。1月の月の出ていない日曜の夕暮れ、私たちは居間に座って『アンティークロードショウ』を見ながら、持ち込まれた骨董品にはいくらの価値があるんだろうと考えている。電話が鳴りだし、ママが出る。小さな音がもれてくる。やっと聞こえるか聞こえないかくらいの悲しげにむせび泣く声。これまでに聞いたことがないほど悲嘆にくれた声。あのおばあちゃんが――やむなく卒業式に出る理由となったあの祖母が――急死したという知らせだった。

もちろん、私はタイミングを間違えている。葬儀から2週間しかたっておらず、まだ家のなかはお悔やみカードでいっぱいの時期だ。気持ちが激しく揺れ動いて胃が痛いが、前へ進むにはこの方法しかない。日曜の簡単な夕食を食べ終わると、私は家族のみんなに打ち明ける。私は女性に性別移行したいと思っているのだと。

初めのうち家族は協力的だ。姉がすすり泣きを始めても、やさしく尋ねてくれる。でも数週間たつと、その支援は終わりに近づく。かれらは私が本当にトランスだとは思っていないのだ。このところずっと家に渦巻いている深い悲しみの感情が、ここ何年か私が持ち続けている気持ちの落ち込みと合わさってそんなことを言わせたと考えている。そして私がどんな人間でどんな人生を送るのかという問いに答えを出すよりも、その道は簡単でもありきたりでもないけれど、少なくとも地図に詳しく記されているという点で、トランスだと自認するのを選んだのだろうと考えている。自分のジェンダーが原因で無力でどうしてよいかわからないと感じている人々は、とくに理由もなく自分が無力でどうしてよいかわからないと感じている人々に比べて進むべき明確なコースを持っているとかれらは思っているのだ。

私の友人たちも同じことを言って、誰ひとり、私が女だということに同意してくれない。実のところ、私でさえよくわからないでいるのだけれど。私は昔のハウスメイトで政治運動仲間の、2年間ほとんど毎晩、女の子のパジャマ姿の私を見ていた友人にeメールを送る。すると彼は彼の考えを返信してくれる。「誰もが、ある程度は、自分のなかで男性と女性の対立みたいなものを経験しているんだよ。きみにはその傾向が人と比べて少し目立っているんだろう。きっちり50対50にしてみるといいんじゃないかな。(たとえそこまでするのがばかばかしく思えても)」

彼に同意する。50対50がばかばかしく思えるというところに。

それにしても……。

1992年

私は7歳。担任の先生が病気なので、臨時教員の先生が来ている。私は、いまだかつてこれほど誰かを嫌いになったことがあったかというくらい、その先生が嫌いだ。先生は男子を教室の片方の側に座らせて、女子をもう片方の側に座らせる。私が大嫌いなのは先生自身ではなくて、男子と女子のあいだに目に見えない線を、つまり以前は私がまったく気づいていなかった線を引いたことだ。誰もその線をまたぐことはできないって言うけど、それは本当なの？

子どもたちのなかには三つのグループがある。男の子、女の子、それ以外の子だ。私は「それ以外の子たち」のグループにいる。私たちはクラスの余りものを寄せ集めたグループだ。フラスターという大人の手助けを必要とする子、エミースという言葉につかえながら話す子、胸当てつきのズボンをはいたデビー、黒く長いまつ毛のステフ——そして私。私たちは男子用や女子用のおもちゃより、操り人形とお芝居と動物とお話づくりに興味を持っている。

みんなお芝居が好きだ。運動場でいろいろなお芝居を思いついて、それぞれが好きな役につき、全員が気に入るまで筋書きを変える。そのうちに、タイプライターで打った台本から数ページを選び出して、それをみんなで回し読みし、人に見せるための完全なお芝居になるよう配役を考え、小道具や衣装をそろえる。観客になってくれる人はめったに現れないけれど、私たちはお互いに演技を見せあって、それで十分に楽しい。私たちは仲間と一緒にいるのが楽しい。

2007年の終わり近く

私はバルセロナの丘、モンジュイックに来ている。

おばあちゃんが私に遺してくれたお金で、ミドルセックス大学のライティングの修士課程の学費を支払い、休暇を過ごすことまでできている。1か月かけてスペイン全土を見てまわるはずだったが、例によって私の計画は失敗に終わった。一度ならず二度までもスリにあい、路上で強盗に襲われ、トラベラーズチェックを町なかの両替屋からひどいレートで巻き上げられると、1か月の予定は2週間に短縮され、スペイン全土はマドリードと北部のわずかな都市に縮まった。

私は明日、この国から飛び立つ。今回の旅もいつものように中途半端なところで終わった。それでも自分に降りかかってきた数々の出来事を思い出しながら地中海を見ていると、いくつもの素晴らしい体験をしたのだと感じる。蛇のような曲線を持つ色とりどりのベンチがあるグエル公園は長年見てみたいと思っていたものだ。マドリードの画廊をめぐり、10代のときに読んだ本で目を奪われたブリューゲルの奇妙な作品を見つけることもできた。ひとりぼっちで旅していたけれど、グイドという名前の人に会い、おいしいものが食べられる場所を教えてもらった。一緒にカード遊びをする女の子たちに出会えた。休暇中でどのホテルもホステルも満室で公園のベンチで夜を明かすことになったときは、フランス人放浪者と昼ご飯を分けあって食べた。私はそれらの金色に輝く時間と、煌めく思い出のひとつひとつを心のなかにしまう。カモメを見ながらこの丘の上に座っていると、自分を受け入れる気持ちと自分に対する寛容さみたいなものが波のように押し寄せてきて、それはこの先もけっして完全には消えないだろうと感じる。

そして、新しく手に入れた言葉——アンドロジャイン(androgyne)——はなかなかいい。今年の初めにカミングアウトしたあと、50対50に分かれるジェンダーを持つのはどんな人だろうと探したのだ。今はジェンダーについて意見を交わすウェブサイトに行きつき、ピカピカというハンドルネームを名乗っている。カササギは光るものを集める鳥として知られていて、ラテン語名をピカピカという。私はこの鳥と同じように、ジェンダーで分離された両方の区域を飛び、自分にとって輝くすべてのものを集めようとしていた。

2008年

私はイングランドに戻り、コヴェントリーを離れて、ロンドンで修士課程に入り、新しい言葉「アンドロジャイン」の意味するものを探している。

修士号の習得に向けて勉強に励んだり、次回作の小説に取り組んだり、地元のパブで罪深い時間を過ごす毎日だ。自由な時間の大半はオンラインで誰かとアンドロジャインについておしゃべりし、どう発音するのかまだ本当にはよくわかっていないけれど、アンドロジャインでいるのがすごく気に入っている。私は突然、なぜこれまで世間で正しいとされているジェンダー表現をしてこなかったのかがわかった。なぜ、精神的に疲れきったとき、自分を支える堅固なものが揺さぶられ、私のなかのジェンダーは最大のダメージを受けたのか、なぜ臨時教員が男の子と女の子のあいだに作った境界線をあんなにも憎んだのかがわかった。

私は、新しい宗教に転向するように、新しいアイデンティティを名乗っている。みんなに、男性と女性の両方である存在、あるいは男性と女性のどちらでもない存在でいることが可能なのだという素晴らしいニュースを伝えたくてうずうずしている。そして教えたがりでひとりよがりな私は、何がアンドロジャインであり、何がそうでないかははっきりしていると声高らかに宣言するのだ。ビデオを何本か撮り、私はアンドロジャインについて優れた洞察力を持っているのだと人々に断言している姿を記録する。生まれたときからアンドロジャインなのに自分の人生を手に入れることができなかったのは、自分自身を理解していなかったからだと今ならはっきりわかる気がするのだ。私は頭のなかで自作のアンドロジャイン賛歌を鳴り響かせ、トラファルガー広場で空想のアンドロジャイン大会を開催し、集まった大勢の他のジェンダーを持つ人たちを演説で感動させる。私だけがたったひとり、アンドロジャインについてのメッセージを持っていて、大きな精神的苦しみや痛みを癒すことができるのだ。私は少々、熱狂しすぎているかもしれない。

2017年

私は31歳になり、穏やかに毎日を過ごしている。今ではもう、なぜ人はノンバイナリーのジェンダー・アイデンティティを持つのか、そしてそれが実際のところ、何を意味するのかについて考えたり悩んだりすることはない。このアイデンティティを、世の中に向けてどんなふうに表現したらいいのだろうかと悩むこともない。長い道のりを歩いてきて、重たい鞄を降ろしたような気持ちでいる。

私はロンドンで小学校の教師として働き、学校ではいつも、「ミスター」や、「サー」をつけて呼ばれている（年少の生徒たちのほとんどは「ミス」を使うけれど）。今もまだ、男子学生だったときのように女性用のパジャマを着てくつろぎ、名前も身体も変えておらず、ほかの人が私を指し示す言葉もそのままだ。最近、髪を切り、10代のとき以来の短くて男の子っぽい髪型にした。世の中に対して、私は少しだけ奇抜な男性だ。

それでも私は、性別移行を済ませている。

私は自分自身との関係において移行を済ませていて、自分の内部に住む男性と女性と心地よく暮らしている。ここまで来るのは――少しずつ「あなたのことを知っていく」というような――ゆっくりした道のりだった。かつての私は「アンドロジャイン」を、まるで身を守る盾のようにつかんで離さなかったものだが、自分自身に慣れてくるにつれて、その盾は必要なくなった。たまに自分の感情を整理するためにネット上の会議室に戻ったり、自分の古いビデオを見たりもしたけれど、道のどこかで重荷を降ろしてからはそれもなくなった。

私は「女の子たち」と、そのひとりとして、また「男の子たち」と、そのひとりとしておしゃべりしてもいいなと思っている。私は女の子でもなく男の子でもないから、今もたくさんの間違いをするけれど、もうそれについて自分自身を責めたりはしない。肩をすくめてみせて、アンドロジャインとしてはかなり頑張っているよと自分に言うことができるようになったのだ。私は自分のどこかを隠す必要を感じてはおらず、人と話すときは正直であっていいし、男らしいものが好きな熱意と、女らしいものが好きな熱意の両方を見せていいと思っている。そしてもっとも重要なのは、そうした熱意が男として女としてのものではなくて、アンドロジャインとしてのものだと考えていることだ。

自分に前より満足するようになってからは、友達を作るのがずいぶんと楽になった。かれらがいつのまにかどこかへ行ってしまったということにならないよう努力は続けているけれど。私はもう自分からはアンドロジャインだとは話さないでいるが、「かれら」の方から「私」にそんな話をしてくるときがある。ときどき私がほかの男性たちとどこか違うところがあるとか、私にはなんだかすごく女らしい面があると思っていると教えてくれたりするのだ。たまに、はっきりと、私のことを女の子だと言う人たちもいる。そんなとき私は恐怖で縮みあがりもしないし、奇妙な気分になりもしない。そして、私にとって男性だとか女性だとかはそれほど重要ではないんだよと答えるのだ。

第24章　私の風景のなかのよそ者

An Outsider in My Own Landscape

s・e・スミス
s. e. smith

私はこれまでずっと抵抗することを信条としてきた。剝きだした歯と、広げた鉤爪と、尖らせた舌が、向かってくるすべての人たち――コミュニティ内で私を期待どおりではないと感じている人たちも含めて――から、身を守るために身構えている。この獰猛な根深い恨みの感情は、私を生かし続け、私に反撃する力を与えるものだ。私は自分がこの世に存在することを弁解しながら片隅にうずくまっていたりはしない。あなたがどんなにか落ち着かない気持ちになってもこちらを見ずにはいられないときには、厄介で難しい存在になるだろう。あなたは落ち着かない気持ちになるべきなのだ。私たちを人間として生かしているのは、あなたのそうした不快感なのだから。

私は「私には気をつけなよ」という類（たぐい）のクィアだ。

もう10年以上も自分の身体との対立だけではなく、シスジェンダー、そして私の経験をトランスとしては不十分だとみなすトランスたちとの対立のなかで生きてきた。ときおり、かれらの思い込みによって切り倒される木のような気分になる。チェーンソーや斧に取り囲まれて、小さな燃えやすい丸い木片へとたたき割られるのを待っている気持ちがしてくるのだ。でも、とがった大釘（スパイク）を隠し持つ私は、チェーンを引きちぎって遠くへ放り投げてやろうと待ち構えている。

ここだけの話だが、ときどき、私はとても恐ろしい人間になる。

それが私たちのような、AでもBでもないという、中間のスペースに生息する者にとって生き残っていく手段なのである。ジェンダー・ノンコンフォーミティ〔ジェンダー・アイデンティティとジェンダー表現が社会の期待と異なること〕について多くの人が語るようになった現在でも、ジェンダー・ノンコンフォーミティの人間とは何かを示す明確なロールモデルは存在しない。つまりジェンダークィア、アジェンダー、バイジェンダー、ジェンダーフルイドとは何なのか、そしてそういった私たちのうちにトランスとしてのアイデンティティを持つ人とそうでない人がいるのはなぜなのか、また、移行を求める人とそうでない人がいるのはなぜなのかにも明確な答えはないのだ。私たちはみな、海図にない領海を自分たちで地図を描きながら泳いでいる。恐ろしくてたまらなくなるときがある。私は何者だろう？　あなたは何者だろう？　こうした私たちの不確かさと、確かなものを求めてもがく姿は、バイナリーのトランスの人たちを含める第三者から、「特別な雪片（スペシャルスノーフレイクス）」〔自分がユニークで特別だと思い込んでいる人〕を気取っているだけだと受け取られる。私たちは互いに争うように仕向けられることもある。私のように移行を選ぶ人間が、それを選ばない人は「本物」のトランスやジェンダー・ノンコンフォーミングではない、という根拠として利用されるのだ。

あなたは、あなたの身体に完全に満足しているジェンダー・ノンコンフォーミングかもしれないし、移行を望んでいるジェンダー・ノンコンフォーミングかもしれない。そうした状況は両方とも等しく正しいのだ。私は朝、腹立たしく苦々しい気持ちで目覚めるときに、それをあらためて自分に言い聞かせる。社会はときには「もう、いいかげんにしてくれ」と言われる必要があるのだ。

さあ、私と一緒に言おう。「もう、いいかげんにしてくれよ、社会」と。

だが、社会は私たちのアイデンティティに対する考え方に影響を与えてないとか、溶け込みたい思いを拒絶されても寂しくないなどというふりをするのはやめておこう。私が自分の移行について考え、それがどんなものかと思うとき、心に浮かぶ光景のうちのどれほど多くが、社会やポップカルチャーによって、そしてときにはトランスコミュニティそのものによって左右されているかに気づくのだ。私は、自分という人間を、自分のコミュニティの内側と外側の両方で経験したプレッシャーから解き放ちたいと思ってきた。「ジェンダークィア」でいるとはどういうことを意味するのか？　「ジェンダークィア」の人はどんなふうに見えるのか？　もし、男女二元論（バイナリー）の外側に存在すれば、限定されたジェンダーの概念やボディイメージに対するプレッシャーから自由になれるとされるなら、なぜまだときどき、世の中の女性や男性と同じように窮屈なところに閉じ込められていると感じるのか？と。

この意見は自分独自のものだと言いたいところだが、それはまやかしかもしれない。というのは、ジェンダークィアの人がどのように見えるかという私の考え方そのものが、私たちがそう見えるべきだという人々の話からそっくりそのまま引いてきたものだからだ。私が鏡に映る自分の姿をじっと見つめながら理想の身体を思い描くと、ほっそりしていて平らな胸をした――女の子かもしれないし、まったく違う何かかもしれない、背が高くほっそりしたウィペット犬のように敏捷な――男の子の姿が見えてくる。ジェンダー・ノンコンフォーミングたちは、ポップカルチャーでは、「アンドロジナス」と表現されて、不思議なことにこれは「男性性」を意味しているようだ。私たちのボディイメージの手本をスーパーモデルや雑誌の特集記事だとするのは不適切かもしれないが、一般的な男女もまた、同じところに自分たちの身体の目標を持ってきている。つまり、社会が持つ私たちの美しさの理想とは、そうしたプレッシャーから作られているというわけだ。美しさを超えて進んでいくべきだという言葉は、女性誌の創刊編集者であるジェーン・プラットが使ったとして広く知られる。言うのはたやすいけれど、実際に実行するのは難しいものだ。

私たちは豊かな胸や曲線のある身体として表現されることも、筋肉隆々であごひげをはやした巨体を持つ人間として描かれることもないが、多くの人たちの受け止め方は、ポップカルチャーの言う、男性女性のどちらともいえる中性的な男らしさの方向へ傾いてきている。内性器を持って生まれた私たちは、小柄でかわいくてほっそりしていて――人を魅了する頬骨があってひょろりとしていて――短い髪と丈夫で強靭な身体を持っているとされているのだ。メディアに愛されるルビー・ローズやティルダ・スウィントンは、骨ばっていて挑戦的で、どこにも柔らかさを持ち合わせていない。社会に受け入れられ、首尾よくジェンダー・ノンコンフォーミングでいるには、すらりとした優美な体つきをしていて、トムボーイらしくなければならない。トムボーイらしい――そうまさしくボーイというその名のとおり。ポップカルチャーが描く私たちノンコンフォーミングの身体は、いつも女っぽい男と、男っぽい女がまじりあったような描写に落とし込まれる――人々は二度見して、目の前のこの人物は男の子なのか女の子なのかと自問する。

かれらにはその疑問しか浮かばない。なぜかれらにはそれがそんなにも大きな問題なのだろうか？

スタート地点から、私自身の移行につきまとう恐れと憧れは自分の身体が持つ限界と強く結びついていた。私は救いがたいほど背が低く、太っており、丸い顔をしていた。大きな胸と大きなお尻をしていて、もうこれは2010年代のジェンダークィアの理想というより1950年代のピンナップだ。太ったジェンダークィアなどありえるのか？　女っぽいジェンダークィアなどありえる？　この世のものとは思えない優美なジェンダークィアの美的特徴は、私にはけっして手の届かない場所にあり、そのことが私に、もしまったく違うものに属したらどうだろうと考えさせるようになった。

　私はシスジェンダー男性たちのために仕立てられた服が着られたらいいなあと思っているが、私の身体の形にはきちんとフィットしない。私の胸の上ではビジネススーツの上着のボタンがしまらない。ズボンは丈が長すぎて、歩くと舗道で引きずってしまう。靴は笑ってしまうほど大きく、ベストはどう見ても滑稽で、ネクタイは首を絞められているように感じる。ジェンダー・ノンコンフォーミングたちの要望に応えてデザイン、仕立て、販売までする高級服飾店で服をあつらえるというプランは大歓迎だけれど、それでは私の予算を超えてしまう。手が届く範囲で「男性」のスタイルを装うとは、私に合うように作られたものなどひとつもないのだから、この奇妙な体型に明らかに合っていない衣服を着て、のそのそと歩く悲しげで痛々しい道化師になることだ。ジェンダー表現は無情なお金の問題になっているのである。

　私はドラァグ〔異性の服装をすること〕をするのが大好きだ。私にとってドラァグは、スカートやワンピースに、短く刈った髪、化粧っ気のない顔、大きなイヤリングを合わせるもので、見る人を混乱させるさまざまな要素が入りまじっている。でも女性の服を着て楽しく、くつろいだ気分になったとしても、はっきり違うのだと説明しないかぎりは、まわりの人たちに無理やり女性と決めつけられてしまい、気まずく、不安な気持ちになる。誰が着ても似合うという曖昧さを持つアメリカ人のユニフォーム、ジーンズかズボンにTシャツという格好で妥協するときでさえ、私の揺れるお尻は私を裏切る。何を着ても私の身体は私を人前にさらけ出す。

　ほとんどの人は私を見て女だと思い、ほとんどの人は私について話すときに「she／彼女」を使う。たとえホルモン補充療法を始めて数年たち、胸の手術を終えて長い年月がたってもいまだに女性と見ていて、私が移行を進ませれば進ませるほど、人々はさらによくわからなくなっていくようなのだ。わからなくなったあとには腹を立て、反感を持つ。かれらが「この人どっちだろう？」と思っていて、私がかれらのほしがっている答えを出そうとしないときにはとくにそうだ。

私は自分のようなジェンダークィアたちの味方になりたいと考えている。かれらは身体をなんとかしたいともがいていたり、移行を自分自身のために始めるのか、ジェンダーを「正しい」とされるやり方で表現するために始めるのかについて葛藤していたりするかもしれない。私は移行してまもなく、日刊新聞『サンフランシスコ・クロニクル』でジェンダークィアとはどんな人なのか、どんな暮らしをしているかの実例として取り上げられた。けれど私が記事に添えられた写真に見たものは、カメラのレンズを目を細めて見ている太った女の姿だった。どうみても偽物にしか見えなかった。友人たちは写真へのコメントを避けた。

もし社会の主流派とトランスコミュニティの一部が、これほどまでに理想の姿やジェンダーに対する考えに囚われていなかったら、私は自分が背負わされた身体の特性と遺伝子を不運に思いながら生きてきただろうか？　私は自分のジェンダーを提示して表現する権利を断固として守りながらも、この疑いに長いこと苦しめられてきた。自分を憎んでいる理由が、自分のジェンダーと身体が対立しているからなのか、私のジェンダーのあり方が社会のいう「ジェンダークィア」はそう見えるべきだというものと対立しているからなのか、完全にわかる日はけっして来ないだろう。

私が自分自身のアイデンティティを理解するまでには長い時間がかかった。現在のようなあり余るほど資料がそろう時代になっていく、まさにその変わり目のところで成長したからだ。今ではジェンダー、アイデンティティ、クィアネス、幅広いスペクトラムでの人間の存在についての科学的な考察がほんの数回クリックすれば見つかり、地元の書店の棚には関連書がずらりと並び、大学の掲示板には各種講演会のお知らせが出ている。私はジェンダーに関する多くの知識をひとりで手に入れるしかなかった。トランスの自伝書を何冊もこっそりと読み、それらのなかに自分自身を探そうとした。トランスの友人たちと暮らしていたときは、かれらのアイデンティティが変わっていき、新しい何者かになるのをじっと観察していた。

　自分自身にジェンダークィアのラベルを試験的につけてみて、それを自分のジェンダーとしておずおずと表現し、やがてはっきりと名乗りでるまでにはさらに時間がかかった。自分の意見を主張し、私たちの多くが直面する代名詞との終わりのない戦いに足を踏み入れるまでにはもっと長い時間を必要としたのだ。私は争点を明らかにするために、抵抗や怒りを込めて、自分自身を「it／それ」という代名詞で呼びたいと思うときがある。そんな日々には、怪物のような重苦しくてがっしりした何かが、人生の回廊を威張って歩き回っているのを感じる。多くの人たちが「it」は人を非人間的に扱う言葉だとして、トランス女性たちを主流から追いやるために積極的に使っているのは知っている。私は友人のトランス女性たちが「それ」とか、彼女たちへの蔑称である「シーメール」と呼ばれている場に居合わせるたびに、私の言葉は自分のプライドを取り戻すために使えるだろうかと考える。ジェンダークィアで、クィアで、壊れて使えない身体を持つ私は、彼や彼女ではない私ならではのジェンダーで呼ばれる資格を手にしているだろうか？　小さな町の通りで「性転換者（トラニー）」とはやし立てられる私は、彼、彼女ではない代名詞を名乗る資格はあるだろうか？

　私たちジェンダークィアの多くが、まわりの人たちから、ちゃんとした「ジェンダーを選ぶ」ように圧力をかけられている。だから私たちは気が進まないまま、女らしさを受け入れるか男らしくふるまうかしなければならない。あるインターネット上のコメンテーターは、私が「女のように見える」から女と呼ぶのだと話し、私が何者かになりたいと思っている可能性など気にもかけない。世の中は男女のどちらでもない人にうまく対処するメソッドを持ち合わせておらず、なにがなんでも、ふたつのうちのどちらかのカテゴリーに当てはめると主張し続けているのだ。私たちがどんなにひどくもがき苦しみ、どんなに大声で叫んでいてもおかまいなしで。

私はトランス男性や女性が体験する苦悩、かれらに日々つきまとう危害にあう恐れ、上昇していくトランス女性――とりわけ社会の片隅で生きる人たち――の総死亡者数を否定することはできない。それでも同時に、トランスの人たちがネットや現実で交わしているジェンダーに関する会話を見聞きすると、その会話に心を引きちぎられるような恐怖を感じる。かれらの考え方がトランスジェンダーの身体やアイデンティティに医療的門番が存在するという状況を永続させているのを知っているからだ。

私はパソコンの画面をスクロールして、私たちの先人であるトランスの人たちが長いあいだ戦ってきた排除主義について読む。トランスから聞き取ったという記事のいくつかが、シスジェンダーたちが話していることを思い出させて私の不安を煽る。私はトランスとして十分ではないのではないか。私は偽物なのではないか。扱いにくいのではないか。オンラインビデオチャンネル『It Get Better Project』の創設者で多くの人にとってゲイのアイコンであるダン・サヴェージは、私のTwitterでの代名詞に関する投稿を笑う。そして多くの人がそれに乗ってくる。インターネット上で広まって数日間は笑える話になり、記事を何も考えずに見ている人たちに大当たりの記事として拡散していく。「ああ、そうだ」と私は枕に向かってささやきかける。「ジェンダークィアたちは常に自分たちのアイデンティティを攻撃されるんだ。そしてたぶん、それが改善されることはない」

私は、ジェンダークィアでいることはただの「流行」だから、流行りのスカーフのようにある季節になると出してきて、もう流行りでなくなると捨てられるものだ、というコメントを耳にする。人々は、私たちが「パスする特権」を持っていると非難するがそれはどうだろうか。私が女としてパスするのが可能で、実際にパスしているって？　まあ、そうだ。近ごろはそうでもないとしても。でも、個人的に大きな代償を支払ってもいる。自分でない何かのふりをするのは痛みを伴うもので、激しい戦いで勝ち取った自分のアイデンティティを否定するのはさらにひどい痛みを感じるものだ。私はときどきパーティや催しで、一晩中、女性のふりをしているか、人に勝手に女性だと思わせたまま過ごすかして、くたびれ果てて帰宅する。そして私はいつでも「パスする特権」を持ち歩いているわけではない。化粧室を追い出され、更衣室でじろじろ見られ、屋外などシス男性たちは要求されない場所で裸の上半身を上着で覆ってほしいと言われている。そのたびに、私の身体がよく知られていないことや、そうあるべきだという社会の思い込みと期待にそむくという理由で人を不安にさせるのだと思い知らされるのである。

　私たちは前の世代の人たちがけっして想像できなかったものを夢みているが、それらの夢はときには悪夢に、そしてかなわぬものへ鬱屈した幻に変わる。私はサッシャ・フライシュマンのことを考える。オークランドの57番のバスで眠っているあいだに、スカートをはいているという理由で火をつけられたアジェンダーの10代を。グゥイネヴィア・リヴァー・ソングのことを考える。テキサス州の自宅で撃たれて亡くなった26歳を。そしてサウスダコタ州で殺害されたオグララ・ラコタ族のツースピリット女性、ジャーミー・リー・ウンデッド・アローのこともまた。私は『*A Gender Not Listed Here*』*1の存在を考える。ジェンダー・ノンコンフォーミングのコミュニティにおいての身体的暴力、性的暴行、ハラスメント、失業、ヘルスケア差別の発生率の増加を記した２０１２年からの研究を。

たとえ好意や愛情を込めてだとしても、彼女、ガールフレンド、お嬢さん、女の人、ギャルと呼ばれるのはつらいものだ。それらを訂正するときに長く込み入った説明が必要になり、すべての人がそれを聞く気や受け入れる準備があるとは限らないと知るのはつらいものだ。そしてときには歯を食いしばって、微笑んでうなずく方が簡単な場合もあると知るのも同じようにつらいものだ。「ええそうです。私はジョー・スミスの娘です」と。

ときおり私は何冊ものパスポートをぱらぱらとめくり、次は誰になろうかと考えるスーパースパイの気分になる。ある日は、私のジェンダーを特定しないように気をつかってくれているクィアの友人たちととびきり女っぽいドラァグで出かけていく。そんなときは最高に自分に満足していて、着ると楽しくて自分のジェンダーを表現できるスカートやワンピースをまとっているだろうか？　またある日は、私が何者なのかがわからずに混乱して遠巻きにしている、どこかで数回見かけた程度の人たちとのディナーパーティに出る。私はそこで女性として強引にパスしようと、不本意ながらいつもの服で自分の身体を縛りつけるのだろうか？　そしてある夜は、自分たちが私のことをどんなふうにわからないのかを説明するのに一生懸命になっている見知らぬ人たちと過ごす。私はかれらからジェンダーについての取り調べを受けないで済むよう正装しながら、敗北を認めるように感じている。オーケー、あなた方の勝ちですよ。ただの冗談ですって。そうです、私はふつうの女の子ですよ、と。

それから別に、会議で陪審員に選定されるときのためのパスポートもある。私はその会議では、私が思っていたような女性ではないと気づいたある候補者によってはずされることになる。彼女は、ジェンダー・ノンコンフォーミングのアイデンティティについての簡潔な説明を求め、すべてのジェンダー・ノンコンフォーミングの人たちのために話すという状況に追い詰めてくる。発言用のマイクの後ろで逃げ場を失った私は、部屋の半分の人がきまり悪さで完全に黙りこみ、残りの半分が病的なほどの好奇心で身を乗り出しているのを目にするだろう。陪審員はファンタジーのなかのヒロインであるべきだとされているのだから。

ときどき、ジェンダーがどうのこうのでなく、ただ人間でいられたらいいなあと思う。

スーパースパイたちは、ベッドでじっと横になって、輝くランプの灯りが上掛けのシーツを通してぼんやりと入ってくる下で本を読むと決めてしまったのだろうか。私の横でのどを鳴らしている猫は、時間どおりに夕ご飯にありつけるかぎり、ジェンダーがこっちか、それともあっちかはまったく気にしない。

ジェンダーは社会によって作られた概念だといわれる。この過激な発言は、まるでジェンダーを完全に消滅させてしまうように思える。社会では、ジェンダーは私たちがそれに従って育てられるもので、私たちが成長してなる何者かで、今、何者であり、まわりから何者であると見られるためのものだ。ジェンダーとは、私の名前が男のものに見えるから仕事の面接を受けられるようになり、その後、私の身体がよく理解できないから「いらしてくださりありがとう。また連絡しますね」と体(てい)よくあしらわれること、あるいは無理やり女性として分類されるはめになることだ。ジェンダーとは、私たちが男性政治家か女性秘書かのどちらかになることで、ふたつのジェンダーしか存在しない世界でのフェミニズムと社会正義運動においては、進歩主義者たちからも、「非主流派の問題」を話し合う時期ではないと待たされ、いつまでたっても「冗長な討論」のための時間はこないということだ。

ジェンダーとは、私たちをなかに入れないために化粧室の扉に張りついたものだ。ジェンダーとは記入用紙に私たちがチェックを入れる箱がなく、私たちのうちの誰かが答えに窮する質問のことだ。ジェンダーとは私たちのなかの誰かがはっきりと「はい、私がそう見えることはわかっています。でもそうではないんです」と言わなくてはならず、そこにいる誰かが「でも、男でも女でもない人って、それってどうなの？」と言ったときに、部屋全体が包まれるぎこちない沈黙だ。

非常に多くの人が、ジェンダー・ノンコンフォーミングアイデンティティという、まさにその「概念」をしっかり理解しようとしている世の中では、みんなが互いを簡単にカテゴライズするのに必死になっている。そこでは、私たちは騒ぎを引き起こす未知の人間であり、説明を拒もうとする反物質〔世界を構成する物質とは正反対の特徴を持つ物質〕だ。「なぜ、あなたを見て、女の人だと断言してはいけないのですか？」と、かれらは知りたがる。

そして、かりに私たちが知られるようになると、社会——私たちが帰属するトランスのコミュニティも——から、私たちはこんなふうに見えるべきで、こんなふうに行動し、こんなふうに話すべきだとされているのですよ、と言われる。まるで私たちがみな同じであるように、まるでジェンダー・ノンコンフォーミングのアンブレラ内に滝のように勢いよく大量に流れ落ちているたくさんのアイデンティティなど存在しないかのように。私はこの話が、仲間同士の口げんかや、アイデンティティとラベルをめぐるちょっとした言い争いとして無視されるのはわかっている。つまり世の中の人たちはこう言っているのだ。もし誰かがジェンダークィアやアンドロジャインやジェンダーファック〔さまざまなジェンダー表現をミックスするなどしてジェンダー二元論を覆そうとする人〕だとしても、それがいったいどうしたというのですか？　アジェンダーやノンジェンダーがどうしたというのですか？　なぜジェンダーについて、もういいかげんに黙っていられないのでしょうか？

それが私たちにとってそれほど重大なことなのですか？

フェミニストのなかには、私たちジェンダークィアは自分自身を憎んでいるのだと言う人がいる。ジェンダークィアの私には自己嫌悪があり、実は女性嫌いで、心のなかの性差別に苦しんでいるから、女性としてのアイデンティティと距離をおこうとしているのだと。フェミニストたちは、単に女らしさを受け入れればいいのだと言う。切り落とす前には女だったことを常に思い出させた身体の憎むべき裏切り行為も一緒に、と。

人々は尋ねる。「あなたの身体にはそう見えるべきだという明確に決められた社会的基準がないのに、どうやってあなたはあなたの持つボディイメージと戦うことができるというのですか？」

私の答えはこうだ。あなたには私が誰であるかを徹底的に無視しよう、私と向き合うより消し去ろうという気持ちがあるんですね。そう、あなたが今言ったのは、なぜ私がボディイメージと戦うのかでしたよね。それは、みんなが私に対して私でない誰かだと力ずくでラベルづけし続けるかぎり、私は永遠に私自身の風景のなかでよそ者だからなんですよ。

第5部　二元性を再定義する——ジェンダーの矛盾と可能性

PART FIVE
Redefining Dualities: Paradoxes and Possibilities of Gender

第25章　ふたつではない

エイブリー・エリクソン
Not-Two　Avery Erickson

「意識を保ち、熱意を持って」

大きくてよく通る、独特のなまりのある「師」の声がスピーカーから瞑想ホール全体に響きわたり、夢の世界をさまよい、睡眠不足で舟をこぐ私たちを揺さぶり起こす。ビルマ出身の瞑想の指導者として名高い故S・N・ゴエンカ師の録音された音声は、瞑想修行中の私たちを励まし続ける。私たちは研ぎ澄ませた意識を、頭の先から足の先までくまなくめぐらせ、また逆方向へ戻していく。何時間も何時間も、来る日も来る日も。瞑想とは、今この瞬間の現実を深く感じとるようになるための修行(プラクティス)だ。

あれは瞑想合宿での10日間にわたる無言修行の4日目のこと。私は通路を歩き、男女別になった合宿所の男性用の棟にある自分の部屋に向かっていた。ゆっくりと歩きながら、脚を前へ動かすときのすべての身体の感覚――骨盤まわりの筋肉の動き、膝の伸び縮み、足の下の地面の感触、日に14時間座ってむくんだ足が感じる靴のきつさ――に注意を向ける。私は、自分のなかでひっきりなしに交わされる思考と感情のおしゃべりの渦を取り込もうと意識の領域を広げる。外の世界が静まりかえっていると、渦を巻くスピードは驚くほど速くなる。思考と感情がさっきから話している――ときには叫んでいる――

のは、私がこのところ感じている身体への複雑な思いに伴う混乱と絶望と恐怖だ。最近の私は自分の身体にくつろぎも確かさもまったく感じられないでいるのだった。

私はその朝早く、共同浴場で男たちを見ていたことを思い出す。見慣れたいつもの光景だったが、自分がかれらと同じだとは感じられなかった。「私は自分のこの身体を知っている。でも……自分ではない別の何かだという気がする」私のなかで恐怖と違和感が湧き上がってきた。この人たちはかれらの中心部に誰か自分とは違う人や、何か違うものがいると感じることはあるだろうか。

かれらは私に何か異質なものを感じとっているのではないだろうか。

みな自分のするべきことに集中していたから、私は気恥ずかしく、きまり悪い気持ちになり、今だけでなくあと数日間は誰ひとり口をきくことが許されない状況や、誰とも交流する必要がなく、誰も私の声を聞けないことをありがたく思った。

私自身が自分の声を聞けないということも。

私は素早く記憶を振りはらうと、登り坂になっている途中でほんの少し立ち止まって女性用の宿舎を眺め、あちら側で同じように過ごすというのはどんな感じだろうかと思った。私は境界線の向こう側に、女性――少なくとも彼女たちのなかにまざれるもの――としての自分がいることを想像しながら、自分の心と身体に、納得し安らげる感覚があるかどうかを探った。

だが、何もなかった。

どんな新事実も、どんな発見も、自分の本質が見える瞬間も。ただ、男として生きている今と同様に、女であるという実体験によっても同じように戸惑っているのがわかっただけだった。私は自分が、世間では女性特有のものとされる傷つきやすさ、感じやすさ、聡明さを多めにそなえた人間だということを頭と心で知っているが、それ以上は女性であるということがどんなものなのかまったくわかっていない。

ふう。

私は意識を瞑想ホールに戻し、しっかりと集中して座る。朝の5時か6時あたりになっているはずだが、ここには時計も腕時計もなく、正確な時間は確かめられない。わかっているのは4時からずっと座って繰り返し頭の先から足の先まで注意を注ぎ続けているということだけだ。私は、世間的に見れば、私を「男性」にしている身体の各部分に、懸命に意識を集中する。

最初のうち、私の気づきの中身はからっぽだ。私はそうした各部分に触れることができない（あるいは触れたくないのだろうか?）でいる。少したつと自分の手と足、腕と脚、顔を感じて思い描けるようになる――でも外性器と胸部は感じることができないままだ。どんなイメージも私の心の目には届かない。それに気づいた私は不安になる。次から次へと疑問が押し寄せてきて頭がいっぱいになる。

「これは私がトランスだということだろうか？　身体を変えたほうがいいのだろうか？　まわりの人たちはなんて思う？　これからも私を受け入れて愛してくれる？　見捨てられてしまうのだろうか？　変わらず安全に過ごせるのだろうか？　乳房があるってどんな感じなんだろう？　私にはそういうものが必要なんだろうか？　私は「女」だという気がしていないのだ。そもそも女とはなんだろう？　男とはなんなのだろう？

ああ、恐ろしくてたまらない。

最悪だ。

くそ」

疑問が疑問の上に重なり、疾走する思考が疾走する思考を追いかける。それでも答えは見つからない。

私の心のなかの天空から現れてくる恐怖の不協和音は、妄想へと姿を変え始める。新たに生み出された不明瞭な認識を我慢し、うまくなだめ、対決しなければならないというシナリオが次から次へとできあがっていく。それはすべて、瞬間的に現れ、変化し、終わりがない。まるで頭のなかだからこそ成立するように。

このほとばしるような感情は、合宿の初日を思い出させる。参加者は通常、長い合宿でも中間地点に来るまでに精神的に行き詰まってしまうことはない。だが、私にとってそれは突然だった。私は取り乱して何が何だかわからなくなり、救いと導きをくださいと祈りながら森を凝視していた。どうしようもなくひとりぼっちで孤立していると感じ、怯えて、神にひどく腹を立てながら。自分はこういう人間だろうという認識が、突然にひっくり返されてしまっていた。

だが、だからこそ、私はこの会に参加していたのだ。瞑想している誰もが気づいているかどうかは別として、心の奥底に持っているのと同じ理由、つまり真実は何なのかを知るために。かれらと同じく、ただ純粋に、自分の人生に気づいて今この瞬間に存在するために。合宿所に車をつけたとき、はっきりとは指摘できなかったけれど、何かがあるとわかった。私は内部にある不可解な存在が私に送ってくる強烈な感情に気づいていたのだ。内部にある何か強いものが圧力をかけて外へ出ようと押している……。それが外へ現れ出てくるのはふさわしい時期に、ふさわしい場所に着き、日常に邪魔されないふさわしい環境があるかどうかの問題だった。

瞑想する毎日を続けるうちに、文字どおり、ものごとの焦点は狭(せば)まってくる。私は胸と外性器にさらに集中的に意識を注ぎ、それらを衣服と座布団を通して身体としての感触のあるものだと思えるようになる。だが、それらが私の身体を構成する一部分だと感じられることはない。胸や外性器はそこにあって、そこにないのだ。それについての私の変化する感情は、失望と、のちにジェンダー違和だとわかるものから、中立と放置へ移動し、そしてごくたまに受け入れへと移動していく。身体に対しての感じ方は定まっておらず、その存在にくつろげるときもあれば、ひどく間違っていると感じるときもある。私はこの感情をどう扱ったらいいのかわからないでいる。これまでに見聞きしてきた「間違った身体で生まれて、自分の身体を憎んでいる」トランスの物語（ナラティブ）ではない。

合宿の7日目。この地点までくると、いつものように、ほとんど全員の参加者が泣いたり、笑ったり、取り乱す経験をしたり、困難を克服していたりする。集団に流れる雰囲気はきわだって落ち着いたものになり、あたりにはクリスマスと新年のあいだを思わせる重厚な静けさが漂う。なんの前ぶれもなく、私の騒々しい頭のなかですべてが静かになり、光がそっと揺らめきだすように、あるひとつの言葉が浮き上がってくる。

エイブリー。

私は心と身体で、これがこの世での私の新しい名前だとわかる。私の新しくゆっくりと結びつこうとしている現実とアイデンティティを反映する名前なのだと。

そのときから、私はエイブリーになる。

◆◆◆

瞑想の日々を終えて、私はサンフランシスコにある自宅に戻る。この街はクィアとトランスにかかわるすべての中心地として知られている。ＬＧＢＴＱＩ＋の人たちが、かれら自身を知り、ふさわしいコミュニティを見つけたいときや、生き残りや目標を達成するための手段を探したいときにどこへ行けばいいのかがわかる場所だ。私は「意識を保ち、熱意を持って」リサーチを始める。そしてふたつのサポートグループのコミュニティに入ることになる。

1週間働き詰めだった金曜日の夜に、橋をわたってサンフランシスコ湾の反対側まで行くのは楽ではない——でもバークレーのパシフィックセンターに長期にわたって活動を続けているトランス女性たちのサポートグループを見つけていた。初日、たったひとりでの参加に不安と期待の入りまじった気持ちでいる。私は車を止め、なかに入る勇気が湧いてくるまで遠くからそっと建物を眺める。

狭い部屋で、移行のさまざまな段階や、表明状況にある女性たちと輪を作って座る。私はこのところ、短い髪にビーニー帽〔ニットのふちなし帽子〕をかぶり、額の上に前髪を下ろすのが習慣になっている。ビーニー帽はこれまでも、武道をするときや大型バイクのヘルメットをかぶるための短くしている髪型に合わせていた。今、この前髪は、内面は見た目よりもっと女らしいのだと伝えようとしている私の意欲的な試みのひとつだ。これまで髪を伸ばしたことはなく、新たに伸びる1ミリも、本物への道においての1マイルのように思える。

この会は、名前とアイデンティティを伝え、その週はどう過ごしたかを順番に話すことで進んでいく。私はみんなの話を熱心に聴き、自分の番がまわってくると言う。「こんばんは、エイブリーです……この名前で自己紹介するのは今日が初めてです」

熱い波が私の身体を駆けのぼり、顔まで届く。この恐怖と興奮と恥ずかしさの波は、私の名前をはっきりと声に出して世界に——その正当性を明らかにし、グループのメンバーとしての私の居場所を要求するように——伝えるときには、安堵も一緒に乗せている。微笑みとうなずきと穏やかな賞賛があり、容認と好意的な評価が女性たちの目のなかに見える。それでもたちまちその瞬間は終わり、注目は隣に座る女性に移っていく。いつものディスカッションが始まり、私は共感できるか、なんらかの答えや帰属意識や新しい発見が得られるかを考えながら真剣に耳を傾ける。

私はそれを何週間にもわたって続ける。金曜の夜に橋をわたり、そしてまた次の金曜の夜に橋をわたる。女性たちと親しくなって街の小さな店でパイを分けあい、薄いデカフェを飲むようになる。彼女たちが身体について話すとき、自分もそうだと同意しているのに気づく。私は性別違和——自分の「男性的」特徴に対する痛みと、自分の女性らしさを他人に見てもらったり認めてもらったりできない痛みの感情——に共感を覚える。女性に生まれてきたらどんなにか良かったのに、という痛みに。

だがそれでも、自分が女であるとは感じられない。

私は混乱する——なぜ身体に違和感があり女性の肉体的特徴がほしいと望んでいるのに、女だと感じられないのだろうか？

私とはまるで反対に、グループの女性たちは「私は女ですよ」と実に明快だ。初めのうち私は、まだすぐには受け入れられず、その言い分が道理にかなっていると支援できる気持ちにならないけれど、いずれはできるようになると思っている。だが、コミュニティルームに座っている時間が長くなればなるほど、必ずしも受け入れてくれるわけではない世間で女性だと主張する彼女たちの物語を聞けば聞くほど、それは自分ではないという気持ちがふくれあがっていく。自分の身体についての経験を彼女たちに話すけれど、自分が女だとは感じていない。女とは何かと訊かれてもまったく何も答えられない気がする。

毎週木曜日の夜に、サンフランシスコのクィア・ライフセンターにあるジェンダースペクトラムグループまで歩いていく。ここでもよく似た部屋の、また別のグループのなかでいつもの週末の疲れを感じながら座っているが、今回は、全員がジェンダーニュートラルな代名詞を使っているかなり中性的なAFAB（出生時に女性という性をあてがわれた人）の人たちの小グループだ。みな、すごく今ふうでおしゃれで、ティーガン＆サラのコンサートで列を作るような都会の若いクィアに見えて、うらやましくなる。

私は自分の代名詞がthey/themだと告げるときには安心した気持ちになっている。they/themはふつうのことだとするこのグループには、認め合う気持ちと、仲間同士だという感覚が存在する。

会話は、ノンバイナリーだと認識してもらえないとか、いつも「彼女」（あるいはより男性的な見た目のメンバーは「彼」）だと間違って受け取られるという不満に移っていく。トランスのコミュニティ内でもノンバイナリーだと見てもらえず、自分たちのアイデンティティが認められて尊重されているとは感じられないという話もでる。胸の手術が決まったとき、ジェンダーニュートラルを外見で表明する場所に行ける気がしたという喜びを語る人もいる。

何週間も話を聴いているうちに、私はバークレーのトランス女性たちに感じたのとよく似た気持ちになっているのに気づいて驚く。今回の場合は、かれらの話す気持ちやアイデンティティについて共感できるのだが、身体に関しての感情が自分と同じだとは思えないのだ。実際に、部屋を見まわすと、「女性」で始まった——私が望んでいるようでも、望んでいないようでもある——身体を持つ人々がいるとわかるだけだ。数週間後、私のようなAMAB（出生時に男性という性をあてがわれた人）はひとりもいなくなる。私はひとりぼっちで孤立しているように思えてどうしていいかわからなくなる。

まただ。

私は、なぜかれらに共感できるのかわからない。身体についての考えは異なっていて距離があるように感じるのに。

「どこかに私のような人間のためのグループはないだろうか？」

◆◆◆

禅についての言葉や考え方は、どれも非常に多くの疑問を呼び起こすものだ。「禅」は人々の頭にさまざまなイメージを与える。みんなが、禅とは穏やかで、冷静で、落ち着いていることであり、気持ちが集中している状態や、精神的な晴れやかさを意味するものだと話してくれる。東アジアの風景や、安定した暮らし、嵐のなかで揺るがない山の姿を思い出させるものだともいう。私にとっての禅は、そう思えるときもあるけれど、怒り、恐れ、混乱、絶望、愛、執着、錯覚——そして日々の暮らしや意識のなかで自然に生じる体験や感覚でもある。禅は、ものごとをあるがままに認識し体感することで、ジャッジなど手放して自ら経験しようと飛び込むことだ。それは私たちを条件つきの見解や制限された理解から引き離す、あるいはそこからの脱出を助ける修行である。

禅の教えとは、二元性（dualities）を超えてものを見ることなのである。

曹洞宗の禅では、私の能力を人生のあらゆる場所で引きだしてきた精神修行、座る瞑想がもっとも重要な修行だ。意識を集中させて座る。でもたいていはただ座る。何度も何度も座る。ただ座って、見えてくるすべての能力のうちで最高のものを意識する。ただそれをじっと見て、あるがままにさせておき、それを押しやったり抱え込んだりしない。じっと視線を注いで受け入れる。

それはただ許すことにより、無条件に愛するということだ。

私はジェンダーが私の人生に表立って派手に姿を現す前に、座る瞑想の習慣を持つという幸運を手に入れていた。そのおかげで、ノンバイナリーであることを十分に経験し、思う存分生きることができている。ノンバイナリーであるとは、私たちの社会が持つ二元性の考え――女らしさと男らしさ、社交的と内向的、自己主張と迎合、陽と陰――には対立や矛盾があるとはっきり示すものだ。私は女らしさを表現し、女としてのアイデンティティを持つ人間だが、武道の試合に出て、バイクを暴走させる。私は積極的な性格の成功願望のある専門職だが、ランチを作って子どもたちを学校へ送る家庭の主婦に憧れている。これまでずっと男のグループと女のグループ両方のどこかの部分で生きてきて、両方のどこかに自分のアイデンティティを感じてきた。ときには孤独を感じ、どちらにも属していないと思っても。

私は乳房とペニスを持っている。

経典の研究――経と公案〔師が参禅者を悟りに導くために与える課題〕――は禅の修行のまた別の側面だ。それらは私たちがふつうに持っている散漫な考え方の誤った点を証明し、ものごとを「ふつう」とされる状況を超えて見るように作られている。『信心銘（*The Mind of Absolute Trust*）』という非常に有名な仏教の詩がある。この教えに満ちた文章（テキスト）を通して得たものは、私がノンバイナリーでいることに大きな平穏と安らぎと喜びをもたらした。冒頭にはこう記されている。

> 自分の好みに固執しない者にとって、最高の真理に至る道は難しいものではない

これは、落ち着いた気持ちで、なにごとも受け入れ、満足して生きると、自然と頭のなかのえり好みや決めつけを手放すことができると教えている。私は自分がトランスだと気づいたとき、まずなんとしてもチェックボックスのどちらか一方を選び、印をつけたいと強く思った。もし男性でないのならば、

絶対に女性でなければならなかった。それが慣れ親しんだ考え方だったのだ。
だが、ときが経つにつれてそのやり方は自分には合わないものだとわかった。自分のトランスネスを定義してラベルづけしようとすればするほど、経験したある一部分を好めば好むほど苦しみが増していった。私は内部にある縛りをゆるめ、私のジェンダーをそのつど自然に湧き上がらせて表現させるようになってやっと平穏と安らぎを得たのだ。頭のなかの判定と評価から解放されると、トランスであることは始まりも終わりもない、体験と行動が行き来する単なる流れになった。

ものごとを対立したふたつにわけるのは心の病である
この問題について考えれば考えるほど、真実からさらに遠く離れていく
考えることをすべてやめれば、いつでも真実に近づけるだろう

私のジェンダーが本物だと感じる自由と安らぎは、考えることをやめ、ジェンダーに対する思い込みと、ジェンダーと心身の関係についての先入観を手放して初めて得られる。私は自分の身体に、そして本能――導きと受容が住む場所――に立ち寄ってみるべきだったのだ。私の身体のなかには、ジェンダーを条件づけ、管理する場所も、なんのためらいも、男らしさも女らしさもなく――ただある与えられた瞬間に何かが存在しているだけだ。

ものごとの本質を言い表したいのなら、いちばんふさわしい言葉は「ふたつではない」である
「ふたつではない」においては、みな同じで、ひとつの世界につつまれる

あるときある場所でそれは「女らしさ」であり、またあるときある場所では「男らしさ」だ。すべて相対的で、永久に不滅で不変のラベルをつけるほど信頼できるものではない。男女二元論（binary）も、二元性（duality）も、二者択一（either-or）も私たちを自由にするというより、私たちを縛りつけるものだ。私のジェンダーに限界は存在しない。私が頭のなかで、それなら名乗ってもいい、そういう人ならなってもいいと言っているだけのことだ。本当にあると思われてきた唯一の縛りは、実は私の内部に存在していたのである。それでもジェンダーには、安全性や社会的容認といった、外部による規制があるではないかと主張する人がいるかもしれない。だが、もし内部になんの限界もなければ、誰が何を考え、話そうともなんの影響もない。私が自分のジェンダーの真正——天から与えられた小さな光と深い愛——を明らかにして、受け入れるのを妨害することはできない。

ほんのわずかな自己不信さえなく、あなたはその宇宙を完全に信頼できる
突然、あなたは自由になり、心に残るものは何もない
すべては空であり、そこには明るさと完全さがあるのみだ
無限の空間のように広大で、それは完璧で何ひとつ欠けていない
絶対的な信頼心はすべての思考とすべての奮闘を超え、完全に平和のなかにある

ノンバイナリーでいることで新たに明らかになり、たどり着くものはない——もうそれはすでに私のなかにあるのだ。私は自分のこれまでの体験や信念を、ジェンダーと呼ぶもののすべての側面——表現、

役割、身体、性別——とあわせて「意識を保ち、熱意を持って」信頼するようになる。本当をいうと今も混乱、絶望、恐怖、興奮でいっぱいだけれど。

究極の自由にはなんのきまりも存在しない
心が公平さと出会うとき、きまりを作ることも、きまりに作られることも消える

瞑想と禅の教えは、ボックスにチェックを入れる必要はなく、ラベルとボックスは価値のなさが見え透いた薄っぺらなものにすぎないと教えてくれた。それらが少しは役立つとしても、道具のように間違った環境に置かれて間違った人の手にわたると無駄で危険なものになるのだと。そして私は、現れると定められていた瞬間に現れたものを何でも認め、私自身のすべてを完全に受け入れて愛するための場所や機会とかかわろうという気持ちになった。私の頭や、世間の人たちが、どれほど偏ったジェンダー行動や体験に縛られているとしても。

◆◆◆

最終的にトランス女性たちのグループからも、ジェンダースペクトラムのグループからも離れたとき、自分のグループはどこにあるのだろうと考えた。そして答えは禅のサンガの形をとってずっと自分の傍らに存在したと気づく。サンガとは精神的な修行をする者たちのコミュニティを意味し、呼び覚まされた人生を真剣に生きていく人たちとともに道を歩いていくことだ。サンガはスピリチュアルな人生において、きわめて重要でかけがえのないものだと考えられている。

私のサンガの師は、私がほとんど何もかもを打ち明けている人で、私の人生、苦悩、考え、習慣を知っている。彼女は私を真剣にサポートし、助けようと考えて、私が人生を思う存分に、自分の信条にしたがって生きるように導いてくれる。私のこれまでのジェンダーの旅路のすべてを見てきたのだ。

代名詞についての要望をコミュニティ内で初めて相談したのは彼女だ。私たちは寺院内にある禅堂や瞑想ホールで、あるときは独参のため、あるときは師弟の正式な論議のために、座布団を敷いて差し向かいに座る。「もう今ではまったく自分の代名詞を『he』だとは思えないのです」と私は打ち明ける。「自分の代名詞は『they』の方に近いと考えています。ジェンダーが男性と女性の両方か、そのどちらでもないかで、ときによって不明で、定まることなく変化していく人たちを指す代名詞です」

「分けることはありません。ふたつではないのですから」と彼女は微笑みながら答える。探求するのが本当に楽しく興味深いという様子で、さらに話を明確にしていく質問を重ねる。そして私が修行していることを感謝し、彼女に修行と同様のやりがいのあるものを与えてくれて感謝していると話す。ジェンダーに対する彼女自身の精神的なコンディション作り、日ごろ使っている言葉とその限界、そして私たちの目の前にある現実に戻るようひっきりなしに呼びかける声に向き合おうとしているのだ。今、目の前にある現実は私だった。「私は深い苦悩と喜びの感情の両方を感じています」と彼女は静かに言う。私が何者なのか、そして何者になるのかを見守り、尊重していくと表明してくれている。

私は、理解され認められたというだけでなく、感謝や敬意を表してもらえたということに、言葉では言い表せないほどありがたい気持ちになる。そして自分はここにいていいのだと感じる。涙がこみあげてきて衣の下に心臓があるのがわかる。固く結ばれた集団に自分も正式に参加したのだと教える、自分で縫いあげた禅の衣の下に。

私が長い時間をかけてやっと気づいた、自分を受け入れて愛するのに必要だったものは、トランスとクィアのコミュニティに居場所を見つけることではなく、参加するコミュニティすべてに自分のための居場所を作り出すことだった。

そのために、私のぜんぶが入るくらい広さのある考え方と新しい用語を生み出して、シェアすることが必要だった。その私とは、ノンバイナリーだがトランスフェミニンでもある誰かで、女だと自認してはいないがほとんどの時間を女として自己表現しており、身体を女性の方向に変更させている誰かだ。女たちと男たちという考えや、女性と男性という考えや、男らしさと女らしさという考えは、現実を理解する能力や本物の人生を生きる能力を制限してしまう言葉であり、概念であるとわかっている誰かだ。ただ正真正銘の自分として生きていくことで、身体の二元性と精神の二元性の両方を爆破する誰かだ。自分の精神的な感覚と身体の様子は独立したものであると同時に、ふたつには分けられないもの——禅でいうところの相対的存在と絶対的存在の「同時包含」——だと主張する誰かだ。

この理解と実行を通して、私は自由と、満ち足りた気持ちと、大きな喜びと、今ここにいる感覚を持つようになっている。私は自分の修行とコミュニティに対して、そしてノンバイナリーとして生きる機会をもらったことに対してかぎりなく感謝している。

禅の師は、私のジェンダーと代名詞が、サンガの修行の良い機会になるだろうと言って、ある研修会の夜、私がグループ全体に正式にカミングアウトし、私の要望を知ってもらう場を設けてくれる。

彼女はみんなの前で私への感謝を口にする。みんなはよく話してくれたね、ありがとう、あなたは大切な仲間だよと言う。

第26章　キッチンシンク・ジェンダー

ニノ・シプリ
Kitchen Sink Gender　Nino Cipri

「タツノオトシゴはジェンダーロールに反対」私はそうプリントしたピンクのタンクトップで出ていった。髪は1週間前に3分の2ほど刈り上げ、全身をタトゥーと体毛と挑戦的な態度で覆っている。これは敵意を向けられる可能性のある場所へ決意をもって出向くときのいつもの鎧（よろい）だ。記録簿にサインし、ぎこちなくポールの横に立ってクラスが始まるのを待つ。参加者がそろうと、インストラクターが大声を張りあげた。「オーライ、女性のみなさん、準備はいい？」

私は、「クィアでトランスでノンバイナリーの変わり者、あなたに代わってポールダンスのクラスを取りました」というタイトルのエッセイを書く日が来るだろうと考えながら、ポールダンス教室の受講チケットをクーポン共同購入サイトで買ったのだ。「ズンバ」より新しい体験を求める女の子たちのミステリアスな世界への冒険が始まろうとしていた。私はここにたどり着くまでに電話でジェンダーを間違われ、クラスが始まってからもう一度、間違えられている。いつものように礼儀正しく「警告：私はトランスです」というメールを送っていたのに。メールはこんな感じだった。「ニノと申します。ノンバイナリーでトランスで、代名詞は they/them/their です。これらの用語に説明が必要でしたら、以下のサイトをお勧めします……」

ジェンダーを間違われるのが、トランスジェンダーとノンバイナリーに共通する体験でなければいいのにと思う。でも32歳になった私にはわかっているのだ。どんなに巧妙に自分のジェンダーを表明するもの――髪の毛、服装、タトゥー、挑戦的な態度、THEY/THEMバッジ――を武器にして構えてみても、シスジェンダーの人たちにたいした印象を与えられずに終わるということを。世の中（ポールダンス教室やカスタマーサービス業のように）では、私が隠せないか隠さないもの、つまり、細い肩、おっぱい、大きなお尻といった身体的な特徴を重要視する傾向が高まっている。それはほとんどの人にとって、ひとつの方向か、もうひとつの方向を指定する物差しになるものだ。私にはどちらの方向も誤りだ。でも、どんなに多くの時間を割いて訂正しようとしても避けられない誤解には、それ自体が持っているいくつもの要因が絡んでいる。いつものあの状況＋私がその人とどれほど多く会っているか＋その人にわからせるのに私の時間をどれだけ無駄にするのか＝もうやってられないよ、好きにすれば、なのだ。たいていの場合は。

インストラクターがもう一度、「女性のみなさん」と呼びかけ、私たちはウォーミングアップを始める。先生はブルーノ・マーズの「I Like It」のCDをかける。私につきまとう絶望感に合わせたような曲。

すべてが計画に沿って進んでいくように見え、私は残りのレッスンをずっと憎み続けるような気がした。

でも予想ははずれた。このエッセイは、ポールダンスがどんなふうに私を「自由にしてくれたか」とか、新たな気づきがもたらした幸せなどについて書いたものではない。私が感じたのは、愛と憎しみ、大成功と失敗、その他の二元化（バイナリー）を表すとされるどんなものより複雑なことだった。

◆◆◆

子どものころ、体操競技大会で、空中回転の演技をする親友を見ていたのを覚えている。心のなかで、自分は体操が得意だろうと思ったが、体操クラブには入らなかった。理由は、費用や時間の問題、足首を捻挫するより自由に想像している方がよさそうだと感じたなどたくさんあった。そのころまでには断固としてトムボーイの役を演じるようになっていたこともある。私にはしとやかさがまったくなかった。誰のお姫様でもなく、お姫様にふさわしいふるまいをするのも、あんなにべっとりと化粧するのも想像できなかった。体操競技、ダンスの発表会、フルートやバイオリンの演奏。自分はそういったものは向いていない、それらに必要な繊細さに欠けていると思っていたのだ。その代わりにソフトボール球場や、武術の道場で過ごし、音楽の練習室ではサクソフォーンを長くゆったりとガチョウのような音で吹いた。

　女性という領域から自発的に退出した私は、当然のようにシスジェンダーの男たちのグループに入り、男と女のどちらともいえる中間的な立場を確保していた。つまり、野郎ではないが、混乱を生じさせる外見が受け入れられる、あるいは少なくとも使い道があると思われる程度には野郎らしい存在だったのだ。私はしばしば「女性という惑星」からやってきた学者のような扱いを受け、いつも女性の神秘に対する「グーグル」として活用された。仕事仲間の自転車修理工のうちのひとりが処女膜とは何かと訊いてきた日のことは忘れられない。彼は、バージンでも生理はあるのかとも尋ねた。同僚の男性たち——表向きはいい年をした大人たち——のグループがひどい無知のせいで、そんな私的な領域を徹底的に追及している姿を見るというのは、なかなかできる体験ではない。

でも、こうした男ばかりの場所にいていくつかの悪い習慣がついてしまった。なかでも目立ったのは女性の特性を示すものを巧みに避ける癖だった。目下のところ、米国人にとっての男らしさはノーを言うことを中心にしているようだ。男らしさとは、何もかもを排除していく過程でできたジェンダーのように見えるし、感じられる。私は自分が女ではないと気づいて、あの人女だよねと誰かに思わせるかもしれないことはどんなものも避けなければならないと考えた。ノンバイナリーでいて、透明性を保ちながら被害から身を守ろうという折り合いのつけかたには、常に駆け引きが要求されたけれど。

自分が男性のスペースにいても、女性のスペースにいても深い孤独を感じるとわかるのには何年もかかった。私はたくさんの体験をしてやっと、その両方にかかり、そのどちらにもかからない、中間的な領域の地図を描きあげ、それからは自分の身体と、ジェンダーと、人生をちゃんと理解できるようになった。女である必要も、男であるための移行も必要なかった。ぼんやりした概念ではなく、自分にぴったりくるアイデンティティを手にしたのだ。

◆　◆　◆

数年ほど前、友人のひとりがポールダンスに夢中になっていた。マイポールまで買ってしまうほどの入れ込みようだった。彼女の家の居間にはポールが誇らしげに立っていて、飲み歩きに出る前に私たちがすでに飲み始めると、習得したいくつかの動きを披露してくれた。それを見るまでは、私のポールダンスに対する認識といえば、映画『ショーガール』のトレイラーや、18歳のときに友人連中と出かけていった（なぜってもちろん18歳になったからだ）モントリオールの「クラブ・スーパーセックス」といったものでしかなかった。「クラブ・スーパーセックス」は『ショーガール』よりは勉強になった――そここには本当にポールをなめて見せるダンサーもいて、それは（a）キモチワルイ。そして（b）演技に身体とポールの摩擦が必要なとき、滑りやすくなるという望ましくない結果を生む、ということを教えてくれたのだ。私たち5人はきまり悪いほどステージに近い場所に座っていて、笑ってしまうほど幼くて、びっくりするほど高いビールを胸にギュッと抱きしめていた。はき古したジーンズとブーツとTシャツ姿はどこから見てもヴァーモントの田舎者たちだった。ダンサーがステージに現れ、フランス語（私たちの誰ひとりとして理解できない）で私たちに鋭く叫んでから、うんざりという顔つきでいつもの演技を始めた。履いていたハイヒールが私たちの頭すれすれを飛んでいったその瞬間、彼女の言っていたことがわかった。「もっと下がんなさいよ、馬鹿者たち。私の踊る場所がないじゃない」

友人のアパートメントでの夜は、私にはるか昔の体操競技大会を思い出させた。彼女が誇らしげにやってみせるスピンやクライムを見て、自分に憧れの気持ちがあることがわかったが、私はそれを本能的に払いのけた。ポールダンスは女性の領域にぴったりと張りついていた。つまり魅力的だったが私にふさわしいものではなかったのだ。

だから初めてクラスにでてみて本当に楽しかったのには自分自身が驚いてしまった。ジェンダーを間違えられようが、スポティファイのトップ40が流す最悪の曲を聴かされようが、鏡だらけのレッスン場で、鏡のなかに目にするものにかなりの居心地の悪さを感じようが、楽しかった。うまくできたと感じていた。そしてもう奇妙なくらい、私に向いているらしかった。初めてのクラスの最後までには、ほとんどの動きをものにしていたのだ。これまで鍛えてこなかった柔軟性と筋力を必要とするものはまだまだだったが、それらでさえ、攻略する計画を思い描くことができた。先生は私に素質があると言ってくれた。その言葉より、状況はもっと複雑だったけれど。つまり、練習の積み重ねが（おそらくは）もっと必要で、もっと身体を鍛えなさいということだったけれど。

2回目のクラスはもっと楽しかった。レッスンは前回とは違う先生で、身体の動きを、言うなれば、あけすけな言葉で表現した。

「嘔吐するときみたいに身体を動かすのよね」とシルヴィアはお尻から頭のてっぺんまで揺らしながら言うのだった。「ヒューーウ！」

彼女はポールダンスでの動きがどれもが優美で女らしいものだというふりはしなかった。あちこちにできたあざを見せて、あまりに何度もすりむくので感覚がなくなってしまったという皮のむけた個所を指さした。これは『X－メン』に出てくる傭兵デッドプールのダンスのクラスをとっているようなもので、スゴイことだった。彼女は、生徒たちに向かってひっきりなしにお尻の穴のあたりをゆるめなさいと大声をあげていたダンスの教師をちょっと思い出させた。シルヴィアのほうはもっとやる気を与えてくれる人だったけれど。

ポールダンスは私が4年間続けてきた武道のハプキドーとそんなに大きな違いはない。私は倍の体重のある人を腰に乗せて投げ倒す代わりに、自分の身体を空中で振り動かす。ジュリエットスピン、ファイアーマン、回転木馬、バックアンドフロントフック、ボディロール、クライム、スライド、シット。胸を張って肩をそらし、ものうげに歩く。固く握りしめた手のひらをゆるめて、腕ではなく脚の筋肉を使い、頭と首には力を入れない。リラックスして動く。

リラックスして。

私が問題にぶつかったのはそのときだった。

私は日ごろから自分の身体、つまりその痛みや喜びや楽しさや失望に対しては、とりわけ丁寧に対応しようと心がけている。私は自分の身体がやることが大好きだ。私の身体は私を山々に登らせ、階段を駆け上がらせる。のどを鳴らす猫たちを抱きしめ、おどけた顔をし、誰かの身体に相手が楽しくて満足するやり方で触れる。私は自分の長い指、顔の産毛、顔の骨格をうっとりと眺める。鏡の前で、腕を曲げ伸ばしする。身体にタトゥーを入れて、肌にローションをすりこみ、関節を冷やし、筋肉痛のある個所には湿布剤をはる。私と身体との関係はいつでも順調だというわけではなく、上り調子のときも下り調子のときもある。

それに身体には違和感がある。私は、ゆっくりした喘息の発作のように私の肋骨を絞めつけるバインダーや圧迫ブラをつけている。でもそれで自分の胸を見おろすときに忍び寄ってくる気味の悪い不安や、意識の薄れる感覚をコントロールしているのだ。私は自分の身体が大好きだ。それなのに他人は、これまで友人や家族や恋人たちがずっとそうだったように、私の乳房ややわらかいお腹やお尻を、私の物ではない別の何か、誰か違う人の持ち物として見ている。

ときどき私は自分の身体が家族からもらった贈り物だと感じる。つまり、何年ものあいだかれらがくれた品物のように、実はどれも自分が自分のために選んだものではないのだと。

私のジェンダーと身体は互いに反目しあっている。これは私が衣装のショートパンツをはいて、信頼を学ぶ練習みたいにスピンに身を投げ込み、ポールダンスの動きはヘテロセクシュアルのシス男性の見えない凝視を満たすために演出されたものだと気づいているときほど、はっきりすることはない。身体との関係が良好な日には、私は男性の視線をはじき飛ばし、鏡に向かって欲望を煽るような顔をしてみせる。自分のために、音楽に合わせて踊ることができる。遠い昔に「どきなさいよ、私はここで仕事をしているんだから」と私たちを蹴ちらしたあのケベック州のダンサーと交信できる。

関係が良好でない日、私は自分を凝視できない。不安定な自分から逃れられない。自分の身体に他人がいるような気がして何回かレッスンの途中でクラスから出てしまった。私は汗でぐっしょりと濡れたダンスの衣装を苦労して脱ぎ、よろめきながらシャワーを浴びにいき、自分の身体にちゃんと戻れた気がするまで、あざに指をめり込ませる。

◆ ◆ ◆

ポールダンスにおける女性性とは、ストリップショーやコメディショーとのかかわりは別にして、本当のところは何を意味するのだろうか？

私が出会ったポールダンサーの多くは、ＩＫＥＡで買ったソファベッド（今思いつくかぎり、もっとも重いもの）でベンチプレスをやってのけそうに見える。そして、ポールダンスは身体にやさしいものではない。私はポールダンスのクラスに入ってこの2か月間、庭師をやめてから目にすることもなかったようなタコを両手に作り、あざを、思いもかけない場所に、たとえば太ももの内側、お尻の横、わきの下、肩先、膝の裏側といった部分に見つけた。ポールをよじ登り、空中に身体を保つための摩擦のせいで、足の甲とむこうずねの皮膚が何層もはがれた。体重を支えるために太ももの内側の皮膚を使ったあとは、カウボーイのように、がに股になって歩きながら教室を出たものだ。シルヴィアが「これは『脱臼した人』といいます。なぜこんな名前がついているのか想像できるでしょ」と、ある特別な動きを紹介してくれたこともあった。

ポールダンスでもっとも目立ってしまった女性性は、どんなに多くの痛み、汗、やぶれたタコ、あざがあっても、ダンサーたちが軽々と演技し、なんの努力もしていないように見えなくてはならないことだ。男たちは激しい運動で叫び、思いどおりにいかずに叫び、水たまりができるほどの汗をかき、欲情したカメのようにうめいてもいい。でも「一生懸命にやりすぎている」女性はありえないでしょう、となる。

私が、ポールダンサーを含めて今まで出会った女性たちから教えられたのは、この考えの矛盾をどうやって突くか、だった。何をする際も努力していないように見せ、何に対しても素質があるふりをして、お金や時間を活動や外見や創造的で知的な追求につぎこもうとしないこの考えの下に隠れた問題点をあぶりだすのだ。皮肉にも中途半端にしか何かを好きになれない、今どきの冷めた風潮を論破する「女らしさ」には、大胆不敵なものが存在する。周囲に努力している様子を見せるのは弱さであり、それは大罪だとされるこの社会で。

そしてその弱さこそが、伝統的な男らしさがまずは、そして必死になって拒絶するものなのだ。

私は、最初、この皮肉と軽蔑に満ちた信条のもとで、ポールダンスに対して持った興味を隠さなければならなかった。ポールダンスが好きになると、なぜこんな面倒ごとを人生に持ち運んできたのか一生懸命に考えなくてはならなかった。面倒ごとだと思った理由のひとつは、初日からジェンダーを間違えられたせいだと思っていたが、それは武道の稽古においても同じようにいつでも起きていて、そこでは私は神経質になりすぎてカミングアウトすることさえできなかったではないか。

それなら、好きになったのになぜ堂々とポールダンスをやりたいと言えなかったのだろうか？　まわりに漂っていた女性らしさを軽蔑する風潮のせいだろうか？　それはある程度は答えになっているが完全とはいえない。私の最初の拒絶は、シス男性が占有するスペースで過ごしたころに由来するものだったかもしれない。私はその女らしさへの拒絶を、トランスでノンバイナリーである自分がこの敵意に満ちた世界を進んでいくために使っていたのだ。「ノー」と言うことが、私のアイデンティティを全力で働かせるためのコントロール手段だったのである。つまり、ハイヒールへのノー、化粧へのノー、寄せて上げるブラへのノー、カラフルな服へのノー、ロングヘアへのノー、アクセサリーへのノー、香水へのノー、スパでのトリートメントへのノー、キラキラ光る飾りへのノー、女のものだと特徴づけられてきたすべてのくだらないお楽しみにノー。20代では都会にまぎれ込もうといつも灰色の服か青い服を着ていた。毎晩のようにウィスキーをロックであおっていた。どうでもいいような、淫らで満足感のないセックスばかりしていた。振り返れば、気にする必要のないことをずいぶんと気にしていたものだ。私はジェンダーを間違えて行動していたと言っているのではないが（そんなことはけっしてない）、私の行動の多くは積極的でなく、守りに入っていた。

　自分のジェンダーについての新たな結論にたどり着くまでに10年かかった。それは引き算ではなく、足し算の経過をとってきたといえる。私の得た結論とは、ある特別なスタイルのワンピースにいいねと言えることで、ワンピースを着てなおも男らしさを心地よく感じ、もっと言えば「自分自身」を心地よく感じられるということだ。

　現在、私は自分のジェンダーに対して「キッチンシンク・アプローチ」〔料理の際にすべての皿や調理器具などをシンクに放り込み、一挙に片づけるやり方から、あらゆる要素を持ちこんで取り組む方法〕をとり始めている。相容れないものは別として、ほとんどすべてのことが私のジェンダーに入ってくる。まず、バイクは私のジェンダーに入る。ブーツもまたしかり。ウィスキーはあいかわらず私のジェンダーの一部だ。アイシャドウと青い口紅は一緒になかに入った。でも赤い口紅とマニキュアは女装のように感じて楽しくないから違う。タートルネックはスティーブ・ジョブズのジェンダーの一部だったかもしれないが、私のではない。武道の稽古は私のジェンダーの長くて込み入った部分だ。あなたのゲイの伯父さんが毎年訪れるキーウェストで着るような種類のワイシャツは？　もちろん私のジェンダーに入る。猫たちは私のジェンダーに欠かすことができない。母から譲られたネックレスもそう。自分でやるヘアカットも。タコも傷跡もタトゥーも。麻布の袋のようなスタイルに裁断されたグレーのワンピースも。先月、買ったハイヒールも。パンやクッキーを焼くことも。でも料理は違うし、料理のリアリティ番組も絶対に違う。

「どうして、それらがジェンダーの一部だと言えるんですか？」と、私を徹底的に打ち負かそうと準備し始めている辛辣な批評家の声が聞こえてくる。「バイクはもともと男性的なものではありませんよ」アタリ！　私のジェンダーも、もともと男性的なものではない。私のジェンダーがバイクをめちゃくちゃ気に入っているのだ。

私のジェンダーは私を驚かせる――そいつは長いこと、灰色のコーデュロイやピーコートという地味でカジュアルな格好をして、自分自身の目をそらしてきた。それが今は、貪欲に、いろんな要望を出すようになっている。

私はポールダンスを自分のものにして、あの練習を自分のために描いた中間の領域に受け入れたいと思うようになった。私のジェンダーは、私が夏を過ごそうとしていたある大学町を散歩する途中、目をあげ、ポールダンス教室を見つけた。そして言ったのだ。「うん、あそこにあるね」私の身体とジェンダーの意見が一致した瞬間だった。

ポールダンスは問題のないものではない。それは多くのはっきりした理由からわかっている。筋肉は裂け、関節は徐々にすり減り、身体が台無しになってしまうかもしれない。演技は何よりもある特定の体型を高く評価する。少なくとも私がいたスペースは、腹が立つくらいヘテロノーマティブな領域だっ自分の身体が、いったんトップ40ミュージックや、インストラクターの檄を無視してしまえば、自分の身体がやっていること、どんなふうに自分の大きさや重さが移動し動いていくかに集中することができる。それはかつての武道の稽古でも必要としたものだ。円を描くように回転するすべての動きが、弾みと遠心力と摩擦と梃子の作用で力を引き出し、新たな力を生む。身体に伝わっていく力はポールダンスをしている私になめらかで自然な感覚をもたらす。そして私は、自分の身体がまわりの世界と会話しているように感じるのだ。

第27章　パンクで育つことがジェンダー・ノンコンフォーミングとして生きることを教えてくれた

What Growing Up Punk Taught Me About Being Gender Nonconforming

クリストファー・ソト　Christopher Soto

10代のころの私は、デパートで女性用ジーンズを買い、両脚の内側を縫いなおしていた。ズボンの股の部分からすその折り返しまでをできるだけ細くし、すそは、足先がやっと出せるくらいまでしぼった。スキニージーンズが店で売られるようになる前で、誰もがゆるいズボンを腰骨のあたりまで落としてはいていた時代の話だ。文化融合論を叫ぶゲイたちには、まだ結婚も、エレン・デジェネレスのトーク番組への出演もかなわず、褐色の肌を持つ人間が、ペニスや睾丸の形がくっきりわかるほどきついジーンズをはくのは、私の育った町では通りで嫌がらせの標的になることを意味した。

体育の授業にでるときは、ズボンが細すぎて友達に引っ張って脱がせてもらわないとならなかった。当時、リーバイスはスキニージーンズを売っておらず、私の友人グループのなかに自分はクィアだと公にする者はいなかった。

グループのシスジェンダーの女の子たちもみなそろって、ジーンズを詰めてはいていた。ジーンズやジャケットに継ぎをあて、服は切り裂いてわざと泥をつけて着た。広い荒れ地にある家の裏庭で友達が開くパーティに出かけていくと、放置されたままの空き家が何軒も残っていて、寝泊まりする家出少年たちや、ドラッグを製造する連中の姿が見られた。ブドウやオレンジの樹が点在し、コヨーテたちが家猫とケンカしていた。10ドル支払って、ハードコアバンドやグラインドコアバンドが演奏するパーティにも行った。誰かが警官を呼び、どこかでケンカが始まったかと思うと、おもてで銃声が鳴り響いたということもある。私たちの着ているシャツは、お気に入りのバンドから買うか、スリフトストアで手に入れるかしたものだった。髪は鮮やかな色に染めていた――まっすぐにしたり、奇抜なスタイルに切ったりして。

友達のアリーが、私の切りおろした前髪を斜めにカットしてくれた。私は両サイドに橋のような剃りこみを入れ、後ろはネズミのしっぽのように伸ばし、もみあげを長くしていた。安全ピンで鼻ピアスをあけたときは、自分の顔を殴って痛みを我慢した。15歳のときに、知らない人の居間で太ももにタトゥーを入れた。パイプでマリファナをふかし、次のタトゥーを白人至上主義者に入れてもらう予定にも平気なふりを装いながら。

町には、黒い服に白いメイクのゴス、メキシコ系ギャング、ブロス〔男性中心主義の白人の男たち〕、スケボー仲間、黒人グループ、トンガ人グループ、坊ちゃん嬢ちゃん、そして私の友人たちパンク仲間がいた。

たいていの場合、誰もが自分たちのことに一生懸命ななかで、ブロスだけは別で、いつも他グループと厄介な状況になりかけていた。うちのグループの女の子ふたりに、私たちのズボンが細すぎるからという理由で殴る蹴るの暴行を加えたこともある。白人たちは暴力的だと知っていたが、こんなふうに本性を現すのはまれだった。私は自分のジェンダーやセクシュアリティについて何か思う前に、自分の人種に気がついていた。警官が嫌がらせするのは私が褐色の肌を持っているからで、クラスメイトがからかうのは私に訛りがあるからだとわかっていた。それに比べると私のジェンダーとセクシュアリティは押しつぶして無視できる程度の混乱だった。私は、男の子というものは全員、ペニスを握りしめるのが好きで、全員、姉妹のTバックやブラをこっそりつけて、ペニスを股のあいだに押し込み、背中を丸めて歩くものだと思っていた。パーティで男たちが、思春期前の私の身体を見ながら「やっぱりゲイの男は女の子の親友だな」と言っていたのを覚えている。そのとき私は、女の子たちに囲まれたたったひとりの「男の子」で、当時大好きだったスパイスガールズの曲に合わせて身体を揺らしていたのだ。

仲間の親たちは、私たちがいつでもハイになっている不良だと決めつけていたが、実際のところ、麻薬に手を出すことなど（ほとんどの場合は）なかった。警官はいつもあとをつけてきたが、私たちはトラブルを起こすことなどなかった。

私は頭のよい子どもだったが、教師たちが私の意見に耳を傾けてくれることはいっさいなかった。パンクであるとは抵抗することだ。何でも自分で決めて生きていく代償として、人から口をあんぐり開けて見つめられるという精神的な重圧を受け入れることだ。

パンクとして生きるとは社会ののけ者として生きることだ。パンクは私に、社会が人と違う人間をどんなに孤立させるかを教えた。私の場合は、最初は女っぽい子どもだったから。それからラテン系米国人の女っぽい10代だったから。その次はラテン系米国人の女っぽいパンクの10代だったから。そして今は、ときどきラテン系米国人として自認し、ときどきトランスまたはジェンダー・ノンコンフォーミング、またはトランスフェムまたはジェンダーフルイドまたはジェンダーコンフューズドまたはアジェンダーまたはポストジェンダーと自認しているから。人種やジェンダーやセクシュアリティについてまだ何も考えないでいたころが懐かしい。小さな妹の寝ているカーペットについた煙草の焦げ跡を気にしないでいられた5歳の自分が懐かしい。鳩をペットにしていた近所に住むラテン系の女の子や、私のために木彫りのサボテンを作ってくれた酔いどれの老人と一緒に過ごした日々が懐かしい。私はこれから先もずっとあのころの花々を押しつぶし、香しいにおいをかぐだろう。

「なぜそんな重荷や、嫌がらせを我慢するのですか？」と誰かに訊かれたら、こう答えるつもりだ。私は「ふつうの」世界の一部でいることや、私のみんなとは違う点を受け入れられない人たちとつきあうことにまったく興味がないのだ、と。正直に言えば、ふつうという状態は、今の私にとっては手の届くものですらないのだけれど。私は褐色の肌を持ち、両手と首にはタトゥーを入れており、言葉づかいは乱暴で、雇い主が私をグーグルで調べたら無政府主義的な刑務所廃止論者であることが知られてしまうだろう。ふつうははるか遠くにある概念だ。

パンクの仲間たちは、外見がどうであろうが、ありのままの私を受け入れてくれる。私が人と違うことや、独特の考えを持っていて、風変わりなところを愛してくれている。

◆◆◆

あれから10年以上の月日が流れ、もうパンクたちと話すこともそれほど多くなくなった。アメリカを西から東へ横断して新たな興味の対象を見つけたあとはもっぱら詩を書くのに専念し、ときどきジェンダー・ノンコンフォーミングを名乗っている。QTGNC POC（クィア、トランス、ジェンダー・ノンコンフォーミング、有色人種）のアクティビストたちと話すことを始め、今はやめている。

自分のジェンダーを理解しようとする戦いは長いときを経て、いまなお継続中だ。最近はパンクでいた10代の時期と、ジェンダー・ノンコンフォーミングの大人といえる現状との関係について考えるようになった。当時、男女二元論（バイナリー）の外側にいた私のジェンダーはどんな状態で、現在、男女二元論（バイナリー）の外側にいる私のジェンダーはどんな状態なのだろうか？　シスでないとはどういう意味で、トランスでないというのはどういう意味なのだろうか？　シス対トランスという間違った二元論（バイナリー）が、私たちが体験し、表現できるはずのジェンダーの形をどう制限してきたのだろうか？　ジェンダーはその場にじっと留まっていないとならないのか、それとも移動していってもいいのか？　ジェンダーはなぜこうも管理され、なぜ波のように揺れ動いてはいけないのか？　なぜ私たちのジェンダーが社会の規準どおりでないと許されないのか？　誰かに対してその人のジェンダーが正しくないと考えることはどんな意味を持つのか？　英語という言語の持つ限界は、私たちがジェンダーを理解するのをどう制限してきたのか？　なぜジェンダーは見た目や表現だけではないのか？　なぜジェンダーはときには見た目や表現になるのか？　ジェンダーは単なる言葉ではなく、物語になれるのだろうか？　私は自分のジェンダーを物語にしたい。「ふつう」の白人のシス男性やシス女性と一緒のスペースでは存在する特権を認められなかった褐色の肌の人間としての体験を伝える物語にしたいと思っている。私は、男女どちらかであるトランスたちの体験だけでは言い尽くせない物語を持つ褐色の肌の人間なのである。

私はこれまでずっと男性と女性のいる世界のなかでものごとを考えなさいと言われてきた。人々はいつもきまってこう言う。「あなたは男性か女性のどちらかなんですよ」そして「あなたはシスかトランスのどちらかなんですよ」と。そんな単純なものではないのに。

私は、今では、自分がこれまでずっとジェンダー・ノンコンフォーミングだったと理解するようになっている。パンクであるとはジェンダー・ノンコンフォーミングであることで、シスを規準とするジェンダーや、美意識や、受け入れの世界からはずれることだ。

パンクであるとは、街での嫌がらせ、雇用の差別、警察のプロファイリング、男女二元論（バイナリー）に沿わない表現をした場合の代償を、理解することだ。でも暴力を受ける体験がジェンダー・ノンコンフォーミングとして生きることであってはならない。ジェンダー・ノンコンフォーミングとして生きるとは、暴力にあうことなどではなく、笑い声や、喜びや、色とりどりの自由にあふれるものなのだ。

現在、主流となるトランスネスの定義では、トランスジェンダーたちのアイデンティティを、到着すべき目的地があることだとしている。めざすものが半永久的に変わらない家を見つけられる場所になっているのだ。かれらは「私は女の身体で生まれた男です」、もしくはその逆の物語を持っていて、それは社会の多くの聴衆にとって受け入れやすいものだ。身体と相容れない感覚「性別違和」を表すいくつかの言葉も存在する。だが正しいトランスでありたいなら性別違和を体験しなければならず、目的地である新しいジェンダーにたどり着かなければならないとするのは誤った考え方である。それは誰かの物語であってトランス全員の物語ではないのだから。ここでもう一度、言う。ジェンダーについて、あるいはジェンダーの荒々しさについて持つ各自の不快感は、それぞれに異なるものなのである。

私がトランスだと自認することがない（まあ、たいていの場合だが）のはトランスがいつも男女二元論(バイナリー)を構成する存在だと考えられていて、その定義が自分には当てはまらないからだ。社会で女か男のどちらかとしてパスすることはほとんどなく、自分もそのどちらかだとは思っていない。ときどき私のジェンダーを知ろうと訊いてくる人たちに会うと、自分たちの無知をさらけ出しているだけなのにと感じる。

私のジェンダーは、それ自身が望むありとあらゆる表現をする機会を持っている。私は男性を女性の対極にあるとはとらえていないが、それはダイコトミー〔ものごとが対立する二分構造になっていること〕自体がインターセックスの人たちの存在を消し去ると考えているからだ。そして、私はトランスをシスの対極にあるととらえておらず、そう認識することはジェンダー・ノンコンフォーミングの人たちの体験を制限し消し去るものだと思っている。

私がジェンダー・ノンコンフォーミングだと自認しているのは、白人シスのジェンダーによって作られた文化から一度たりとも恩恵を受けていないからだ。シス男性であるという領域に自分のスペースがあるのを一度も見ていないのだ。そもそもシス男性らしいとは何を指すのだろうか？　ワンピースを着て、シャツを着て、短い髪で、ウィッグをつけて、そんな私はシス男性だろうか？　もし、出生時に男性と割り当てられたけれど、私のなかに男か女がいると感じなかったらどうなるのだろうか？　もし出生時に男性と割り当てられたのに、自分のなかのビーチで翼を熱狂的にバタバタと動かしている孔雀がいるような気がしたらどうなるのだろうか？　もし、明日その孔雀が死んで、代わりによちよち歩きの小鹿が私の胃の海から出てきたら、私はどんなふうに感じるのだろうか？　それが私のジェンダーでなくてもいいのだろうか？　もしそうでなくていいのなら、なぜそうなのだ？

もしかするとこの感情、つまり、このあまりにも厳格なジェンダー観念への憤りは、いつかは姿を変える日が来るのかもしれない。

ジェンダー・ノンコンフォーミングの若者として生きている今、パンクとして成長してきて本当によかったと思うのは、男女二元論（バイナリー）を放り出したからノンバイナリーでいられて、トランス女性と表現しても差別や嫌がらせを我慢しなくて済んだことだ。パンクで生きているから、シスの基準を放り出しながら、同時にトランスの基準を放り出すこともできた。私は自分自身をノンバイナリーとして、あるいはトランス女性として、「正しい」のだと証明する必要はなかった。ありのままでいてよかったのだ。

そして今、私は、トランスやシスたちが常にかれら自身がどうあるべきかに強い関心をいだいているように、私も自分のジェンダーがどうなるかにすごく関心がある。たとえかれらから、パンクだったころやクィアだと公表したときのように、私の存在は単なる絵空事だと言われているとしても。私はようやく、これでいいんだと思える場所にたどり着いたのだ。たとえ私の現在のジェンダー表現が単なる「絵空事」だとしても、何か新しいものに移動しているとしても、すごくわくわくしている。これは私にとって、もっと自分について学ぶ良い機会なのだ。

◆◆◆

男女二元論（バイナリー）の外側にいる表現をやめてから、2年近くたつ。女っぽい服のすべてと、ブルーのウィッグ、マニキュア、口紅は処分してしまった。ときおり自分が男（シスと名乗るのが正しいとは思わないけれど）だと感じ、ときおりジェンダー・ノンコンフォーミング（そう何度も公の場で名乗るのはためらわれるけれど）だと感じている。たぶん私は人々が私をシスだと思い込んでいれば受けることができる特権――職場で敬意を払われ、恐怖を感じることなく通りを歩けるというもの――を失いたくないのだと思う。

ちょうど今は、どんなジェンダーだとも自認したくないような気持ちでいる。

私は通りを歩いていて、胃のなかで孔雀が胃壁を蹴っているのを感じ、私のなかの小さな女の子が死んでしまっているのを感じる。通りを歩いていて、私の乳房がエストロゲン投与で大きくなっているのを感じ、乳房を毛で覆われたままにしておきたいと思う。私は、妊娠してバスタブで出産する夢をみる。バスタブは私の胎盤でいっぱいになっている。私は自分がもっと勇敢で、心で感じているとおりに表現している夢をみる。褐色の肌をして男女二元論（バイナリー）の外側にいてももう追われているようには感じない夢をみる。

そうだ、私が男女二元論（バイナリー）のなかで自己表現をする理由の大部分は、恐怖によるものだとわかっているのだ。もしその外側にいるような表現をしたら、やじられ、怒声を浴びせられ、地下鉄で見知らぬ人から写真を撮られる。大声で笑われる。父が面と向かって私を間違った名前で呼ぶようになる。間違った代名詞を持つようになる。公共のトイレに入るのが怖くなる。パートナーがもう愛してくれないのが怖くなる。職場に差別があるのは厳然とした事実だ。私が働いていたＬＧＢＴＱの非営利団体のスタッフはみな白人だった。かれらはトランスの命が大切だと話していたが、私を解雇した。たったひとりのシスジェンダーでない従業員だったから。かれらはＬＧＢＴＱの若者のホームレス問題について話していたが、私を解雇した。10代でホームレスを経験したたったひとりのスタッフだったのに。私はシスで異性愛の白人女性のせいでクビになった。彼女は私がいると落ち着かない気持ちになったのだ。わかっている。

非営利団体――たとえそれがＬＧＢＴＱ関連のものでも――は褐色の肌をしたノンバイナリーの人間にとっては安全な場所ではない。公共のスペースも、家庭も、恋人の心も、安全な場所ではない。私のジェンダーに到着すべき目的地がなく、いつでもある場所から次の場所へ移動していて、その拠り所のなさが厳しく罰せられるのなら、私はみんなに自分がシスだと信じ込ませたいと思う。それでここがもう少し危険のない場所だと感じられるようになるのだから。安住の地ではないけれど、今よりも危険の少ない場所になるのだから。

私は、今もまだ男女二元論（バイナリー）の外側にいる友達に、私は生きていたいんだよと話す。私は生きたいんだと。そして、この生きたいという強い気持ちこそが私のジェンダーなのだ。もし、トランスやジェンダー・ノンコンフォーミングの人たちがこんなにも頻繁に殺されたり、投獄されたり、飢えに苦しまされたりしなければ、おそらく私はもっとすんなりとトランスかノンバイナリーになっているだろう。もし資本主義がなかったら、たぶん男女二元論（バイナリー）の外側にいることをこんなにも恐れることはなかったはずだ。貧しく若くして死ぬことを恐れはしなかったはずだ。

私は今日、ズボンをはき、髪を短くして、サーと呼ばれている。私はお腹のなかに何がいるのか知っている。彼女はいつの日か目を覚ますだろう。

◆◆◆

私のジェンダーは見た目であり、見た目だけでは言い尽くせないものである。私のジェンダーは、男女二元論（バイナリー）の外側にいる表現をして暴力にあう体験で、そうした暴力の体験だけでは言い尽くせないものである。私のジェンダーは、私が出生時にどんな性を割り当てられどう認識されるかですべてを説明できるもので、それだけでは何ひとつ説明できないものである。私のジェンダーは私にとって唯一無二の私的な物語だ。そして今まさにこの瞬間にそれが正しいと感じるという理由で、私は間違いなくノンバイナリーなのである。自分をノンバイナリーと呼ぶと、たまに、ヘアカットをしてもらっているときのような気分になる。そこでは私は顔をあげて言うのだ。「いいね、いま心で感じているとおりになっている」ノンバイナリーでいると、たまに、パンクだった私が顔をあげて言ったときのような気分になる。「いいね、いま心で感じているとおりになっている」みんなが私の物語を体験することはないと、はっきりわかっている。私はそれが気に入っている。私はたった今、自分の物語を書きおえた。

第28章　ゆりかごでおやすみ、バイナリー（英国の子守歌「Rock a Bye Baby」に寄せて）

ジュールス・デラクルーズ
Rock a Bye Binary　Jules De La Cruz

ふだんから結婚するつもりでいたわけではなかった。たまたまそういうことになった。親になるつもりもなかったが、気づくとそういう立場にいた。そういう立場にしっかりと結びつけられ、今まさに子どもを持とうとしていた。厳密にいえば、私は妊娠しておらず——何年ものあいだ、注射され、身体の内部を突かれ、つつかれ、ひっきりなしに検査、血液採取され、生物学的な恥辱に耐えてきたのは妻のほうだ。私たちは不妊治療クリニックにサポートしてもらいながら生命の奇跡を追い求め続けていた。この数年間に私たちが受けたケアは私たちふたりを大きく変化させた。でもその代わりに、私たちもかれらに大きな影響を与えたと思っている。医師と患者のあいだにはいつも不妊が存在したが、どちらかが出産にかかわる問題ごとにうまく対応すれば、状況はいっきに和やかなものになる。まさに和やかなものに。それは私より妻にとって明らかなことだったが、家族を作ろうとしている同性カップルという件に関しては、私たちふたりはちょっとばかり先駆者になっているかもしれない。絵本『ヘザーにはふたりのママがいます（*Heather Has Two Mommies*）』〔1989年、未邦訳〕という領域——遠い昔にその辺境が破られたように——ではなくて、どちらかといえば「社会のジェンダーボックスに当てはまらない人々をどう扱うか」といった領域において。

出だしから私はトラブルを起こした。けっして不愉快な奴になろうとしたわけではなく、そこに私だけが気づく状況があったのだ。なぜ他の人たちが気づかないかというと、かれらのジェンダー表現はまっとうだとされ、毎日その表現を（たとえ害を及ぼすほどにだとしても）奨励される居心地のよい世界に住んでいるからだ。今や人を分類し、縛りつけ、自由を奪う状況が、私のアンドロジナスの肌の下に入り込み、私はそれらを追い出せずにいる。妻はそんな私を知って、近ごろは、私が乱暴に閉められるドアにわざと足を突き出すのを止めないようになってきている。いまだに2本の脚が残っている私はラッキーだ。

どんなことがあるかを話そう。私は、ジェンダーニュートラルな名前「ジュールス」を名乗っているが、花が香るような思いっきり女らしい「ジュリエット」からの法的な名前変更はしていない。それで、このクリニックでは、私に訊いてみせることで自分たちの革新性を誇らしげに主張するかのように、ありとあらゆる場所で「呼ばれたい名前」を書類に明記するように要求してくるのだ。そのくせ、受付係ときたら即座に私の答えを完全に無視し、こともあろうか、どんなに狭い待合室をあてがわれていようがおかまいなしで、あらんかぎりの大声を張りあげ、「ジュリエットさん？　ジュリエットさん？　ジュリエットさん、いらっしゃいますかぁ？」と叫ぶのだ。そんなときはたいていこんなふうに話は進む。私はしぶしぶ椅子から立ち上がり、キャップの下から相手を眼光鋭くにらみつけ、「ねえ、あなた、何か間違っていやしませんか？　お隣の方は、ジュリエットなんかじゃない。ロミオじゃないのって言ってますよ」といったようなことをささやく。そして一歩も引かずにこう続ける。「ジュールスですよね？」すると、当然のことながら、呼んだ人間は即座に強気に出てくる。そして大声で2回ほど言う。

「ミス・デラクルーズ。あなたはミス・デラクルーズ、ですね？」と。目の前に立つ男の姿をしたものから発信されている情報は受け入れがたいというように首をかしげて。もうやめてくれ。返事を確認するつもりがないなら訊かないでくれ。

私はすぐに不妊クリニックにおけるこの厄介ごとを乗り越えたけれど、結局、直ちにもうひとつの困難に出会うことになった。あなたが、受け入れ可能な子宮内に受精卵を慎重に着床させる手助けを求めているカップルの片方であるとき、子宮を持たないパートナーの方は知らぬまに無視されているという話だ。どこにも悪意の気配はないけれど、妻が正真正銘の出産できる能力をそなえていることから、彼女が「将来の親、その1」としてリストに載る。彼女がドン・キホーテで、私がサンチョ。すべての視線は妻、そして妻が演じる役に注がれるのだ。

診察の予約日には、私たちは待合室に並んで座り、看護師が現れるまで待つ。看護師は思いやり深い喜びと希望の光をたたえながら、母親であることに関するすべてが「人を受け入れる器を持つ人」に起こるのを願いながら視線を合わせようとしてくる。彼女は妻の名を呼び、妻に、そうまさに「重要な」子宮である妻だけに微笑みかける。でも、お願いだから思い出してほしい。私だって汚れたおむつを取り替えるだろうし、真夜中に起き上がるだろう。そしてこのまま妻に確かめたのだが、私たちはこの状況のなかに一緒にいるのだから、もしかすると自分の存在を認めてもらいたいという小さな声だって許されるのではないだろうか？　だがそんな私をよそに、かれらは妻の名前を呼び出し、私は心配しながら自分の名前が聞こえてくるのを待つ。どんな名前でもいいから聞こえてくるのを。でも、ああ、妻が呼ばれたあとは静かになり、私はしかたなく荷物を、受精卵ではなく荷物を抱えて、あとについていく。現実はそうだ。でもそれはちょっと違うのではないだろうか。

私はたしかに文句を言うべきではないのだ。我々はそこにいたくているのだから。ふたりで考えに考えて計画した人生のコースを変更するために、じっくり考えた結果をかなえるべく、考え抜いたうえでの行動なのだから。不妊クリニックには、ほとんど気づかない程度に、シスジェンダーのカップルたちの失敗と諦めの入りまじった空気が漂っているように思う。それと対照的なのが、精子バンクの戦士たちを前線に召集するのを熱望している私たちの雰囲気だ。同性のカップルは長い年月、不可能を受け入れてきたけれど、それだからこそ解決策を考えだして可能にするのだと固く決心しているような雰囲気。この世界の本当に多くの辺境に押しやられたグループと同様に、私たちはドアが閉まっているのがふつうである状態から始め、それらのドアをいかに開けるかを考えだすのは私たちしだいだと思っている。だが、医学的に定義された不妊治療は、私たち以外の多くの人にとっても、人生はこうなるだろうと夢見て信じてきたもののすべてに強烈な一撃を与える。この待合室を訪れるたびに、かれらは自分たちふたりだけでは夢はかなわないとあらためて気づくのだ。待合室で座っている人たちの多くが、自分たちはなんだか場違いでちょっと恥ずかしいと感じていて、このクラブにそれほど真剣には属しておらず、このこのメンバーである必要はないのにと思っている。うつむいて靴ばかり見つめている人たちでいっぱいのこの待合室にいると、落ち着かない気持ちになってくる。これまでずっと、どの待合室でも、どうかひとりだけ選び出されて恥ずかしい思いをしませんようにと願っていたことを思い出す。私は声に出して、そう本当に確信をもって言うのだが、自分はあの心の痛みを知っている。それは単に私たちが子どもを授かるまであまりに長い時間がかかっているだけでなく、他にも理由があるからだとしても。

だが、ともかくも私たちはみなここにいて、一緒に座っていた。医療スタッフは熟達したプロフェッショナルたちで、同性カップルの出産に携わってきたことに大いに誇りを持っており、できるかぎり温かく、こころよく受け入れ、サポートするべきだと考えていた。だが、それでもまだ学ぶべきことがひとつ存在した。心から職務に忠実でありたいと望んでいたが、バイナリーボックス〔アンケートなどの男か女かの✓を入れるボックス欄〕を壊す経験はしてこなかったのだ。そもそも女の子を男の子と間違ってはいけないのだから、男女をきちんと分けることには驚くばかりの高い能力を発揮していた。生まれたての赤ん坊の頭にピンクのヘッドバンドをつけるときの押しつぶされそうなプレッシャーなど、なんのその。そうした男か女というバイナリーの考えも私のおチビさんには強い影響を持たないはずだけど。

事の起こりは記入用紙だった。ブルーの用紙は男性患者向けで、ピンクの用紙は女性患者向けだ。答えを捜し求めている典型的なカップルたちに一枚ずつ、既往歴をもれなく開示するように手わたされる。ピンクとブルーの色の割り振りから始めるのは勘弁してくれと思った——私は小売店「ターゲット」のような場所では、赤ちゃんや幼児に贈るカードを引っ張り出していつまでも見ていられる人間だ。「坊や、大きくなったね！　いろいろなことができるようになったんだね！」という男の子向けのカードにはトラック、スポーツ用品、道具、虫捕りや魚釣りの様子が描かれていて、隣に並ぶ、花やハートやおしゃれな服がちりばめられた嫌悪感を催させるようなピンク色のカードには、「あなたってなんてかわいらしい女の子なんでしょう！」とある。小さな女の子がきれいな花が咲き始めたようにかわいくなったねと言っているだけで、それ以外にはなんの達成にも触れられていない。この4インチ×6インチ〔約10センチ×15センチ〕の白茶けた紙には、子どもに対する楽天的な人生観が不適切に描かれた以外、何もなかった。だが、今いるこの場所でのこの用紙は正規の手続きであり、妻と私はひとりにつき一枚のピンクの用紙を配られたのだった。

用紙を妻から受け取ると、懇願するような目が言った。「お願いだから大騒ぎしないでね。単なる形式的なものよ。赤ちゃんがほしくないの？」私は黙ってしかめ面をしたまま受け取った。ピンクか、うへっ。でも私はそれをじっと見た。それは明らかに医学的に赤ちゃんを身ごもることになる人間のために作成されており、一枚の紙で集められるかぎりの、本人の女性的な事柄についてのすべてを尋ねていた。最終生理、婦人科受診歴、妊娠歴などなど。「これは、なんですか？」不愉快になった私はぶつぶつと言った。「なんだってこんなことをぜんぶ知る必要があるんですか？」すると、そのとき、スタッフの屈託のなさには、ほかの同性カップルと交流する機会をいくらでも持っているのだというプライドが入りまじっているのを感じたのだ。スタッフは言った。「こういうことは、私たちにとって初めてのロデオというわけではないんですよ、ご存じのとおり」そして、「ええ、この用紙はうちにいらしたぜんぶの女性同士のカップルに書いていただいているんです。赤ちゃんを妊娠したい場合にはね」私は、そのときそこで、長いあいだ忘れ去られていた子宮とやらが床に転げ落ちたと思った。妊娠の機会はない、と私は心のなかで言った。それが起きることは、もう、けっして、ない。どう考えても私の得意分野ではないのだ。それなのになぜ、かれらは決めつけるのだろうか？　すべてのカーレースがデイトナで行われるわけではないのに。子宮が存在しているからといって、私を人の細胞の形成にふさわしい巣作りの場所だと勝手に決めつけないでほしい。「いや、失礼。違うんです。私は明確な理由なしで既往歴を開示するのが引っかかるんです」と私は言った。「私は、こちらのクリニックにある『赤ん坊を妊娠するチャンスはないけれど親になるつもりの人』用の用紙をいただきますよ」すると相手はうーんとうなり、瞬きを繰り返しながら言った。「わたくしどもには、そういった用紙のご用意はありません。ピンクかブルーの用紙をお取りいただくことになっています」私がピンクの用紙を受け取ったとき、妻はまだ心配そうにしていた。私は、睾丸が思春期に正しく降りてきたかどうかを訊かれる用紙と比べれば、ピンクの用紙の方がまだ自分に近いように感じただけだ。

妻は、いつも私の不快感を飲み込んでその後の行動のためにとっておく人間で、次の診察時に私のことを医師に話した。私にとっては、ピンクかブルーの記入用紙に分類整理されて生物学的に女性である身体についての情報を求められることがどんなに気まずく感じられるのかを説明したのだ。記入用紙は、人はシスジェンダーであるのが当たり前で、どちらかひとつの色や、ふたつしかないボックスのうちのひとつを選べるアイデンティティを持つと決めてかかっているのではないかとも言った。私はありがたいことに私独自のボックスを持っているのだ。

医師はよくわかってくれた。クリニックとしては、身体のパーツについて質問されるのが苦痛な人もいるとか、ただピンクの用紙を批判することや「当てはまりません」と書くことだけでもさらにその人を孤立させ、社会との不調和を思い出させるとは考えもしなかった。その苦しみは心を深く傷つけるかもしれない。2種類の記入用紙のシステムがどんなに合理的でも、男女ふたつ（バイナリー）に分ける記入用紙はやめるべきだと思うと言ってくれた。そして、何回かあとの診察日に、その医師は私や私のような人のための「将来の親、その2」と書かれた新しい「パープルの記入用紙」を作ったと言って、嬉しそうに差し出したのだ。これまでの経緯について深く突っ込んで調べるのはなし。カルテにおいて、その人が親になる過程にあることがわかればいい。今、私たちは前へ進んでいた。私たちはパープルの用紙を家に持ち帰った。私は自分用の色が持てたことに感謝の言葉を発しながら、記入したのである。

◆◆◆

私たちが実際に妊娠に向き合い始めたのは2014年の大晦日からだ。それは私たちがどうやってカウントダウンを祝ったかという話になる。その晩は、いっさいのアルコールを絶ち、1月1日の真夜中0時30分に私は妻に「排卵誘発剤の注射」を打った。この注射で36時間以内に精子とかけ合わせるために必要な、排卵が促される。IUIとして知られている子宮腔内人工授精だ。そのときはうまくいかず、それ以来、ずっとトライをし続けてここまできている。不妊治療が多くの人たちにとって私たちと同じような困難であるとは言えない。でも、夢が現実になることはけっしてないと深く悲しみながらできるかぎり気持ちをたてなおして、前へ向かっていける人たちもいる。そして、そんなにうまくいかない人たちもいる。かれらにとっては親になることがすべてだから、もはやその可能性がないとき、ふたりの関係も可能性を失う。この取り組みが私と妻にとってリスクだったことはない。私たちはこの件に関しては現実的で、理性的でほとんど感情を持たなかった。めざすものが同じで、一緒に難しい決断をくだしており、何ごとにも行く手をさえぎらせなかった。私たちは人工授精の1回目も2回目も3回目もうまくいかず、体外受精や、何回もの凍結胚移植〔体外受精や顕微授精でできた胚（受精卵）を凍結保存しておき、採卵した周期とは別な周期に融解して子宮内に移植する方法〕に挑戦した。こうして何万ドルも費やした3年の月日が流れ、今ここで私たちの最後の凍結胚を子宮に着床させようとしているとわかっていた。最善を尽くしたから、もうこれ以上できることはなかった。養子についてもずっと考えてはいたが、まだ計画と呼べるものは何もなかった。他の計画を立てる余裕はなかったのだ。私たちはまだ起きていないことをあれこれ話し、何度も「大丈夫?」と声をかけあい、「子犬か子猫もいいかな」ということまで話していた。前に進もうと、確認しあっていたのだ。

　これが最後となる胚移植〔受精して分割した胚を子宮内へ戻す〕の前夜、もうがっかりすることさえないのだと、早くも深い悲しみに沈んでいた。電子カルテにあふれんばかりの情報が記録されていくなかで、クリニックのある雰囲気に気づいていた。それは、受付担当者から医師本人まで全員に警告しているもので、私たちの耳には、たったひとつでも前向きな考えは入れてはいけないというものだった。一瞬のうちに消えてしまうかもしれない希望はどんなものも私たちに与えるのを厳しく禁じられていたのだ。私たちの心は石灰化していた。最後の治療のプロセスを終えた日、私は仕事に行き、妻は家で仕事をした。これまでは重大な日だととらえて、ふたりとも休暇をとったものだが、今回はそうしなかった。ただじっと待つしかないという義務を課せられるその週に妻は不安定になり、「私、何も感じないわ」「そうね……だめだったみたい」と何度も悲しげに繰り返した。それに対して、何ができて何を言ってやれただろうか？　私の身体ではなかった。なんの希望もないのに、望みのあるふりがどうしてできるだろうか？　私たちは「うまくいくと考えるのはやめて、だめだったのだと思おう」と口に出して言いながら自分たちを取り戻していった。

私たちは十日間ほど待ったあと――通常、十分な時間をとってから妊娠の兆候を調べる血液検査を行う――最初の検査をした。すると、絨毛膜性腺刺激ホルモンの数値が上がっていることがわかった。これは子宮内で着床が起きたときに増える妊婦の胎盤で作られるホルモンで、その数値は「何かが起きている」と示すに十分なほど高いものだった。良いことを知らせる最初のサインだったが、以前、最終的に数値が下がり、悲嘆が先に延び、別のつらい処置が確実になるのに必要な時間のなかを漂っているだけのことがあった。今は「原因不明の妊娠」と呼ばれる、現実には何も存在しないのに医療の介入を強いる何かがある状態だった。数日後、もう一度血液検査を受けて、そうだ、そのときも数値は高いままだった。それは本当に妊娠の兆候を強く示すもので、他がどんな状況でも温かく歓迎されるべき知らせだったが、私たちふたりの世界ではお祝いするにはとうてい十分ではなかった。私は微笑む気持ちにさえならなかった。起きるはずのことが起きるだろうと互いに言い合った。たくさんの急激に発達している細胞が成長を止め、最初の数週間を乗り切れなくなり、高いレベルの数値はがくんと落ちる。私たちは、赤ちゃんの頭が出てくるのが見えたらやっと信じられるねとジョークを言い合った。

数週間後、ついに初めての超音波診断を受ける日がやってきた。私の傷つきやすい妻の個人的スペースに私以外の侵入者がいるかどうかがわかり、結果によっては、もっとも胸の張り裂ける思いをする可能性の高い検査だ。気持ちはさらに複雑になる。医師が入ってきて、私たちは息を止め、私は画面を見つめる。そのときだ。白い電子線と黒いスペースの真ん中に、音のない、私が知るかぎりもっとも強くもっとも美しい鼓動が映し出されるのは。音はなくても私にはそれが見える。画面上に見えるのだ。揺らめきながら「こんにちは、わたしだよ」と言っている、そのなかに命を宿すものが。

私たちは息を吐く。医師は微笑み、妻は大喜びし、感極まって涙を流す。目元をそっと押さえ、私の顔をじっと見る。そして手をぎゅっと握る。妻はまさにこの瞬間に、世界中の多くの女性たちを女性と定義づけする経験に、そして彼女たちを女性という概念に永遠に結びつける儀式に身を沈めている。私は「お母さん」と呼ばれることへの不安でいっぱいになっている。

◆◆◆

母親という言葉とその役割についての社会的な概念は、母親になる経験をするトランスジェンダーの私たちを全面的に認めることはない。そうだ、もちろん、男性を自認している人たちが子どもを産んでいる例をたくさん見ている。だが、私の知るかぎり、そうした例の多くは、その状況と理由を詳しくは思い出せないくらい、はるか昔のはるか遠い場所での出来事だとされている。最初の結婚、社会からの圧力、自分の産んだかわいい息子や娘や多くの子どもたちを巻き込むという結果になる、まだ見えなかった自分のアイデンティティ。内部に激しい感情があったけれど、すべての子どもたちに愛を注ぎ、大事に育てたのだ。だが、現在でも、トーマス・ベイティのような先駆者たちとともにタブロイド紙に「妊娠した男」として載り、雑誌『ピープル』の表紙さえも飾る、自分の意志で妊娠して母乳を与える男性のジェンダーを持つ人のイメージは、広く一般の人の心をなごませはしない。聖母と幼子として表現される母親の概念は、女らしさと美しい心とやさしい手の感触を思い出させるもので、それらが、「心は男である女たち（male-cored women）」と社会で認識される人たちを受け入れることはない。

　これらのいわば女神のような母親の持つ特質については、私たちすべての人間のなかで受け継がれ、正しく育てられて、さまざまな面で明確に現れるものだと主張する人がいるだろう。だが、現在、ほとんどのシスジェンダー男性は、私のように少女が大きくなって男の子の事柄をやるようになるケースも含めて「母親」の役割をこなしても女性たちから名誉や賞賛をもらうことはないのではないかと思う。これは変わっていくだろう——と確信してはいる——が、今のところは、染色体XYを完全に示している人たちにとって、父親の役割を引き受ければ、一般的に育児をしなくてもいいことになっている。完全に男性へと移行した人たちも父親というこの肩書を楽しんでいる。そして、たとえ「ダディ」という言葉が保守的で偏狭なものを意味するとしても、それは子どもたちが使うもので、かれらは性差やジェンダー・アイデンティティの複雑さにまったく気づいていないのである。これらの厳格なジェンダーの役割はいくつかの側面で少しずつ緩みだしているようだ。たとえば、どんな両親もあるときはお母さんに、あるときはお父さんにならなければならず、かわるがわる伝統的な母親のやさしさと、父親の厳しさを果たすようになってきている。私たちみんなが、環境がどうであれ、気（チー）が鍛えられた程度がどうであれ、こうした状況をめざして努力するべきなのだ。私たちは子どものために、ジェンダー二元性（gender duality）の両方の分野に躊躇なく入り込み、母親にも父親にもなるべきなのだ。

だが、いざ自分のこととなると何と呼ばれたらいいのか、文字どおりジタバタしているのだった。「お母さん」という肩書は、産んだか、養子にしたか、その役割をめざして結婚したかどうかにかかわらず、正しい物を持っているほうの人を指す言葉だと思っている。私は「お母さん」という言葉が私に用いられるのが、現在呼ばれている「お嬢さん」、「マダム」、「女の子」やその他の女性を指す呼び名より苦手だ。私は「サー」（あるいは最近言われた「ボス」も）の声に応えるのと同じように、「すみません（エクスキューズミー）、お嬢さん（ミス）？」と聞こえたらそちらに頭の向きを変えてしまいがちだが、それらの言葉はその内部に深い意味を持っていてそれを映し出しているわけではないのだ。両方の体験がひとつの状況のなかで起きるときがあり、それは女と男の両者である私にとって実はもう少し心地よいものだ。でもそのバランスをとるのは難しく、少なくともそれを引き起こした状況が落ち着くまでは多くの理由でどちらか一方に傾きがちになる。誰かが私を子どもの教師に「こちらがレモンシードのお母さんですよ」などと紹介するのだったら、そうだな、そこへ行きたいかどうかはわからない。自分がレモンシードの父親でもないのは、同じように確実なのだが。

ずっと存在していたけれど、これまで認知されてこなかった事柄を説明する新しい語彙集の必要性と利用について検討すべきことは多い。まるごとひとつのエッセイが、ze/hir や、スウェーデン語の hen や、Mr. や Ms. に代わる敬意を表す「Mx.」といった、ジェンダーニュートラルな生き生きとした代名詞で書かれるかもしれない。私は、それらの語彙を、さまざまな権威のある辞書に「ジンジャー」や「スーパーセンテナリアン」のように紹介して、私たちは、お母さんお父さんに対する畏敬と強い尊敬の念を、バイナリーが本来持つ言外の意味なしに伝える言葉を少なくともひとつは見つけることができると主張しよう。厳密にいうと、「両親」という言葉には必要なすべての材料が含まれているが、それには私が本気で求めている強い尊敬の気持ちが決定的に欠けている。両親という言葉には近寄りがたさと、法律上の正当性が感じられる。それは、子どもの感情面の拠り所であり、その健やかな成長に責任を持つ人を定義するどんな温かさも心からの犠牲的精神も伝えていない。私はお母さんとお父さんのような素晴らしい呼び名がほしい。結局、それになるために53年間待ったのだから、実現したら適切な品が集められたグリーティングカードの売り場を要求するつもりだ。母の日や父の日には素晴らしい品でうまるだろう。これはおそらく大量消費主義的なマーケティングの欲求をすぐに満足させるはずだ。「ええ、あるのは2種類だけで、そこからひとつを選ぶんです」では私にはとって十分とはいえない。お断りする。面白みがなくしらじらしくて、その呼び名が不在の、善意からなるグリーティングカードも同様に十分ではない。

こんな場合、マムサー(mamsir)なんていうのはどうだろうね?と、私はもちろん答えをもらえると思って妻の方を見る。これまで何年間も、妻からはムージュイ(Mužy)と呼ばれてきた。発音のしかたは、「ムージー」の「ジー」の前にシューという音がついていて、強いジーでなく、もっとジィジュに近い。すぐに言えなくても大丈夫。これはチェコ語特有の発音で、スペイン語ではrを舌を巻いて発音するとか、ドイツ語にはエスツェットがあるとかいったことと似ている。ムージュイとは男を意味するチェコ語(Muž)の語尾に単語を女性形にするyをつけたもの。Mužにyをつけて Mužyだ。なぜチェコ語だったのかというと、妻が私と知り合うずっと前からプラハとチェコ共和国に夢中になっていて、チェコがもうひとつの我が家のように大好きな場所だからだ。彼女にとって大切な世界なのである。初めて一緒に訪れたとき、妻が私のためにムージュイというかわいらしい呼び名を考えだしてくれた。私はそれが気に入っている。呼びやすく短くてかわいい呼び名は、妻にはいつも幸せをくれるその場所にいることを思い出させ、私も幸せな気持ちになれる。

それで、私にはこうした母親と父親のジレンマがあり、子どもが生まれたあとにどんなふうに呼ばせるべきか思い悩んでいるのだと話すと、妻は解決法をすぐに見つけたようだった。「マムージュ（Mamuž）にしたらどうかしらね？」彼女はもうそれで決まりだというように言った。ワオ、なんて簡単なんだ。馴染みがあり、心地よい響きで、私の男性と女性の両方の部分への愛と賛美でいっぱいの、私がそうなればいいなと望んでいたすべてがあるじゃないか。唯一の欠点といえば、私のこのささやかな、まもなくその数を増やそうとしている家族以外は誰も知らない言葉だということだった。そう、あなた方みんなももちろん。でもよく考えてみれば、私のようなノンバイナリーたちにも知られた呼び名ではないのだ。かまうものか、ここからがスタートだ。つまり「ママ」と「パパ」にしても、まずはどこかの誰かが最初に言わなくてはならなかったのだから、こうした状況では自分自身で、自分の人格のなかにいる敬愛する母親父親らしさというものに捧げる言葉を探し、試してみなければならない。マムージュ。これをみんなにシェアしよう。それでいつか、ホールマークのカード売り場にも並べられる日がくるかもしれない。ジョークは別として、今やこの名前は私の空虚な場所を埋め、いずれは人生における私のトレードマークになりそうだった。私の子どもは私を知るようになり、世間的には男性と女性のいずれをも指定するものではないが、両方の最高のものをすべてそなえるこの名前で呼んでくれるようになるだろう。新鮮な気持ちで道を進んでいくのは大きな強みになる。目の前に厄介な荷物の跡もない。「大好きなママ」のイメージが私を先導することはなく、自分自身の評判をうちたてるのも、地に落とすのも自由だ。ああ、ほっとする！　実は、妻の出産まであと少しという自分を表す完全な呼び名がないのに落胆しており、必ずや送られてくるはずの、新米ママおめでとう（あるいは新米パパおめでとう）のカードを読むと、なんだかよそよそしさを感じるだろうと思っている。だが結局は、言葉などとるにたりないものだ。大切なのは、どんな困難があっても負けずに私たちふたりをこの場所まで連れてきてくれた愛なのだ。この親になるという出発地点なのだ。ひとりの母親とひとりのマムージュなのだ。

◆◆◆

私たちはまだ気を抜くことができない。ちょうど妊娠8週目になったところだ。うまく焼きあがっているかどうかを見るためにオーブンの明かりをつける、という時間にはずいぶんと早い。だが、新しい命の材料はここにあり、必要なものは奇跡的にすべてそろっている。私たちは毎日、信じよう、手が届くまでにすごく時間がかかっているなかで喜びを見つけようと奮闘している。今後もさらに超音波検査が行われて、そのたびに順調に成長しているという確認をこの先もずっと感謝することになるだろう。私たちの愛する子どもにその話をするときまでずっと。伝統的な「男か女をお披露目する」パーティの計画はしていない。だって正直に言って、私たちは何を話したらいいというのだろうか？　自分のめざすべき道を宣言し、このどちらを向いても男女二元論（バイナリー）だらけの世界で、「男性と女性」のどんな側面を取り入れるかは、この小さな存在にまかせよう。このレモンシードが自分自身を見つけるのがスペクトラムのどんな場所であっても、私たちはレモンシード自身がいるべき場所なのだと考えている。

◆◆◆

〈作者のノートから〉このエッセイを書いて48時間もたたないうちに、私たちのレモンが成長を止め、心臓の鼓動を打つのをやめてしまったと知った。今の時点ではその理由はわからない。ときとして、そんな結果になるということだ。驚いてはいるけれど結局、いつもと同じになっただけだ、とでも言えたらいいのにと思う。この状況の変化が私のアイデンティティに与えた衝撃を振り返りながら、私はこのエッセイを提出するかどうか悩んだ。妻は提出をこころよく認め、励ましてくれた。書いてきたものは繰り返されることのない私の人生の得難い一瞬を記録し、生まれてこなかった小さな女の子と、まだこの先に存在するかもしれないマムージュに敬意を表していると信じている。

第29章　ジェンダーを探す旅に出て、また元の場所に戻る

コーリー・マーティン＝デイモン
To Gender and Back　Kory Martin-Damon

両親があいついで亡くなったとき、私は自分しか喜ばすことができない人間なのだとはっきりわかった。ひとりっ子の私は、ふたりの期待を一身に受けながら成長したが、ひとりぼっちになり、自分の声だけを聞いて生きることになってしまった。私はふいに悲しみの砂漠にいるのに気がついた。からっぽなのに途方にくれる気持ちであふれかえった砂漠に。

それは初めて経験する死ではなかった。私の生まれた家は大所帯のカトリックキューバ人家庭で、ほとんど毎年、誰かが亡くなっていたのだ。今もはっきりとよみがえる子ども時代の記憶は、ひどく寒い葬儀場の対面室がむせかえるような甘い花のにおいで満ちていたことだ。静かなすすり泣きの声が聞こえていた。10歳になるまでには、ひつぎも、遺体も、翌朝の墓地への長距離ドライブに続く果てしなく長い夜も怖くなくなっていた。

子どものころの暮らしは、ダイコトミーに支配されていた。両親はふたつの信仰を持ち、ひとつは隠されひとつは公にされていた。父は表向きは薔薇十字団に属していたが、奴隷によってアフリカから持ち込まれてのちにカトリックに統合された宗教、サンテリアの教義を実践するサンテーロでもあった。

父は人々を癒して助言を与えるために霊を「呼び寄せる」交霊会をひらいた。この会は、サンテリアが人々に知られておらず、受け入れられてもいなかったために、秘密のうちに行われた。

私は日曜日になると地元のカトリック教会の日曜学校に行き、そのあと家族と一緒にミサに出た。10回目の誕生日には、糊のきいた真っ白なワンピースとヴェールで初聖体拝領をした。白いレースの手袋をして、イエス・キリストと聖母マリアと聖人たちが繊細に描かれた小さな美しい白い聖書を手に持った。エナメルの靴も同じように真っ白で、フリルのついた靴下も真っ白だった。初聖体拝領式のために教会に来ているのがひどく誇らしかったのを覚えている。誇らしさのあまり、つい気が緩んで母に向かって大きくなったら神父さまになりたいと言ってしまった。母は眉をひそめて、私の身体を歯がかたかたと音を立てるくらい強く揺さぶった。

「あなたは女の子なの、小さなレディなのよ」と母は非難するような調子で言った。「まあ、修道女ならなれるだろうけど」でも修道女はお説教をしないし、あのすてきなカラーもつけない。なってみたいとは思わなかった。

私は母に、この人生最初の秘密の願いを打ち明ける瞬間まで、のんきにも女の子が意味することに気づかないで生きていた。男と女に違いがあるのは知っていた。女の人たちは穏やかで、思いやりがあって、挨拶するときは握手よりハグやキスを好む。私はその柔らかい乳房に頭をのせることができる。男の人たちはもっと引きしまった硬い身体をしていて、私の柔らかい頬にザラザラしたあごひげをなすりつけるのが好きで、痛くて嫌がると大声で笑う。おならをすると、私を引き寄せるように嬉しそうに手を伸ばしてくる。はっきり言って、あの人たちには本当にうんざりする。

私は男の子たちにはなんの興味も湧かなかった。くさくて、騒がしくて、しつこくからかってくると思っていた。友達が男の子たちを見て、忍び笑いをしたり、うっとりした目を向けたりするようになったのは理解できなかったし、少し嫌悪感を覚えもした。1年後、私はクラスで最初に初潮を迎えて、胸の成長が始まった女子生徒になった。そのときから男の子たちは絶えまなく憧れのまなざしを向けてくるようになった。

身体の裏切りは、私のコアな部分を揺さぶった。最初の月経が私を女性の世界に招き入れ、女として背負わされる期待が、私の男性寄りだった傾向を押しつぶした。見た目には私はまさに社会の期待どおりの人間だった。華奢で女らしくひかえめで。でも内心は混乱と矛盾で煮えくり返っていたのだ。

そのころまでには、神父になれないとはっきりわかっていた。でも公立図書館で本を読む楽しみを見つけ、神父の代わりに作家になりたいと考えていたからその夢を諦めるのはそれほどつらいものではなかった。長いあいだ、本という本を貪欲に読みながらこの2番目の秘密の願いを持ち続けた。私は模範生で、それ以外の道を選ぶことは考えられなかった——両親が私立の学校に通わせるために必死に働いてくれていた。週に7日、日に10時間も働き、ほとんど一緒にいられない母がひどく恋しかった。そんな私を何年間も慰めてくれた唯一のものが本だった。

◆ ◆ ◆

1984年、23歳になった私は両親のアパートメントを出て、部屋を借りた。何を探しているのかよくわからなかったが、本と向き合う生活を再開し、新たにジェンダーについて調べるようになった。まずセクシュアリティから調べ始めたのは、自分の性的指向を教える言葉が少なくともひとつは見つかると思ったからだ。レズビアンだと思われるのは恥ずかしかったが、レズビアンについてもっと知りたくてたまらなかった。同じような人に会いたかったのかもしれない。マイアミ公立図書館の本棚という本棚を探して、やっと見つけたのが『DSM精神疾患の診断・統計マニュアル』という本だった。いくつものページにホモセクシュアリティについての記述があり、「性別違和」という用語も見つかった。

子どものころ、聖書に書いてあるすべてを読みたいと思った強い気持ちが、今はトランスセクシュアリズムについてのすべてを知りたいという気持ちに変わっていた。トランスセクシュアルに関する記事と記述はほとんどが男性から女性へ向かうトランスセクシュアルについて説明するものだった。ある短い一節だけ、女性から男性へのトランスセクシュアルについて書かれていたが、彼自身の写真は一枚もなかった。本を読み進めると、手術を最終地点とするいくつかのステップの説明になっていった。手術までの過程のすべてが自分には耐えられそうもないように思えた。それなのに、翌日になると私は職業別電話帳を開いて、精神科医を探していたのだ。

ジェンダー医療チームとして活動している精神科医たちを探し出すまでに、数か月の期間と何回もの問い合わせが必要だった。私はすぐに、ホルモン療法や手術の候補者としてみなされるためには、それにふさわしい状況を見せなければならないのだと知った。つまり、男だと自認しており、異性愛者だとも自認していて、少なくとも2年間は完全に男として生活しなければならない。結婚したい、子どもがほしい、核家族を象徴するすべてがほしいと考えていなければならないのだった。どれひとつ私には当てはまらなかったが、自分の嘘を真実だと精神科医に信じ込ませようとすればするほど、それが本当の自分だと信じられるくらい私の作り話は私のものになっていった。

2年後、ホルモン療法を開始すると変化は素早く――あまりにも素早く――現れた。

私の最初のトランスセクシュアルのロールモデルは、ホルモン療法を受けて完全に女性として生きているトランス女性の人たちだった。彼女たちは私が自分について話すと感嘆の声をあげ、男になりたいという点には大いに困惑を示しながらも、新しい衣服を買うために男性服の店に連れていってくれた。でも私はクリニックに行くとき以外は、紳士用のワイシャツもズボンも靴も身に着けなかった。彼女たちは、私が男の格好では安全だと感じられないのだと知って、理解してくれた。男性の服を着ると、要注意人物のように人々の目を引き、レズビアンだと「読みとられて（リード）」嫌がらせを受けることがあった。友人たちとレズビアンバーにも行ったが、そのときだけは、油で髪をオールバックにして男性の格好をした。レズビアンの友人たちは、誰ひとり、私がトランスジェンダーだとは知らなかった。それを彼女たちに話すと、ほとんどみんなが嫌な顔をし、腹を立てて、友情は終わりになった。とりわけレズビアンの男性役であるブッチたちには、敵である男になりたいなんて自分自身を「裏切っている」じゃないかと激しく非難された。

この南フロリダでは性別移行を続けられないだろうとわかっていた。身の安全を考えると、移行していると明らかにすることはできなかった。超保守的な家族はすぐそばに住んでいるし、もともとジェンダーの役割やセクシュアリティには保守的な考えを持つ土地柄だ。ワシントン州のシアトルに「インガーソル」というジェンダーセンターがあると聞いていた私は、手術費用のための貯えを使い、太平洋岸北西部へ向かって国を横断することにした。明日はシアトルに飛ぶという前の晩、友人のトランス女性たちにさよならを告げた。彼女たちは泣いたり、ハグしたり、キスを浴びせながら文句を言ったりした。翌日、両親は見事なまでに平静を装って、私の乗る飛行機が待つ空港まで送ってくれた。

１９８９年の夏、私はシアトルに着いた。仕事と住む場所を見つけるあいだは性別移行の夢はいったん脇に置いておくことにした。アパートを見つけ、床に小さなマットレスを敷いて横たわると、こみあげてくる感情や襲ってくる不安で、身体がばらばらになりそうだった。両親に会いたくてたまらなかった。悲しみが心に抱えた傷のようにうずいた。週に一度、電話をしては、両親の涙まじりの声をひとことも聞き漏らすまいと耳をそばだてた。帰ってきてほしいと言わないでいるのが、かれらにとってどれだけつらいことかはわかっていた。だからといって何も良いことがなかったわけではない。私はふたりから、どのようにして自立し、大志をいだき、不屈の心を持つかを教えてもらったのだ。

そのころは、いくつもの仕事をかけ持ちする生活を送っていた。ワシントン大学の口腔生物学部で筆記者として働き、キャピトルヒル地区から離れた有名企業に入って家庭の清掃員として働き、臨時の社員として働いた。皮肉にも、もっとも長かった仕事についてはけっして母に話さなかった。大学を出ている私が、自分と同じようにハウスクリーニングをしているのを知れば、ひどくがっかりするだろうと思ったのだ。でも、米国での人生の大半を占めるその仕事を母は必要にせまられてしていたが、私は自分に自由を与えるためにしていた。

住む場所と仕事を手に入れると「インガーソル・ジェンダーセンター」について調べ始めた。最初に女性から男性というトランスセクシュアルの人に会ったときは、まるで家に帰ったような気がした。私はトランス男性たちの会に参加して厳粛な気持ちで座っていた。ほとんど話さずにいたのは、かれらの話をひとこと漏らさず聴きたかったからだ。

何週も座り続けているうちに、かすかな疑いが私のなかで姿を現し始めた。恐ろしさのあまり私はその気持ちを払いのけた――自分はれっきとしたトランス男性で、異性愛指向の男で、手術やホルモン療法が正しいとされる生殖器の状況をそなえた人間ではないか。数日後、私はセラピストを探して会いに行き、ホルモン治療を受け、ふたたび手術のための貯金を始めた。毎日、息をつく間もないくらい忙しく、仕事をしているか、インガーソルで過ごしているかのどちらかだった。あいかわらずフィクション、ノンフィクションを問わずジェンダーについての本を読み続けたが、私の性別移行の選択を否定するものは一冊もなく、読んでいるどの本も、自分に話すストーリーの正しさを確かなものにしてくれた。

乳房切除手術のあと、目を覚ますと小さなベッドに移動させられていた。痛みとだるさと古い血の嫌なにおいで押しつぶされそうだった。友人たちが見舞いに来て回復を願い、移行における大切な節目になったと喜んでくれた。私は困惑を飲み込み、なおも私のなかに居すわる疑いを向こう側へ押しやった。ずっと自分の肌に異質なものが入り込んでいるように感じながら、微笑むべきときに微笑み、そう話すのが正しいと思うことを話した。私のトランス男性としてのアイデンティティは壊れやすく、紙のように薄っぺらだった。

病室でひとりになるとすぐに、身体をのろのろと起こしてトイレの鏡の前に行った。胸には包帯が巻かれ、身体から突き出ている透明のドレーン管はピンク色の液体でいっぱいだった。シャワーを浴びて、出血するまで身体をこすりたいと思った。よどんだ血液と消毒液のまざったにおいが鼻につき、耐えられなかった。顔をゆがめると、鏡のなかから見知らぬ人が見返していた。あごひげは変装のようだったが、たとえ剃り落としたところで、無精ひげが残るのはわかっている。私はひげが濃くて、トランス男性の友人たちからほめられたり、うらやましがられたりしていた。頭を振って、足を引きずりながらベッドに戻った。つい何日か前に28歳になっていた。そのころには、あのかすかな疑いは叫び声に変わっていたが、それから先の10年間は、その叫び声と正面から向き合うことはなかった。

そのあいだに、ゲイのトランス男性と知り合って恋人になった。私のアイデンティティはふたたび別の場所に移動していた。私はまるで服を変えるように、自分自身の持つ別の側面をすぐに受け入れたのだった。新しい服はそれほどぴったり合わなかったし、なんだか変な気がしたが、それを着て変わろうとしていた。誇りと信念を持って、バイセクシュアルのアイデンティティを受け入れることにしたのだ。私はカナダ、ブリティッシュコロンビア州のバンクーバーに行き、そのあとにサンフランシスコに向かい、プライドパレードで、バイセクシュアルのグループと一緒に行進した。徹底的にバイセクシュアルやトランスジェンダーを嫌う人たちに、行く先々で立ち向かった。かれらは、バイセクシュアルという概念を社会を混乱させるうさんくさいものとみなしていて、男性と女性の両方に惹かれる私を受け入れようとしなかった。そのとき気がついたのだ。もし自分の頭のなかを社会の不当な扱いへの闘争心で満たしたら、内部で大きくなっていく執拗な声を、あなたはいまだに正しく生きていないじゃないかと言ってくるあの声を、無視することができるのではないかと。気づくと中傷する人たちに反論し、もう何を言っているか自分でもわからなくなるまで、大声で叫び続けていた。シアトルのプライドパレードで、準備にかかわった「トランス男性会議の開催」のプラカードを掲げながら歩いていたときのことを思い出す。ひとりの女性が、股の部分を押さえながらからかうように叫んだ。「ねえ！　私はちゃんと持っているから幸せだよ！」私は「よかったね！」と叫び返し、首を横に振った。

◆◆◆

最初に父が亡くなり、それから母が亡くなった。ふたりの葬儀に参列するために家に戻ると、家族の拒否と憤慨と非難が待っていた。祖母は葬儀に出ることを認めず、私は罪深い人間で、うちには頭のおかしな変態の居場所はないと言い放った。女家長である祖母にそう言われては出ていくしかなかった。私の生き方をちゃんと理解してはいないけれど愛してくれているいとこたちがまわりを取り囲んで引き留めたが、私はその場を離れた。過去へつなぐただひとつのもの——両親たち——が今はもうこの世にいないのだ。家を去っても心は壊れなかったし、私自身が砕け散ることもなかった。だが、それは、シアトルの自宅へ帰るまでは、壊れて砕け散るのを自分に許さなかったというだけのことだった。

そのころには、抑圧されてきた疑いの気持ちが、終着点を見つけろとせかす頭のなかの声に煽られてうつ病に形を変えていた。行きつく場所などどこにもなかった。私は双極性障害と診断されて、気持ちを落ち着かせる薬と抗うつ剤を処方された。これまでの波乱万丈な自分よりはるかに複雑な、この新しいアイデンティティを受け入れたけれど、今回は、鏡をのぞき込んでも絶望とひどい疲労しか見えなかった。何もかもを犠牲にしたあと、ここにいる自分とは何者なのかを見つけなければならなかった。わかったのは、今では私の存在自体が紙のように薄っぺらなものだということだった。

私は自殺について調べるようになった。私のなかでは、死が、戦いより好ましいように思える段階まで来ていた。何年ものあいだ自分自身と周囲に嘘をつき続け、何年ものあいだホルモン療法と手術のために休むことなく働き続けて、すっかり疲れ果てていた。40歳になっていて、もはやたったひとりで前へ進んでいくという考えが、私の心を動かすことはなかった。もちろん愛情に満ちた、支えとなる友人たちはいたけれど、誰も私が何を経験してきたかはわかっていなかった。ある夜、私は親友の隣に座って死にたいと言った。彼は私を長い時間、温かく抱きしめ、もしそばにいてほしいならきみのためにずっとこうしていると言った。私は慰めようもないほど泣きじゃくった。彼は私を前後に揺らして、背中をゆっくりとさすった。

おそらく私は、誰かに私のためにここにいてあげると言ってほしかっただけなのだ。おそらく、もう疲れ果てたと大声で叫びたかっただけなのだ。理由はどうであれ、翌朝、目を覚まして、自分はもうけっして自殺はしないだろうと思った。自分がもう一度だけ自分の内部に触れ、過去にしたのと同じ決心をもって最後のジェンダーの旅に向き合うだろうとわかっていた。

インターネットでは再移行について何も見つけられず、私はトランス女性たち、そして彼女たちの女性への移行について書かれた本を読み始めた。ボトムサージェリーはしていなかったから、卵巣も女性ホルモンもそのままだった。最初のステップはテストステロンをやめて、電気分解治療で脱毛することで、次のステップは友人たちに話すことだった。1か月以内に生理が戻り、2年後にあごひげが消えた。私はチュニックとタイツをワードローブに加え始めた。だんだんと演劇部にいた高校生時代を思い出させるゲームのようになってきた。あのころチュニックとレギンスを合わせたり、男物のズボンとシャツを着たりして、芝居の衣装をそろえたものだ。乳房があるように見せるために、乳房切除手術経験者のためのブラジャーとパッドを買ったりもした。

ある夕方、私は裸になって浴室の鏡の前に立った。乳房はなかったが、広い腰があった。顔にひげはなかったが、低い声があった。女らしい太ももはあったが、頭は剃り上げていた。私はジェンダーの中間地点のどこかに存在していた。おそらく、誰ひとりとして私が生きているこの新しい場所をきちんと正しく理解できる人はいないだろう。私は、最初から用意されていた矛盾に満ちた旅の最終目的地にたどり着いていたのだった。不確かで不明瞭な場所に。

私は現在、56歳という人生の転換期にいる。ジェンダーに対するなんの概念も、考えも、定義も持っていない。私にとって、女性と男性はどちらも不思議で、魅力的な生き物だ。いったいどうやったらジェンダーに何も疑問を持たずにいられる？　それはとても不自然なことに思えるのだが。今は世界中を旅して、また元にいた場所に戻ってきたような気がしている。リタイアメントについて話すと、友人たちは旅行でもしたいのかと訊いてくる。私はその質問に微笑みながら違うと答える。違うよ。もうとっくに、ほとんどの人が行ったことのない、それどころかもっと多くの人がその存在を知りもしない場所に行ってきたんだ。リタイアしたら本を書き、本を読み、外を歩いて顔に当たる日の光を楽しむつもりだ。もうどんな感情にも左右されはしない。今もジェンダーをめぐる旅の疲れは残っているけれど、平和と、達成感と、喜びを深く感じている。これまで自分が何者かを定義する言葉を探しながらひとりで道を歩いてきて、今やっと自分であるという感覚はひとつの言葉で閉じ込めておけないとわかったのだ。自分の内部より他に行くべき場所はなく、ひとりの人間でいるより他に何かでいることもない。

私の選択が間違いだったと思うかと訊かれたときは、正直に答えた。「いいえ」と。私は私の選択とその結果でできたもので、もしその旅が間違いだったら、私もまた間違いということになってしまう。だが、私は間違いではない。それどころか、驚きであり、疑問であり、答えなのだ。もう自分を鏡に映して顔を探したりしない。もうラベルを探すこともない。私はコーリー。それで十分だ。

第30章　ノン／バイナリーを再考する

イーライ・アーリック
Rethinking Non/Binary　Eli Erlick

※　訳注：著者はノン／バイナリー（non/binary）という表記をノンバイナリーの人たちだけでなく、ジェンダー用語である「バイナリー」と「ノンバイナリー」をとりまく論議としても使用している。

私のジェンダーについての真実は、いつどこで明らかにしても安全というものではなかった。やがてそれは周囲に対する嘘のせいで姿を変えていった。

4年生のとき、担任の教師の指示で、教室の壁に貼るための自己紹介文を三人称で書くことになった。私は自分を代名詞の「they」を使って表したかったが、教師は文法的に間違っていると言って認めてくれなかった。私はもうそのときには「彼（he）」――出生時に割り当てられた代名詞だ――はしっくりこないとわかっていて、「彼女（she）」のほうもそれほど正しいようには思えず、自分はふたつのどちらにも属していないと感じていたのだ。「they」は、共感できないシスジェンダーの男性とも女性とも違って自分にふさわしい立場のように思えた。だが、その they を使って自分について書こうとしているのを知ったクラスメイトたちが he か she の「どちらかひとつを選ばなきゃ」ダメじゃないか、と言いだした。代名詞はふたつしかないんだからと。

その日、かれらは私を黙らせようと攻撃してきた。女子たちはわざと目を丸くしてあきれた顔をしてみせ、男子たちは私の性別をはっきりさせてやろうと股間に蹴りを入れてきた。恐ろしくて反論するどころではなかった。出生時に割り当てられたものではない代名詞を使おうとすることが、他の子どもたちを怒らせていた。私のような人間を初めて見たのだと思う。結局、私は男と女のラベルの存在を、たとえどちらも自分にとって正しいと感じられなくても否定しないよう強要された。この経験で、私は自分の感覚がどこかおかしいのか、壊れているかなのだろうと思った。

貼りだす短文には、代名詞の代わりに名前を使い、自分についての情報は何ひとつ書かなかった。一部分でも真実を語っていない文章など、何の意味もないのだから。

やがてジェンダー規範の押しつけは、多くの若者にとってそうであるように、私のジェンダー表現とアイデンティティを方向づけ、制限するようになった。毎日、まわりの人たちが、私が片足を壁に寄りかからせていたり、まわりを気にせず爪のあいだを調べていたりする様子を見て、ほら、きみはちゃんと男の子じゃないかと言った。そのころは「男の子」でさえなければなんでもよかったから、人には呼びたいように呼ばせておいた。それまでに自分以外のトランスの人間には一度も出会ったことがなく、「トランスジェンダー」、「ノンバイナリー」、「クィア」という言葉を聞いたことさえなかった。私は自分のジェンダーについても、どう呼ばれたいのかについてもうまく説明できず、社会的なつきあいや男女別になった活動を避けるようになった。生徒たちをジェンダーで分けないという考え方は認められないだろうとわかっていたから、それが嫌ならすべての活動に参加しないしかなかった。惨めな気持ちになりたくなかったので具合が悪いふりをしたが、トイレに逃げ込めば解決するというものではなく、ジェンダー二元論の凶暴性からわが身の安全を確保するためには、授業をぜんぶ休まなければならなかった。

トランス、ジェンダー・ノンコンフォーミング、ノンバイナリーの生徒は毎日、ぞっとするような扱いを受けている。しかも私はすぐに気づいたのだ。出生時に男という性を割り当てられると、いじめる生徒たちに、身体的な暴行を加えてもそれほど問題にならないと思われて、状況がさらに悪くなるということに。いじめの首謀者が同級生に暴力をふるって退学させられたと聞いたときは、唯一できる仕返しとして、自分が暴力行為の対象になってやろうと思った。教師や職員の前でもっと私を殴る蹴るしてみせて、退学処分になればいい。ところが、奴らが私に暴力をふるっても何も起きなかった。ある生徒にグラウンドで投げ飛ばされ、息ができなくなるほど蹴り続けられたときも、校庭を見まわっていた教師は素知らぬふりをしてそのまま行ってしまった。

教育機関の方針は、社会の規範に沿わない生徒を守るのではなく、うまくあしらおうとする傾向にある。私は校庭で、クラスメイトとほんのひとこと言葉を交わそうとしただけで何度も投げ飛ばされ、殴られた。それでも学校の制度も生徒同士の関係も何ひとつ変わらなかった。実際、教師たちは自分たちにできることはないと思い込んでいた。私のジェンダーの慣習に従わない様子は他の生徒たちを「刺激する」ものだから、暴力を受けるのも私のせいだった。教師たちの目の前の暴力に対する無関心は私に絶望感を与え、それは何年も消えなかった。

5年生のとき、私のクラスは数週間にわたる女子対男子のコンテストの期間に入り、教室は実際に男女ふたつのグループに分けられた。雑学クイズに正解し、良い行動ができると点数が加算されて賞品のキャンディやぬいぐるみやおもちゃがもらえる。でも、「良い」行動とは、ジェンダー規範に沿ってふるまえているかどうかで決まるものだった。コンペティションの発表があってすぐにひとりの生徒が

「イーライはどっちの側に座るんですか?」と訊いた。教師がすぐさま「もちろん男子の側です」と答えたのにはがっかりさせられた。でも私はどちらの側も安全とは思えなかった。男子側に座れば、暴力をふるわれる危険性があるだろうし、女子側に座れば、仲間に入れて「ほしい」のかと容赦なくからかわれるだろう。

私は男子チームに入ってすぐに、女子たちを勝たせるために、あるいはコンペティションそのものから追放されるために——おそらく両方だ——ゲームを妨害するようになった。ある日、図書館で、私はチームを減点させようとわざとできるだけ大声を張りあげて他の男子たちに話しかけた。ところが点が引かれる代わりに、教師はクラス全員の前で私を激しく叱責したのだ。「私はこんなことをしたことは一度もないんですよ。でもあなたをこのゲームからはずします」と教師は言った。彼女は私に恥をかかそうとしていた。女子たちは軽蔑したようにクスクス笑い、男子たちはそれ見たことかと歓喜の唸り声をあげた。嬉しさと悔しさが入りまじったような気持ちだった。私の机は教室の真ん中に引きだされて、ふたつのグループのあいだに置かれた。でもかれらのあいだにいるというより——むしろ、完全に外に出されたように感じていた。私はまったく別の教室にいるべきだったのだ。

私はジェンダーが曖昧な生徒だと決めつけられて、長いあいだ、ひとりの友達もできなかった。私のジェンダーのわかりにくさと、女子か男子かのラベルづけをきっぱり拒否する態度は、クラスメイトたちを、とりわけ私を非難しながらも何者なのかを知りたがっている年若いシスジェンダーの男子生徒たちをひどくいらつかせた。私は男の子か女の子かと訊かれたら、ひとこと「答えないよ」とだけ言ってその場を切り抜けようとしていたのだ。それに対してかれらは蔑み(さげす)の言葉を浴びせてきた。「イット」と、「シーライ」〔女みたいなイーライ〕と、「性転換者(トラニー)」は、すぐさま私のあだ名になり、嫌がらせは数年間やむことなく、私は自分の殻に閉じこもり続けた。
13歳のとき、ようやく両親が私をサポートしようと立ち上がった。だがそれは規範的なジェンダー表現と、わかりやすく方向の決まった終着点を伴うものだった。15歳のときに、移行をもっとうまく進めていけるようにと「ジェンダースペクトラム会議」[*1]に連れていってくれたのは嬉しかった。だが多くのトランスの若者の場合と同じく、その機会はどう移行すべきかを自分で考えるのをやめてしまい、両親への深い負い目を持ち続けるきっかけになったのだ。

そのころの私は女性用に作られた衣服しか着てはいけないような気がして、いつも明るく華やかな色調のものを選んでいた。女らしさを強調するのは自分にとって正しくないように思えたが、どんな服が自分に合うのかわからず、町に住む人たちの服装も参考にならなかった。私の住む田舎町のコミュニティには、ジェンダー二元論が田舎町独自の方法で働いていた。シスジェンダーの女の子たちでできたグループが自分たちを誇らしげにトムボーイだとラベルづけし、私たちのなかで権威をふるう「田舎の文化」と手を組んでいる様子には皮肉なものを感じた。彼女たちの自己表現は男っぽさ（そして間違いなくジェンダーの慣習に従っていない（ジェンダー・ノンコンフォーミング））なのに、その強さをほめたたえられているのだ。これは田舎町のコミュニティで暮らす出生時に男性という性を割り当てられたトランスジェンダーの私にとっては矛盾を感じるものだった。男らしさに高い地位が与えられる社会で、ある程度でも私のジェンダーを受け入れてもらうには、できるかぎり女らしくして女性であるよう装うしかなかったからだ。１９９０年代から言われてきたことだが、「ノンバイナリー」、「ジェンダークィア」、あるいはクィアの限界やトランスの規範を超えるその他のジェンダーを名乗れるのは、歴史的にみても特権を持った数少ない人たちだけに限られていた。平凡な私が、自分は男の子ではないと信じてもらいたいなら、そのときはジェンダー規範に沿った女の子でなければならないのだった。

セラピストとの面会が始まると、私は治療が受けられなくなるのを恐れて、自分が異性愛者（ストレート）で、ジェンダーの慣習に従った考えの持ち主だというふりをした。女性であること（もしくはその他のどんなジェンダーも）は、もうすでにそのふりをしているにすぎないと感じていたから、ここでさらに異性愛者（ストレート）だと言ったところで何か問題でもあっただろうか？　真実はもうとっくに現実性に乏しいものになっていた。あまりにも長いあいだ、クラスメイトや教師や家族からジェンダーを否定されてきて、自分の感覚はまったく信用できないと思うようになっていたから、自分をどんなふうに定義しようがどうでもよくなっていた。自分自身のあり方を決定する選択権はとうの昔になくしていたのだ。

セラピーの数週間後、両親が、家からいちばん近いトランスジェンダークリニックで医師の診察を受けるために車を出してくれた。いちばん近いといっても4時間の道のりだった。私はそこでもまた、すでに確立されている、（バイナリーの）トランスジェンダーのヘルスケアのガイドラインにおいて、そのジェンダーの慣習に従わない人はいっさい受け入れられないと言われた。私は第二次性徴の兆候を止めるためのホルモンブロッカーだけを始めたいと思っていて、女性ホルモンであるエストロゲンの投与は望んでいなかったのだが、医師は認めようとしなかった。出生時に男という性を割り当てられた年若い田舎育ちのトランスとして、私の医療的な手立てやアイデンティティの相談窓口へのアクセスはきわめて限られたものだった。医療を受けられる唯一の機会を失うのを恐れ、スピロノラクトンとテストステロン抑制剤、そしてエストロゲンを服用する選択をした。そうしなければ、私のジェンダーとアイデンティティは合法的なものではなくなり、医療への扉は完全に閉ざされてしまう。女性になるにはこれが「十分に近い」のだと思うことにした。

こうした多くのトランスの若者たちが経験する社会的、医療的規制は、私の人生のコース選びとアイデンティティの形成に影響を与えた。私は現在、ジェンダー・ノンコンフォーミングだと表明しているけれど、いまだに自分のジェンダーについて人に説明するときには――生まれ育った田舎町でのトラウマが残っているのだろうか――恐怖がこみあげてくる。これは個人の責任ではなくて、いくつもの困難が交差して社会の片隅に押しやられているトランスたちをなおも取り締まろうとする集団文化の責任だ。

ときが過ぎて、情報源と自立心を手にした私は、「ノン／バイナリー」（バイナリーとノンバイナリーをとりまく論議）、そして移行について、何の条件もつけずに再考してみることにした。「トランス女性」は他のどんなラベルより、私の物語（ナラティブ）を象徴している。そして、多くの男性という性別を割り当てられたトランスのように、私のジェンダーにかかわる体験の大半は私のトランスらしさと、ジェンダーの慣習への非協調（ジェンダー・ノンコンフォーミティ）で形づくられていた。こうして私のアイデンティティは、女性性への緊密さと切り離せない（それも隙間もないくらいに）ものになっているのだ。それでも、「女性」だけが私のジェンダーを正確に説明しているとは考えていない。もし私が小学校、中学校時代という精神的に成長する重要な時期にもっと違う扱いを受けていたら、おそらく当然のようにノンバイナリーだと自認していただろう。だが私は、「ノンバイナリー」と自分を呼ぶのは、その用語がトランスコミュニティ内の、女性という性を割り当てられた都会人の優勢を維持する役割を担（にな）い続けているという理由できっぱりと拒絶する。「バイナリー」という用語も、私の物語（ナラティブ）がバイナリー集団の物語（ナラティブ）と一致することはなく、私のジェンダー表現やこれまでの体験とも一致しないという理由できっぱりと拒絶する。

私は自分自身をバイナリーだともノンバイナリーだとも考えていないのだ。私の現在のジェンダーの慣習との非協調（ジェンダー・ノンコンフォーミティ）は、私のアイデンティティをジェンダーが曖昧なせいで街なかで反感を持たれることがある人間として表している。おそらく私の環境に順応する能力は、この男でもなく女でもない、あるいはその両方だというスペースでも心地よく生きていける特権を与えてくれているのだろう。移行から何年もたっているのに、まだ自分に尋ねているのに気づくのだ。「私がピッタリはまるのはどこだろう」と。

私は自分自身の人生における「ノン／バイナリー」〔バイナリーとノンバイナリー〕の役割を徹底的に調べていくうちに、トランスコミュニティ内のアイデンティティの有利、不利について注意深く考えるようになった。社会からの強制をとおして形成されたバイナリーのジェンダー・アイデンティティは、ノンバイナリーをノンバイナリーだとラベルづけすることでかれらに何らかのパワーを与えるのではないか？といったように。バイナリーとノンバイナリーの両方ともがジェンダー二元論の統治下にあるけれど、バイナリーだとラベルづけされたアイデンティティは、ノンバイナリーと自認している人々に実質的な力をふるうことはできない。トランスの学者、作家、コミュニティメンバーはこれまでずっと、排他性とこれらのアイデンティティとの関係について言及してきた。２００６年に発表された「The End of Genderqueer」というエッセイのなかで、ジェンダークィアである著者ロッコ・ブルダガーは、１９９０年代から２０００年代初期のあいだ、バイナリーの外側にあるラベルには容易に近づけなかった、と書いている。[*2]「『ジェンダークィア』は若くて、都会人で、裕福で、出生時に女性とされた白人たちに限定されたカテゴリーで、このカテゴリーは、バイナリーの外側にあるジェンダーの優越という考えを前面的に打ち出していた」ブルダガーは次のようにも書いている。

私はフィリー〔フィラデルフィア〕でドラァグキングを見た。その全身から発散されるおきまりの特徴のぜんぶが、自分の複雑なジェンダー・アイデンティティを理解する人はおそらくどこにもいないだろうと主張していた。常に最前線にいて、痛々しくも誤解され、そして誰よりも急進的でいるとき、ジェンダークィアたちはいつ、周囲の人々とつながる時間を持つのだろうか？（私はもし、はげしい口調で追いはらわれたり、見くだされたりしないのなら、もっと共感を持ちたいと思う。）私たちは、かれらに興味を感じる前に、無知だとしてはねつけられ、代名詞を間違えて使ってしまった代償として有罪を宣告されるのだけれど。[*3]

私は2011年に「トランス学生のための教育リソーシス」[*4]という組織を共同で立ち上げてから、数えきれないほどの若いトランス女性たちと一緒に働いてきた。彼女たちは、ノンバイナリーのコミュニティと、出生時に男性とされたトランスたち両者からの、「持続的なエリート意識とトランス女性嫌悪（ミソジニー）」を述懐する。私も例外ではない。最初の移行では、まわりにいるトランス女性たちから女性らしさを強要されたものだ。いつも私がどんなに上手に「パス」しているかをほめそやし、私が彼女たちからみて女性らしくない行動をとったときは恩着せがましく指摘してきた。私のジェンダーに関する出来栄えと美学はすべて、トランスミソジニーを忘れないトランス女性たちの厳しい監視下にあった。私のアイラインは濃すぎただろうか？　一生懸命に塗りすぎてしまった。今日は紳士物のワイシャツを着てきたかもしれない？　それでは本物のトランス女性ではなくて、そのふりをしているだけじゃないか。私たちは不幸にも、互いに執拗な点検を繰り返し、シスジェンダーの人からのクロッキング[*5]に備えて十分に女らしく見えるようにと過度な行動をとってしまうことになる。これは当初、髪は短く切ってシスジェンダー男性のためにデザインされた服を着たかった私を、もっとジェンダーの慣習に従った女らしい外見になるよう強いた。

私の、シスジェンダー女性ならこうあるべきだと無理強いされたスタンダードの女らしい服装は、クィアと、出生時に女性とされたトランスのコミュニティによって作られた社会経済には参加できないことを意味した。その社会はある特定の男っぽさを見せる人たち（白人で、ほとんどが出生時に女性だとされ、アンドロジニーとラベルづけされている人々）に特権を与えているからだ。私は、外見があまりにもジェンダーの慣習どおりだからクィアたちが受ける抑圧を「理解する」ことなどできないだろうと言われた。私の見た目だけで、クィアと出生時に女性とされたノンバイナリーたちで作るコミュニティによって生み出されたジェンダー論はおおまかにしか理解できないと根拠もなく思われてしまったのだ。私のクィアネスはどこにも存在しなかった。大学に入った直後、あなたは誰が見てもストレートだから本物のクィア経験など知らないのだ、とある仲間から非難されたように——小さなコミュニティであれこれ細かいことまで知られていて、「パスする」など最初から存在しない田舎出身者に対しては大いに議論の余地のある非難だと思うのだが。クィアあるいはトランスのコミュニティがやめるべきなのは、こうした互いを裁くようなふるまいなのではないだろうか？　私が、クィアやトランスジェンダーの人たち（イベントでよく見かけるような集団だ）が中心にいる場所に加わると、男という性を割り当てられたトランス女性にしてはちょっと違うんじゃないの、と部屋中のみんなからじろじろ見られたものだ。アンドロジニーやノンバイナリーのアイデンティティの美学のまわりに存在するエリート主義という名の文化は、個人から存在する権利を奪うのがせいぜいのところで、何ひとついいことはない。

大学に入って少したったとき、私はこれからは、出生時に女性という性を割り当てられたノンバイナリーとして私を「パス」させてくれることになる美的特徴を取り入れるのだと心に決めた。私は痩せた白人の「アンドロジナス」の外見をしていて、それはトランス女性たちのスペースでは受け入れられないことを意味した。クィアで、ジェンダー・ノンコンフォーミングで、同時にトランス女性でいるのは難しかった。クィアの社会に属するためには男っぽい服やしぐさが必要だったが、結局はこの試みによってトランス女性の輪からは締め出されることになってしまったのだ。

では誰が「ノン／バイナリー」〔ノンバイナリー（のジェンダー）〕にたやすくアクセスし、その数の激増から恩恵を受けることができるのだろうか？ それにはアイデンティティとラベルにそなわる力が大きく影響する。出生時に男性という性を割り当てられたトランスたちの多くはクィアではないとされ、トランスコミュニティ内の特権を与えられた集団を中心に据える社会的スペースからも締め出されている。トランスやノンバイナリーやジェンダー・ノンコンフォーミングの人たちが属するコミュニティで最悪の暴力を受けるのは、出生時に女性という性を割り当てられた白人のノンバイナリーの人たちではなくて、バイナリーとラベルづけされ、クィアやトランスのスペースから除外された有色人種のトランス女性たちなのである。[*6] 彼女たちトランス女性はもっとも激しい身体的暴力に加えて、精神的な暴力、個人的な攻撃、そして社会からの迫害も受けている。[*7] ノンバイナリーのアイデンティティが、ポストモダニズム風で、流行に乗っていて、知性的だと偶像化されるとき、集団から排除されるのは誰だろうか？ 力関係の観点からジェンダーに想像をめぐらせることは、どこに私たちのコミュニティの資源（リソース）を充てるべきかを再考する必要性を明らかにする。

たしかに、男女二元論の外側にある、新しいジェンダーの様子は劇的に変化してきており、すべてのアイデンティティが今までより簡単に「ノン／バイナリー」〔ノンバイナリー（のジェンダー）〕に近づけるようになってきている。だが、そうした状況があるとしても私たちの気持ちや考え方はほとんど変わっていない。有色人種の人や、出生時に男性という性を割り当てられた人や、田舎町の人を「ジェンダー二元論を強化している」という理由で痛めつける風潮も変わらない。実をいうと、どんなクィアの人たちのアイデンティティもそのほとんどは、二元論(バイナリー)の社会の規範からの逸脱と、二元論の解釈を超えた物語(ナラティブ)で形づくられているのだ[*8]。すべてのトランス人たちが、それぞれ独自の方法でジェンダー二元論をひそかに破壊しつつあると理解してもいいだろう。たとえ私たちが二元論を引き受けてジェンダーの基準を創りなおしても、その考え自体を創りなおすことはできない。ジェンダー二元論は、ジェンダーが固定したものだというシステムを前々から確立しており、移行の持つ可能性には知らぬふりをきめこんでいるのだ。近年のトランスジェンダー、ノンバイナリー、クィアたちのアイデンティティの急激な拡大は、私たちにこれらのアイデンティティをぜんぶひっくるめて再考することを要求している。

トランスジェンダーのコミュニティでは、これまでずっと、私たちトランスの物語(ナラティブ)のシェアが行われてきた。活動(ムーブメント)を抜本的に作り変えるために、物語はそれぞれの人生について話し合いを拡大しながら共有化されるのが何十年にもわたる伝統だった。だが、数えきれないほどのトランスジェンダーたちの物語(ナラティブ)が公にされているにもかかわらず、多くのトランスの若者たち——田舎町の出身者、ノンバイナリー、出生時に男という性を割り当てられた者——の報告は、常にひどく軽んじられてきている。ノンバイナリーの地理的分布と、ノンバイナリーの民族性と、「男」と「女」を超えるアイデンティティを持つノンバイナリーへの社会的圧力について、十分に再考する必要がある。それが、胸にいだくストーリーを見過ごされてきた私たち、そのほかの人間のための新しい居場所を作り出すのだ。私たちはここからトランスジェンダー解放という画期的な未来を想像する方向へ進んでいくだろう。そこでは、すべてのトランスたちが自由に自分たち自身でいることができるのだ。

謝辞

30のストーリーに描かれる多くの人たちのように、本書自体も5年にわたる移行（トランジション）を経験し、私たちはその最終的な結末がどうなるかを想像できないでいた。マイカと私の共同事業はアンソロジー『兄弟たちへの手紙（*Letters for My Brothers*）』の編集者であるザンダー・ケイグに触発されたものだ。私たちはザンダーの作品の精神を受け継ぎ、私たちのノンバイナリーのきょうだいたちの紹介に乗り出した。かれらはストーリーを通して、次の世代のジェンダー探求者たちに英知を伝えてくれている。私たちはコロンビア大学出版局の現、元編集者であるスティーブン・ウェスリーとジェン・ペリロに心から感謝している。そして、30人の著者たちが、かれらの人生を世界にむけてシェアしてくれたことに深く感謝している。

◆◆◆

本書ができあがるまでの数年間、私はいくつもの違った町に住み、いくつもの違った仕事をして、人生によくあるアクシデントや困難にぶつかっていた。その間にあらゆる場所でもらったサポートがなければ、本書は完成をみなかっただろう。親友のサンダー・カーステン、友人でジェンダークィアの師であるライエト・ウェクスラー、私のセラピスト、メーガン・ウィラン、そして血のつながった家族と選びとった家族にお礼を言いたい。そして何よりも共同編集者のマイカに感謝したい。マイカの決断と頑張りは、この信じられないくらい素晴らしいアンソロジーを途中で道に迷わせることなく、望んでいた結果にまで持っていったのだ。

――スコット

私の伴侶と家族たちに加えて、この本の出版を実現させたジェンダーママとして有名なマーロ・マックと、イーライ・アーリック、チャーリー・ブラトナーの３人が私の友人のふりをしてくれたことに感謝する。ＫＪ・セランコウスキーをはじめ出版にかかわるアドバイスをくれた人たち、そしてもちろん共同編集者でありクィアの同志であるスコット・ドウェインに感謝したい。謝辞の終わりにあたって伝えたいのは、この本は私のブログの読者たち、常にノンバイナリーのための表現を求め、そのあふれるほどの理解で私を支えてくれたあなたたちのものであるということだ。

――マイカ

訳者あとがき

「世の中の半分は男性で、あとの半分は女性である」と聞くと、多くの人がその通りだとうなずくのではないでしょうか。社会ではあらゆることが、ジェンダーは男と女のふたつである（バイナリーである）という前提のうえに成り立っていて、人は男性か女性のどちらかでなければならないと考えられているためです。しかし、それに疑問を投げかけるのがノンバイナリーたちの存在です。ノンバイナリーとは、その言葉どおり、バイナリーではない、という人たちを指します。生まれたときに割り当てられた性別に違和感があるという点で、ＬＧＢＴＱ＋と総称される人々のなかのトランスジェンダーのアンブレラに入るとされますが、狭義のトランスたちのようにもう一方の性を目指して旅をしていこうとする人ばかりではありません。ノンバイナリーたちは、男性であり女性である、あるいは男性でもなく女性でもないという領域に住んでいるのです。

本書は、現代社会に生きる30人のノンバイナリーたちの人生の記録（メモワール）です。作家、セラピスト、詩人、ジャーナリスト、ラッパー、学生、活動家など10代から50代までの多種多様なノンバイナリーたちが、ジェンダーは男と女の2種類だけだというバイナリー社会で成長するなかで、周囲の人々とは異なる自分に気づいて、もがき苦しみ、それでもしっかりと両足を地につけて生きていく様子が描かれます。

訳者がこのアンソロジーに出会ったのは、何人かの親しいトランスジェンダーたちを励ましたいという思いで、英米の作品から何か紹介できるものはないかと考えていたときでした。トランスジェンダー関連の書物を探すなかで、ひとりの子どもの成長を追った手記や、概説的な本などを見つけましたが、30人のストーリーをいちどきに集めた作品はとても珍しく思えました。当初はノンバイナリーについて何も知らず、たまたま手にしたというのが本当かもしれません。ですが、読み始めるとたちまちその世界に引き込まれていったのです。そこにはかれらの人生と当時の感情、そして現在の思いが克明に記されていました。不思議なことに、訳者自身も幼いころの出来事やこれまで出会った人たちがしきりに思い出されました。きっと本書を読んでくださるみなさんも同じような体験をなさるのではないかと思います。

本書の本文は大きく5つに分かれます。第1部「ジェンダーとは何だろうか？」では、自分のジェンダーが男女のどちらかに定まらない6人の筆者たちの視点から、現代の社会が描かれます。ノンバイナリーであるとはこんなにも彩り豊かな人生を歩いていくことなのかと驚かれるかもしれません。第2部の「可視性」に収められた6つのストーリーには、本来の自分をあるがままに表現しようとするときの困難と葛藤、そして希望が綴られ、第3部の「コミュニティ」では、孤独になりがちなノンバイナリーたちがどのようにして周囲の人々との関係を築いているかが明らかにされます。第4部「トランスとして十分であること」では、常に自分は十分にトランス／ノンバイナリーなのだろうかと強く意識しているノンバイナリーたちの手にした答えを知ることができるでしょう。そして、最後の第5部「二元性を再定義する」には、ノンバイナリーたちがバイナリー社会と真正面から向き合って生きる様子が、きわめて具体的、かつ鮮やかに描かれます。ジェンダー二元論で凝り固まった世界に新しい風を吹かせる6人の姿を知り、これまでよくわからなかった、あるいは存在を認識していなかったノンバイナリーたちが身近に感じられるようになると思います。

30人のノンバイナリーが思いのたけをぶつけて記したメモワールのなかに、まだ日本ではあまり馴染みのない「アンドロジナス」という言葉が何回か登場します。これはもともと、男女両性の特徴をそなえたという意味の言葉ですが、男女どちらでもある、どちらでもない、両者の枠組みを超えているといった人をアンドロジニー、筆者によってはアンドロジャインと表現しているようです。アンドロジニーは、アメリカの心理学者サンドラ・L・ベム（1944年〜2014年）によって1970年代初めに提唱された概念で、1993年の著書『ジェンダーのレンズ』（福富護訳、川島書店、1999年）のなかでは、人とは男らしくあると同時に女らしくあることが可能だと説かれました。

ベムの研究はその後、アンドロジニーからさらに発展していきますが、くしくも約50年のときをこえた現在、本書でノンバイナリーたちが自分を表す用語として使っていたというわけです。自信や決断力が男らしさを、きめ細やかな心づかいや思いやりが女らしさを象徴するものだとされるのなら、社会にはその両方を兼ね備えた人が必要だと言えるでしょう。人とは本来、そのどちらをも持ち合わせる存在なのだと考えることは、男の子だから、女の子だから、という男女分けされた発言を消滅させ、ひいては「有害な男らしさ」のプレッシャーによる生きづらさや他者への暴力行為、「ガラスの天井」によって女性の昇進がさまたげられる状況を退場に向かわせるのだと思います。女性性／男性性という枠にとらわれないノンバイナリーたちの生き方から学ぶものは多いのではないでしょうか。

喜ばしいことに、若いひとたちの考え方が変わるにつれて世の中も変化してきています。ランドセルを買いに家族に連れられてくる子どもたちには、今や十数色もの品から選べる自由があります。男性が肌の色を明るくきれいに見せたいとファンデーションを選び、女性がメンズ専門店でスーツを作る話も好意的に受け止められようになりました。これまで門戸が開かれていなかった職種に女性たちがどんどん挑戦していっているというニュースもしばしば耳にします。既成の概念に縛られずに、自分を心のままに表現する生き方を選ぶことで、一人ひとりの持って生まれた才能や個性が最大に発揮されるという考え方が静かに浸透しつつあるのです。

問題は現在のノンバイナリーを取り巻く環境です。かれらがほとんど知られていないせいで、ノンバイナリーたちの抱える困難がとりあげられることはもちろん、人々の話題にのぼることもありません。30人のうちのひとりは、「私はあなたからあなたのジェンダーを奪いたいのではない」「もしあなたが男性で、男性という言葉が大好きなら、あなたがあなたであることを楽しんでほしい」と語っています。個々人が自分のジェンダーに誇りを持ち、周囲の人のジェンダーを理解して、互いに尊重しあう関係が何よりも大切なのです。本書が一貫して伝えているのは、ジェンダーは男性、女性に定まったまま動かずにいるものではなく、人は男女ふたつと定められた社会規範に沿って生きていかなければならないものでもないということです。筆者たちのなかには、ブログやホームページを持っていたり、最新のトピックへの意見をSNSに投稿したりしている人もいます。気になる人がいたらぜひチェックなさってみてください。

編者のひとりであるマイカのブログ「genderqueer.me」には、多くの示唆に富んだ記事が掲載されています。そのマイカから日本の読者に向けてメッセージが届いています。

私が移行を始めた最初の数年間、母は私をなかなか受け入れられずにいました。私はメキシコシティで生まれ育ち、成人してアメリカに移り住みましたが、両親はそのままメキシコで暮らしていました。母は「むこう（アメリカ）」では、トランスジェンダーでいても問題ないのかもしれないけれど、「ここ」ではそうじゃない、と何度も言ったものです。地域社会に住むLGBTQの人たちと知り合い、母の隣人や友人たちがかれらを受け入れている様子を見るようになってやっと、自分の子どもがトランスジェンダーであることを認めるようになりました。何年もかかりましたが、母は最終的に考え方を変え、今では、私を理解し、心から愛してくれています。

そんな経験もあって、私はこの本が日本で出版される重要性を強く感じています。日本のみなさんに個性豊かなこれらのストーリーが届けば、大きな変化が訪れるでしょう。より多くのノンバイナリーたちがこの本を読むようになれば、かれらは存在が認められていると感じ、自分のジェンダーを表現するのを恐れなくなるでしょう。そして周囲の人たちは気づくのです。LGBTQ、トランスジェンダー、ノンバイナリー、ジェンダークィアとして生きているのは、「むこう」――どこかよその国――の人々ではなく、まさしくここ、自分たちの地域社会に住む、隣人、同僚、友人、家族、愛する人なのだと。親愛なる読者のみなさん、大きな変化は、まさしく「ここ」で、あなたから始まるのです。

翻訳にあたって、アレグザンダージャック氏には、複雑な心情が綴られる箇所の解釈を完璧にサポートしていただき、ラシーンS智恵子氏にはアメリカの日常生活について丁寧に解説していただきました。

おふたりに深く感謝いたします。そして訳稿に丹念に目を通して多くの貴重な助言をくださった明石書店の辛島悠氏に心から感謝をおくります。ほんとうにありがとうございました。

山本晶子

Academic Press, 2014).
5. Worthen, *Sexual Deviance and Society.*

第 13 章　私は何者だろうか?

1. ワシントン州シアトルで毎年夏に開かれる、トランスコミュニティとその家族、医療関係者のための会議。

第 15 章　あなたのニブリングだとカミングアウトする

1. 手始めにこちらの三つの記事をどうぞ。"Singular 'They'and the Many Reasons Why It's Correct," *Motivated Grammar*, http://motivatedgrammar.wordpress.com/2009/09/10/singular-they-and-the-many-reasons-why-its-correct/; Patricia T. O'Conner and Stewart Kellerman, "All Purpose Pronoun," *New York Times,* www.nytimes.com/2009/07/26/magazine/26FOB-onlanguage-t.html; "This Pronoun Is the World of the Year for 2015," *Time,* https://time.com/4173992/word-of-the-year-2015-they/.
2. www.thegenderbook.com を参照。

第 18 章　名前はいつも変わらない

1. ハリー・ベンジャミン国際性別違和協会は、現在、世界トランスジェンダー・ヘルス専門家協会（WPATH）として知られる。

第 19 章　小文字の Q

1. さらなる情報はこちらで。www.asexuality.org
2. アセクシュアルを指すスラング。

第 24 章　私の風景のなかのよそ者

1. J. Harrison, J. Grant, and J. L. Herman, *A Gender Not Listed Here: Genderqueers, Gender Rebels, and Otherwise in the National Transgender Discrimination Survey* (Los Angeles: eScholarship, University of California, 2012).

第 30 章　ノン／バイナリーを再考する

1. 若者とその家族がジェンダーについて学ぶ年に一度の会議。
2. Rocko Bulldagger, "The End of Genderqueer," in *Nobody Passes: Rejecting the Rules of Gender and Conformity*, ed. M. B. Sycamore, 137-48 (Berkeley: Seal Press, 2006).
3. Bulldagger, 146.
4. トランスとジェンダー・ノンコンフォーミング学生の教育環境の変革に専念する組織。2017 年には、米国においてトランスの若者たちにより運営される唯一の全国組織になった。詳しくは www.transstudent.org
5. 「クロッキング」、「リーディング」はトランス女性のあいだで広く使われる用語で、トランスで、とくに出生時に男性という性を割り当てられたと認識されてしまうことを指す。実際に、クロッキングによる屈辱はトランスジェンダーの本質を大きく規制する。割り当てられた性別を口にされて読まれる（リード）方の側は、それを避けようと規範に沿った身体の状況に合わせるよう強要される。
6. Che Gossett, "We Will Not Rest in Peace: AIDS Activism, Black Radicalism, Queer and/or Trans Resistance," in *Queer Necropolitics*, ed. J. Haritaworn, A. Kuntsman, and S. Posocco, 31-50 (New York: Routledge, 2014).
7. b binaohan, Decolonizing Trans/Gender 101 (Biyuti Publishing, 2014).
8. Eli Erlick, "Depathologizing Trans," in *The Remedy: Queer and Trans Voices on Health and Healthcare*, ed. Z. Sharman (Vancouver, British Columbia: Arsenal Pulp Press, 2016).

ナリーへの移行を強要されると感じている。 以下を参照。Hannah Mogul-Adlin, "Unanticipated: Healthcare Experiences of Gender Nonbinary Patients and Suggestions For Inclusive Care," *Public Health Theses* 1197 (2015), http://elischolar.library.yale.edu/ysphtdl/1197.

40. GLAAD, "Accelerating Acceptance," 2017, www.glaad.org/files/aa/2017_GLAAD_Accelerating_Acceptance.pdf.

41. Adrain Ballou, "10 Myths About Non-Binary People It's Time to Unlearn," *Everyday Feminism*, December 6, 2014, www.everydayfeminism.com/2014/12/myths-non-binary-people. メディアの報道についてはこちらを参照のこと。Sarah Marsh, "The Gender-Fluid Generation: Young People on Being Male, Female or Non-Binary," *Guardian*, March 23, 2016, www.theguardian.com/commentisfree/2016/mar/23/gender-fluid-generation-young-people-male-female-trans.

42. Wiktionary, "Transtrender," www.en.wiktionary.org/wiki/transtrender.

43. J.L. Herman, J. Harrison, and J. Grant, "A Gender Not Listed Here: Genderqueers, Gender Rebels, and OtherWise," *LGBTQ Policy Journal at the Harvard Kennedy School* 2 (2012).

44. 調査に対してノンバイナリーの 3 分の 2（63%）が、自分たちのアイデンティティは「本物のアイデンティティではなく単なるフレーズだと相手にされないことが多い」と回答。"The Report of the 2015 U.S. Transgender Survey," 49.

45. Julia Serano, "Detransition, Desistance, and Disinformation: A Guide for Understanding Transgender Children Debates," *Medium* (blog), August 2, 2016.

46. Aiden Key, "Children," in *Trans Bodies Trans Selves*, ed. Laura Erickson-Schroth (New York: Oxford University Press, 2014), 411.

47. D'Lane Compton and Emily Knox, "Sissies and Tomboys," *International Encyclopedia of Human Sexuality* (2015): 1115-354.

48. Brittney McNamara, "Experts Answer Reddit Questions About Transgender People," *Teen Vogue*, July 28, 2017, www.teenvogue.com/story/reddit-transgender-ama-busts-myths.

49. オンラインフォーラムでの議論以外の一例として、この種の発言についての記事がある。Christina Capatides, "The Type of Transgender You Haven't Heard Of," *CBS News*, March 27, 2017, www.cbsnews.com/news/non-binary-transgender-you-havent-heard-of/.

50. D. Chase J. Catalano, "'Trans Enough?': The Pressures Trans Men Negotiate in Higher Education," *Transgender Studies Quarterly* 2, no. 3 (August 2015): 411-30.

51. Sierra Angel, "'Transier' Than Thou-Breaking the Transgender Hierarchy," *Rainbow Hub* (blog), August 16, 2013, www.therainbowhub.com/transier-than-thou-breaking-the-theansgender-hierarchy/.

52. Devon R. Goss, "Am I Trans Enough? Experiences of Transnormativity," *Annual Meeting of the American Sociological Association*, New York City, NY, 2013.

53. 一例として以下を参照。J. Latso, "Where Do I Fit In? On Being Nonbinary and Confused," *The Body Is Not An Apology* (blog), April 13, 2017.

54. Dean Spade, "Resisting Medicine, Re/Modeling/Gender," *Berkeley Women's Law Journal* 63 (2003): 15-37.

55. United States Census Bureau, *Race*, www.census.gov/topics/population/race/about.html.

56. Liam Lowery, "The Transgender Right Movement Is for Everyone," *Newsweek*, June 10, 2015, www.newsweek.com/transgender-rights-movement-everyone-341828.

第 11 章　命の脅迫

1. ブログサービス「Tumblr」より。nonbinaries、ノンバイナリーの人たち。

第 12 章　ジェンダークィアなだけで脅威ではない

1. Judith Butler, "Performative Acts and Gender Constitution: An Essay in Phenomenology and Feminist Theory," *Theatre Journal* 40, no. 4 (1988): 519-31.

2. M. G. F. Worthen, *Sexual Deviance and Society: A Sociological Examination* (New York: Routledge, 2016).

3. Worthen; RAINN, *The Criminal Justice System: Statistics* (Washington, DC: RAINN, 2017), www.rainn.org/statistics/criminal-justice-system.〔RAINN は、全米最大の反性的暴力を掲げる組織〕

4. C. Mancini, *Sex Crime, Offenders, and Society: A Critical Look at Sexual Offending and Policy* (Durham: Carolina

21. "The Report of the 2015 U.S. Transgender Survey," 49.
22. Trey Taylor, "Why 2015 Was the Year of Trans Visibility," *Vogue*, December 29, 2015, www.vogue.com/article/2015-year-of-trans-visibility.
23. Thomas J. Billard, "Writing in the Margins: Mainstream News Media Representations of Transgenderism," *International Journal of Communication* 10 (2016): 4193-218.
24. Recent examples include Miley Cyrus, Ruby Rose, Sam Smith, Eddie Izzard, Asia Kate Dillon, and Jill Soloway.
25. Andrew R. Flores, Taylor N. T. Brown, and Andrew S. Park, *Public Support for Transgender Rights: A Twenty-Three Country Survey* (Los Angeles: Williams Institute, 2016), https//williamsinstitute.law.ucla.edu/wp-content/uploads/23-Country-Survey.pdf.
26. United Nations Humans Rights Office of the High Commissioner, *Embrace Diversity and Protect Trans and Gender Diverse Children and Adolescents*, May 16. 2017, https://www.ohchr.org/en/press-releases/2017/05/embrace-diversity-and-protect-trans-and-gender-diverse-children-and?LangID=E&NewsID=21622.
27. 2016年初めだけで、米国16の州で44の反トランスジェンダー法案が申請された。その半数はトランスジェンダーの子どもたちをターゲットとしていた。Human Rights Campaign, *Anti-Transgender Legislation Spreads Nationwide, Bills Targeting Transgender Children Surge*, 2015, http://assets2.hrc.org/files/assets/resources/HRC-Anti-Trans-Issue-Brief-FINAL-REV2.pdf.
28. Megan Davidson, "Seeking Refuge Under the Umbrella: Inclusion, Exclusion, and Organizing Within the Category Transgender," *Sexuality Research and Social Policy* 4, no. 4 (2007): 60-80.
29. Laura E. Kuper, Robin Nussbaum, and Brian Mustanski, "Exploring the Diversity of Gender and Sexual Orientation Identities in an Online Sample of Transgender Individuals," *Journal of Sex Research* 49, nos. 2-3 (2012): 244-54.
30. Yolanda N. Evans, Samantha J. Gridley, Julia Crouch, Alicia Wang, Megan A. Moreno, Kym Ahrens, and David J. Breland, "Understanding Online Resource Use by Transgender Youth and Caregivers: A Qualitative Study," *Transgender Health* 2, no. 1 (2017): 129-39.
31. "The Report of the 2015 U.S. Transgender Survey," 45.
32. 2008年の米国トランスジェンダー調査では「リストにないジェンダー」を自認する人は13%に限られた。Jody L. Herman, Jack Harrison, and Jamie Grant, "A Gender Not Listed Here: Genderqueers, Gender Rebels, and OtherWise," *LGBTQ Policy Journal at the Harvard Kennedy School* 2 (2012). その後、2015年の調査では35%になり（"The Report of the 2015 U.S. Transgender Survey," 60. を参照）、他の調査で、トランスジェンダーの回答者のうち男女二元論に当てはまるアイデンティティを常には自認していないと答えた人が40%に達した。（S.L. Reisner, J.M. White, and E.E. Dunham, "Discrimination and Health in Massachusetts: A Statewide Survey of Transgender and Gender NonConforming Adults," F*enway Institute* (2014). を参照）
33. Jonathon W. Wanta and Cecile A. Unger, "Review of the Transgender Literature: Where Do We Go from Here?," *Transgender Health* 2, no. 1 (2017): 119-28; Institute of Medicine, *The Health of Lesbian, Gay, Bisexual, and Transgender People: Building a Foundation for Better Understanding* (Washington, DC: National Academics Press, 2011).
34. Emmie Matsuno and Stephanie L. Budge, "Non-Binary/Genderqueer Identities: A Critical Review of the Literature," *Current Sexual Health Reports* 9, no. 3 (2017): 116-20. Christina Richards, Walter Pierre Bouman, Leighton Seal, Meg John Barker, Timo O. Nieder, and Guy T'Sjoen, "Non-Binary or Genderqueer Genders," *International Review of Psychiatry* 28, no. 1 (2016): 95-102.
35. Kristen L. Eckstrand, Henry Ng, and Jennifer Potter, "Affirmative and Responsible Health Care for People with Nonconforming Gender Identities and Expressions," *AMA Journal of Ethics* 18, no. 11 (2016): 1107-18.
36. Britt Colebunders, Griet De Cuypere, Stan Monstrey, Britt Colebubders, and Stan Monstrey, "New Criteria for Sex Reassignment Surgery: WPATH Standards of Care, Version 7," *International Journal of Transgenderism* 16 (2015): 222-33.
37. Beth A. Clark, Jaimie F. Veale, Devon Greyson, and Elizabeth Saewyc, "Primary Care Access and Foregone Care: A Survey of Transgender Adolescents and Young Adults," *Family Practice* (2017).
38. "The Report of the 2015 U.S. Transgender Survey," 98.
39. National LGBT Health Education Center, "Providing Affirmative Care for Patients with Non-Binary Gender Identities," *Fenway Institute* (2017). ノンバイナリーたちはLGBT専門外来においてでさえ、理解されず、バイ

原　注

イントロダクション

1. 異文化におけるジェンダーの背景については以下を参照。United Nations Development Programme (UNDP), *Transgender Health and Human Rights*, www.undp.org/content/dam/undp/library/HIV-AIDS/Governance of HIV Responses/Trans Health & Human Rights.pdf.
2. Melanie Blackless, Anthony Charuvastra, Amanda Derrijck, Anne Fausto-Sterling, Karl Lauzanne, and Ellen Lee, "How Sexually Dimorphic Are We? Review and Synthesis," *American Journal of Human Biology* 12 (2000): 151-66.
3. Intersex Society of North America, "How Common Is Intersex?," www.isna.org/faq/frequency.
4. United Nations Free and Equal Campaign, "Intersex," https://unfe.org/system/unfe-65-Intersex_Factsheet_ENGLISH.pdf.
5. Susan Stamberg, "Girls Are Taught to 'Think Pink,' But That Wasn't Always So," *NPR*, April1, 2014, www.npr.org/2014/04/01/297159948/girls-are-taught-to-think-pink-but-that-wasn't-always-so.
6. Jeanne Maglaty, "When Did Girls Start Wearing Pink?" *Smithsonian Magazine*, April 7, 2011, www.smithsonianmag.com/arts-culture/when-did-girls-start-wearing-pink-1370097.
7. 関連する図解については以下を参照のこと。Landyn Pan and Anna Moore, "The Gender Unicorn," *Trans Student Educational Resources*, www.transstudent.org/gender.
8. Andrew R. Flores, Jody L. Herman, Gary J. Gates, and Taylor N.T, Brown, *How Many Adults Identify as Transgender in the United States?* (Los Angeles: Williams Institute, 2016).
9. ジェンダーの決定をアイデンティティに置くか、生物学的なものに置くかは、社会的状況による。Laurel Westbrook and Kristen Schilt, "Doing Gender, Determining Gender: Transgender people, Gender Panics, and the Maintenance of the Sex/Gender/Sexuality System," *Gender and Society* 28, no. 1 (2014): 32-57.
10. Kristen Hare, "AP Style Change: Singular They Is Acceptable 'in Limited Cases'" *Poynter*, March 24, 2017, www.poynter.org/news/ap-style-change-singular-they-acceptable-limited-cases.
11. *Gender Neutral Pronoun Blog: The Search for a Polite Specific Gender-Neutral Third-Person Singular Pronoun*, www.genderneutralpronoun.wordpress.com/.
12. *Practice with Pronouns*, www.practicewithpronouns.com/.
13. Minus18, *Pronouns*, www.minus18.org.au/pronouns-app.
14. 多くの場合、ノンバイナリーとジェンダークィアという表現は、ニュアンスの違いはあるけれど交換がきくとされる。以下を参照。Marilyn Roxie, "The Non-Binary vs. Genderqueer Quandary," *Genderqueer Identities* (blog), October 18,2011, www.genderqueerid.com/post/11617933299/the-non-binary-vs-genderqueer-quandary.
15. Sujay Kentlyn, "Genderqueer," *Wiley Blackwell Encyclopedia of Gender and Sexuality Studies* (2016): 1-3.
16. アイデンティティの対等あるいは階層的な成り立ちについては以下を参照。Andrew Solomon, *Far from the Tree: Parents, Children and the Search for Identity* (New York: Scribner, 2012).
17. National Coalition of Anti-Violence Programs (NCAVP), *Lesbian, Gay, Bisexual, Transgender, Queer, and HIV-Affected Hate Violence in 2016* (New York: Emily Waters, 2016).
18. Sandy E. James, Jody L. Herman, Susan Rankin, Mara Keisling, Lisa Mottet, and Ma'ayan Anafi, T*he Report of the 2015 U.S. Transgender Survey* (Washington, DC: National Canter for Transgender Equality, 2016), www.transequality.org/sites/default/files/docs/USTS-Full-Report-FINAL.PDF.
19. オープンにしていないトランスの人たちはトランスのコミュニティ内で非難されることがある。例としては以下を参照。"Stealth Shaming: What It Is, Why You Shouldn't Do It, and How Not To", *Super Mattachine Review* (blog), www.supermattachine.wordpress.com/2011/09/14/stealth-shamig-what-it-is-why-you-shouldnt-do-it-and-how-not-to/.
20. Kevin Nadal, "Transsexual Wave" in *The SAGE Encyclopedia of Psychology and Gender* (Los Angels: Sage, 2017), 694.

〈レイ・セオドア Rae Theodore〉は『*Leaving Normal*』『*My Mother Says Drums Are for Boys*』の著者で、「女性全米書籍協会フィラデルフィア広域圏支部」の代表。「ワンダーウーマン」のコミックスと、ジョーン・ジェットとプロレスが大好き。どうかそれで決めつけないでほしい。現在、ペンシルベニア州のロイヤーズフォードに妻と子どもたちと猫と暮らし、愛についての本を執筆中だ。

〈ジェイス・ヴァルコア Jace Valcore〉は32歳になるジェンダークィアの大学教授で、タンゴダンサー。人々の心を変える教育のパワーを信頼していて、ジェンダーの多様性が幅広く受け入れられて理解される将来を待ち望んでいる。

〈ジェイ・ウェア Jaye Ware〉はイングランドの片田舎で育ち、現在はスコットランド、ファイファの沿岸の町で暮らしている。博士号取得をめざし、高校生たちのジェンダーと、性的な多様性に関する考え方を研究中。長距離ウォーキング愛好者で、英国のナショナルトレイルを探索するのが大好きである。

〈メリッサ・L・ウェルター Melissa L. Welter (ze/zir)〉は、北カリフォルニアに住むジェンダークィアの活動家、ライター、教育者。『*Arcane Perfection: An Anthology by Queer, Trans, and Intersex Witches*』に文章を寄せている。Zeは、ノンバイナリーとトランスたちのための、正義と癒しと変革のスペースを創り出すことに情熱を傾けている。

〈リキ・ウィルチンズ Riki Wilchins〉はジェンダー活動家で、トランスとジェンダークィアの理論と政治性について5冊の本を上梓している。最新作は『*Burn the Binary!*』。彼女または彼（s/he）は、ジュディス・バトラーと、ヘテロノーマティビティ〔ヘテロセクシュアルが規範である社会〕について熟考していないときは、テニスや長距離走を楽しんでいる。

〈ヘイヴン・ウィルヴィッチ Haven Wilvich〉はシアトル周辺地域で生まれ育った30代初めのトランスフェミニンであるまとめ（オーガナイザー）役で、非営利組織の実務管理者。ジェンダーについてのブログを書き、地元のノンバイナリーのコミュニティの活性化に尽くす以外は、料理をし、かわいい人たちやペットに寄り添って過ごす。

キシコシティで育ち、フィラデルフィア、サンフランシスコと移り住み、現在はボストン大学の博士課程で学ぶ。ロッククライマーで、クローゼットのなかの理想主義者だ。

〈シンクレア・セクスミス Sinclair Sexsmith (they/them)〉は「Sugarbutch.net」でのセックス、ジェンダー、変わり者（キンク）、人間関係について書いたブログが賞を受けている。短編小説集『*Sweet and Rough: Queer Kink Erotica*』は2016年のランバタ文学賞の最終候補作品にノミネートされ、多くの作品はオンラインと、20作以上のアンソロジーに掲載されている。白人でノンバイナリーのブッチで、サバイバーで、はにかみ屋だと自認している。

〈s・e・スミス s. e. smith〉はカリフォルニア州北部を中心として活動するライターでジャーナリスト。スミスの記事は雑誌『ローリングストーン』『ガーディアン』『タイム』『エスクァイア』、国際的なデジタルチャンネル『アルジャジーラ』『ヴァイス』、そして多数の有名出版物に掲載されてきた。そのなかには『*(Don't) Call Me Crazy, Get Out of My Crotch!*』『*The Feminist Utopia Project*』など多くのアンソロジーも含まれる。スミスの作品は、インターセクショナルな正義の問題点（Justice Issues）に焦点を当てる。なぜなら、一部の人にとっての自由とは、それ以外の誰にとっても正義でないからだ。

〈クリストファー・ソト Christopher Soto (1991年、ロサンゼルス生まれ)〉は、ニューヨーク州ブルックリンを拠点とする詩人。著書に『*Sad Girl Poems*』、編集した作品に『*Nepantla: An Anthology Dedicated to Queer Poets of Color*』がある。「非正規滞在の詩人 (the Undocupoets) キャンペーン」を仲間と立ち上げ、多くの書籍賞が米国市民であることを要求する状況下で、非正規滞在の詩人の応募が可能になるよう尽力した。ニューヨーク大学で詩の修士号を取得。

〈キャル・スパロウ Cal Sparrow〉は、アーティストとして、現在のマスメディアの隙間を埋めるSFキャラクターとストーリーを創り出すのを楽しんでいる。友人たちは、キャルは仮面をつけて人間に成り済ますのが上手だけれど、次は猫になったらもっとうまくやれるんじゃないかと言う。

〈アダム“ピカピカ”スティーブンソン Adam “PicaPica” Stevenson〉は、かつて「ピカピカ」という名前で、堂々とアンドロジニーを語っていた。今は、「The Grub Street Lodger」の名のもとに、18世紀のことについて書き、誰も読みたがらない小説の構想を練っている。

〈アレックス・スティット Alex Stitt, LMHC (認定メンタルヘルスカウンセラー)〉は、ジェンダークィアのメンタルヘルスカウンセラー。アイデンティティの獲得とトラウマセラピーを専門に扱う。小説家で、ファイアーダンサーで、LGBTQ活動家で、目下のところ「*Acceptance and Commitment Therapy (ACT) for Gender Identity*」を執筆中。〔2020年に『*ACT for Gender Identity*』を出版した。〕

〈フェイ・ヘルナンデス féi hernandez〉はスピリチュアルな人物で、移民者で、トランスでノンバイナリーのアーティスト。パフォーマンスする詩人、イングルウッド育ちの小学校教師。有色人種作家のための芸術財団「VONA」の特別会員として詩の収集やアート企画に携わる。

〈マイカル"MJ"ジョーンズ michal "mj" jones〉はカリフォルニア州オークランドに住む、黒人でクィアでノンバイナリーのライターで、活動家、教育者、ミュージシャン。エッセイ、詩、散文など異なる分野に才能を見せるライターで、『*Foglifter Press*』『*Everyday Feminism*』『*Black Girl Dangerous*』『*Wear Your Voice Magazine*』に作品が掲載されてきた。MJは解放闘争、若者の自立支援、異世代間ムーブメントの構築、圧政的な教育の防止に心血を注いでいる。

〈ケイティ・クーンス Katy Koonce, LCSW（認定臨床ソーシャルワーカー）〉はテキサス州オースティンに住むサイコセラピスト。彼女は1998年に、テキサス州中央部初のセラピスト先導のトランスジェンダー・サポートグループを立ち上げて以来、トランスジェンダーのコミュニティで活動している。"シリコン・コック・ロック"バンド「ブッチカウンティ」の顔として、トレードマークである勇ましきノンバイナリーの姿を多様な観客たち——湿地帯南部のカントリーミュージックのバーから、サンフランシスコ・プライドまで——に披露している。

〈ジェフリー・マーシュ Jeffrey Marsh〉は自己肯定書の傑作『*How To Be You*』の著者。五大出版社のひとつ「ペンギン・ランダムハウス」からノンバイナリーと公表して本を出した初めての作家でもある。ジェフリーのメッセージはソーシャルメディアで3億5000万件以上の視聴を集めている。曹洞宗の教えを広めるファシリテーターでもある。

〈コーリー・マーティン＝デイモン Kory Martin-Damon〉はワシントン州職業安定局の失業対策部門で、臨時の管理者として再訓練が必要な人に資金を提供している。トランス男性として暮らしていたときは、シアトル初のFTM委員会を手助けしていた。ワシントン州のタックウィラ在住。

〈ジェイミー・プライス Jamie Price〉はカナダのエドモントン出身のジェンダークィアなソングライター。「Must Be Tuesday」の名前で曲を発表し、ミュージカル『*My Boyfriend's Girlfriend*』の脚本と作曲を担当した。さまざまなフィクションポッドキャストのシリーズで声優を務める。

〈マイカ・ラジャノフ Micah Rajunov〉はライターで、研究者で、活動家。2011年からノンバイナリーのための情報を発信するサイト「genderqueer.me」を運営している。マイカ自身の移行のストーリーは、主要な出版物や長編ドキュメンタリーで紹介されてきた。メシーンや、占い師ゾルターの占いマシーンを手入れする仕事をしている。注目すべきは、ジュールスが今、養子を迎えようと考え始めていることだ。

〈オーブリ・ドレイク Aubri Drake, MSW（社会福祉学修士）, MLS（図書館学修士）〉はノンバイナリーのライターで、研究者。オーブリの仕事は雑誌『*Ethnicity and Health*』『*Library and Information Science Research*』や、ミネソタ州の都市圏ツインシティーズにある「20％シアターカンパニー（20％ Theater Company）」で上演された『*The Naked I*』で見ることができる。長距離バックパッカーで写真家でもあり、自身のブログ「Transcending Mountains」でいくつもの冒険をシェアしている。

〈スコット・ドウェイン Scott Duane〉はカリフォルニア州オークランドに住む30代のクィアのトランスガイ。ストーリーの伝承は変化を起こすためのパワフルな手段で、とくに社会の片隅に追いやられたコミュニティにとってその影響は大きいと考えている。ストーリーを書いていないときは、サンフランシスコにあるIT企業でプログラムコードを書いている。

〈ブライアン・ジェイ・イーリィ Brian Jay Eley〉はテキサス州ヒューストン出身の、現在はワシントン州シアトルに住むマシュマロのように柔らかなブッチで、ジェンダークィア・フェム。ラッパー、プロデューサー、DJ、ホスト、ダンサーとして活動中。社会正義のために力を尽くすポッドキャスターだが、冗談好きで風変わりな面もある。「バンドキャンプ（Bandcamp）」のサイトや、ソーシャルメディアで、「Brian is Ze」として曲を発表している。

〈エイブリー・エリクソン Avery Erickson〉はライセンスを持った鍼灸師で、ハーブセラピストで、ホリスティックな医療提供者。トランス、ノンバイナリー、ジェンダー・ノンコンフォーミングたちに精神的な活力を与える仕事をしたいと考えている。サンフランシスコに住んだのち、人生の次のサイクルに入るにあたって自然と交流するために米国南西部に移住した。

〈イーライ・アーリック Eli Erlick〉はカリフォルニア大学サンタクルーズ校のフェミニズム研究の博士課程の学生。トランスジェンダー運動の政治理念を研究している。彼女はトランス学生たちの教育環境の変革をめざす全国的な組織「Trans Student Educational Resources」の代表を務める。

〈リーヴァイ・S・ゴヴォーニ Levi S. Govoni〉はトランスジェンダーのライターで、写真家で、パパ。彼は2011年にウェスタン・ニューイングランド大学ロースクールで法務博士号を取得し、LGBTQの若者たちのための非営利団体「トゥルー・カラーズ（True Colors）」の理事を務める。コネチカット州のハートフォード在住。

寄稿者たち

〈アビゲイル Abigail〉は初等教育やマーケティングの分野でも働くライター。メリーランド州に夫と3人の10代の子どもたちと暮らす。

〈キャメロン・アッカーマン Kameron Ackerman〉はラジオのDJで、ニューヨーク州北部の町の清掃員。配偶者とポッドキャスト「this is what gender sounds like」でコラボしようと計画中。www.janitorqueer.comではもっと多くの彼の文章を読むことができる。無類のスニーカーファンで、大の飲み物好き。

〈ジェニー・ビーミン Genny Beemyn, PhD（博士）〉はマサチューセッツ大学アマースト校のストーンウォールセンター所長で、「キャンパス・プライド・トランスポリシー・クリアリングハウス」のコーディネーター。著書に『*A Queer Capital: A History of Gay Life in Washington, D.C.*』、スー・ランキンとの共著に『*The Lives of Transgender People*』。最近では『*Trans People in Higher Education*』の編集に携わった。

〈サンド・C・チャン Sand C. Chang, PhD（博士）（they/them）〉はカリフォルニア州オークランドに住む、中国系米国人のノンバイナリーで、サイコロジストで、教育者。「北カリフォルニア・カイザーパーマネント・トランスジェンダー専門科」と、自身のクリニックで働く。仕事を離れるとダンサーで、おいしいものが大好きで、パグをこよなく愛する人間。

〈スージー・チェイス Suzi Chase〉はライターで、教育者で、トランスジェンダー活動家。彼女はメリーランド州からエッセイを寄せた。

〈ニノ・シプリ Nino Cipri〉はクィアでトランスジェンダー／ノンバイナリーのライターで、教育者で、編集者。ときどきTwitter@ninocipriに奇妙な物語や猫について書いている。

〈CK・コームス　CK Combs〉は故郷ワシントン州オリンピアに住む、トランスでジェンダークィア。LGBTQ＋の若者を支援し援護する非営利サポート団体「ピザクラッチ（Pizza Klatch）」の委員会メンバーとしてコミュニティで働く。CKは子どものころからの夢だったライターになった今も、表向きはソフトウェア開発者として暮らしている。

〈ジュールス・デラクルーズ Jules De La Cruz, MPA（行政学修士）〉は、30年にわたる法執行／警備専門職が非常勤になった現在、大好きな帽子をかぶって、記念硬貨を作るマ

〈編者紹介〉

マイカ・ラジャノフ Micah Rajunov

ライター、研究者であり、活動家。2011年からノンバイナリーのための情報を発信するサイト「genderqueer.me」を運営している。マイカ自身の性別移行のストーリーは、主要な出版物や長編ドキュメンタリーで紹介されてきた。

スコット・ドウェイン Scott Duane

作家、活動家であり、クィアのトランス男性。トランスの声が聞こえてくるリソースやスペースを作ることに力を注いでいる。

〈訳者紹介〉

山本 晶子（やまもと・あきこ）

翻訳家。成蹊大学文学部卒。
訳書に『驚きがブレイクスルーをもたらす』（マグロウヒル・エデュケーション）、『インドでバスに乗って考えた――混沌を生きる知恵』（KADOKAWA）。

ノンバイナリー
30人が語るジェンダーとアイデンティティ

2023年11月11日　初版第1刷発行
2024年 2 月29日　初版第2刷発行

編　者　マイカ・ラジャノフ
　　　　スコット・ドウェイン
訳　者　山本 晶子
発行者　大江 道雅
発行所　株式会社 明石書店
〒101-0021
東京都千代田区外神田6-9-5
TEL　03-5818-1171
FAX　03-5818-1174
https://www.akashi.co.jp/
振替 00100-7-24505

装丁　清水 肇（prigraphics）
組版　明石書店デザイン室
印刷　日経印刷株式会社

（定価はカバーに表示してあります）　ISBN 978-4-7503-5629-7